Mathias Hirsch
»Liebe auf Abwegen«

IMAGO
Psychosozial-Verlag

Mathias Hirsch

»Liebe auf Abwegen«

Spielarten der Liebe im Film psychoanalytisch betrachtet

Psychosozial-Verlag

Bibliografische Information der Deutschen Nationalbibliothek
Die Deutsche Nationalbibliothek verzeichnet diese Publikation in der Deutschen Nationalbibliografie; detaillierte bibliografische Daten sind im Internet über <http://dnb.ddb.de> abrufbar.

Originalausgabe

E-Mail: info@psychosozial-verlag.de
www.psychosozial-verlag.de

Umschlagabbildung: Ingrid Bergman und Gregory Peck in »Spellbound«, 1945.

Satz & Umschlaggestaltung: Hanspeter Ludwig, Gießen
Printed in Germany
ISBN 978-3-89806-842-0

Inhalt

Vorwort

In den letzten Jahren haben sich Psychoanalytiker immer mehr für den Film, das Kino, interessiert, und vielleicht ist der Hauptgrund in einer herausragenden Gemeinsamkeit von Film und menschlicher Psyche zu sehen, nämlich dass beide eine Gewissheit von abgebildeter bzw. erlebter Wirklichkeit vortäuschen im Sinne einer Illusion. Mahler-Bungers und Zwiebel (2007, S. 15) geben diesen Kerngedanken der Filmwissenschaftlerin Laura Mulvey wieder: »Um die Realität zu verstehen, sei daher Unsicherheit eine bessere Voraussetzung als sicheres Wissen, das notwendigerweise illusionär sei« (Mulvey 2003, S. XVII). Mit diesem Gedanken trifft Mulvey den Kern dessen, was die Faszination des Kinos ausmacht: Gerade das große illusionistische Täuschungspotenzial des Kinos – das Realität scheinbar so wirklichkeitsgetreu abzubilden vermag – belehrt uns, wie wenig sicher unser Wissen über diese Realität ist. Dass der Film am häufigsten mit dem Traum verglichen wird, liegt wohl daran, dass beide sich in der Hauptsache visueller Abbildungen bedienen. Der Hauptunterschied liegt darin, dass der Traum unwillkürlich vom Träumer erzeugt wird, der gleichzeitig der Rezipient seiner Oberfläche ist, hinter der sich ein erst einmal unbekannter Inhalt verbirgt. Der Regisseur dagegen schafft den Film bewusst, wenn er auch als Künstler immer auch das eigene Unbewusste mit einfließen lassen wird; so nähert sich der Film der Qualität des Tagtraums. Der Zuschauer des Films, zumindest aber der Analytiker, wird auch hinter den bewusst hergestellten, illusionär als Realität vermittelten Filmbildern mit Recht das Unbekannte vermuten. So kann man begierig sein, latente Bedeutungen des eigenen Traums oder des Films aufzuspüren, das Manifeste so zu deuten wie ein verschlüsseltes Symbol oder eine Metapher für etwas anderes, und man wird im eigenen Traum, aber auch im Film, den man ja ganz individuell einzigartig erlebt und interpretiert, das eigene Unbewusste wiederfinden können. Bei beiden kann man aber auch Widerstände entwickeln, das latent

Enthaltene anzuerkennen: Viele Menschen schützen sich schon einmal und sagen: »Ich hatte einen *verrückten* Traum ...« oder einen *unsinnigen* oder *chaotischen*, und nehmen so eine Distanz zu ihrer eigenen Produktion ein. Auch ein emotional aufgewühlter oder betroffener Filmbetrachter sagt sich schnell: »Es ist ja nur ein Film ...«, um das geweckte Eigene nicht anerkennen zu müssen. Und das wird natürlich in den allermeisten Fällen zutreffen: Der Zuschauer sieht das künstlich Aufbereitete, die Filmgeschichte, in leicht und ohne Anstrengung erlebbarer oder konsumierbarer Form. Es steht ihm frei, den Film als verschlüsselte Narration auch des eigenen Unbewussten zu verstehen, sodass er beruhigt das Eigene als Fremdes belassen kann. Und der Film, der einen gewissen künstlerischen Anspruch hat, wird natürlich Themen und Bereiche bearbeiten, die dem Zuschauer in seinem Alltag nicht unbedingt präsent sind, die aber gleichwohl seinen unbewussten oder vorbewussten, manchmal bewussten, aber verleugneten Motiven, Begierden, besonders aber auch seinen Ängsten sowie seinen spezifischen Beziehungsschicksalen, die er immer wieder herstellt bzw. erlebt, entsprechen. Lässt der Zuschauer den Film in seinen latenten und manifesten Inhalten nicht an sich heran, lässt er das Eigene also im Film, mag er sich unbewusst eine Weile beruhigen, nicht allein zu sein mit seinen Abgründen von Wünschen und Ängsten, wie Kinder sich ja auch in Märchen wiedererkennen, ohne darüber zu reflektieren. Aber die Wirkung wird nicht lange anhalten; durch die Konsumierung von Filmwerken (das gilt natürlich auch für literarische, musikalische und andere Kunstwerke) wird keine Änderung der Persönlichkeit möglich sein. Insofern ist Guattaris bekannter Spruch, das Kino sei »die Couch der Armen«, ein witziges Bonmot, hat aber nur bedingte Gültigkeit.

Der orale Charakter des Filmgenusses ist oft betont worden – wie im Schlaf ist man in einem dunklen Raum völlig eingeschränkt in seinen Bewegungsmöglichkeiten und lässt sich vom Geschehen auf der Leinwand sozusagen füttern. Während Lewin (1946) Traum und Leinwand (»dream-screen«) zusammenbrachte mit der wunderbaren Idee, dass der Säugling seine Phantasien auf die weiße Haut der Mutterbrust projiziere wie auf eine Leinwand, möchte ich die Faszination bewegter Bilder betonen, die auch schon den Säugling ergreift: Man hängt ihm ein Mobile übers Kinderbett, das Kleinkind sieht fasziniert die Landschaftsbilder an sich vorbeiziehen, wenn es im Kinderwagen gefahren wird, der Erwachsene schaut endlos in die Flammen des Kaminfeuers und kann sich nicht einmal den bewegten Fernsehbildern eines Börsenberichts entziehen, wenn er seine Bank betritt. Ebenso magisch kleben die Blicke fest, wenn man Gelegenheit hat, fremde Menschen in ihren Wohnungen durch das Fenster zu beobachten (man denke an Hitchcocks Film *Rear Window – Das Fenster zum Hof*), und ein Sinn des Voyeurismus scheint zu sein, dass man seine eigenen Phantasien und Vorlieben projektiv in den Bewegungen der Fremden zu entdecken meint.

Es gibt verschiedene Möglichkeiten des (psychoanalytischen) Filmverständnisses:

➢ Die Bedeutung und Wirkung spezifischer filmtechnischer Mittel zu untersuchen wie Schnitt, Rückblende, Überblendung, Perspektive, Kameraführung (stehende, bewegte, Handkamera), Zoom, Bildausschnitt (von der Totalen bis zur Großaufnahme), auch Farbgebung etc.
➢ Die Untersuchung der Wirkung auf den Zuschauer, der Filmrezeption, des Filmerlebens, d.h. psychoanalytisch ausgedrückt, der Gegenübertragung des Zuschauers (vgl. besonders Blothner 1999).
➢ Das Herangehen an den Film wie an einen manifesten Traum, der ja auch nicht der Traum selbst sein kann, sondern nur die erinnerte (und dadurch schon verzerrte bzw. reduzierte) Oberfläche, die sich hauptsächlich in Bildern zeigt, auch wie an die Narration eines Erzählers (eines Patienten), hinter der man eine verborgene Bedeutung vermutet, oder auch wie an ein nicht selbstverständliches Verhalten (Agieren), dessen wahre Motive und Ziele der Aufdeckung harren.

Meine Betrachtung bestimmter von mir bevorzugter oder gar geliebter Filme entspricht am ehesten der dritten Form. Natürlich bedenke ich dabei, dass jeder Zuschauer eines Films seine eigene, höchst individuelle Interpretation entwickeln wird, genau wie auch der Traum von jedem, der ihn hört, jeweils verschieden verstanden werden kann (ein Phänomen, das man besonders gut in der analytischen Gruppenpsychotherapie erleben kann, in der die Summe der verschiedensten Gedanken der Gruppenteilnehmer zu einem berichteten Traum sich erst einer Bedeutung nähert). In diesem Sinne beanspruchen meine Filmbetrachtungen und Interpretationen bzw. meine Assoziationen und Gedanken, die den Film erhellen oder erklären sollen, keinerlei Allgemeingültigkeit. Im Gegenteil wird es so sein, dass ich ein beträchtliches Maß meiner eigenen Vorlieben, meiner Ängste und mehr oder weniger verborgenen Wünsche dem Leser zwischen den Zeilen mitteile.

Der Film hat sich als besonders geeignetes Medium erwiesen, Menschheitsmythen darzustellen, Geschichten der Entwicklung von Helden, auch geschichtliche Krisen und ihre Bewältigung. Der Film übernimmt auch häufig die Funktion von Märchen, in denen mehr individuelle und familiäre Schicksale exemplarisch dargestellt werden, insbesondere auch Krisen der lebensgeschichtlichen Entwicklung, besonders der Adoleszenz. Ganz besonders aber hat sich der Film der beiden Bereiche Liebe und Gewalt, »sex and crime«, angenommen. Das entspricht der These, dass der Zuschauer eigenen Abgründen von Wünschen und Begierden auf der Leinwand begegnen möchte, ohne sie unbedingt als eigene anerkennen zu müssen. Blutrünstige Aggression, brutales kriminelles Verhalten sowie höchste Lust im exzentrischen, verbunden mit Macht und Gewalt auch im perversen Sinne werden stellvertretend auf der Leinwand in Szene gesetzt. Wenn der Film nicht trivial und platt allgemeine Sehnsuchtsträume stellvertretend erfüllt – nachdem der Wilderer erschossen wurde, bekommt der Förster die Bergbauerntochter doch und das Alpenglühen bebildert das Happy End –, wird der uns interessierende Film nicht etwa die durchschnittliche (um das Wort »normal« zu vermeiden) romantische Liebe in Szene setzen, sondern er zwingt uns, einen Blick in ihre Abgründe zu werfen, und das sind immer Dimensionen der einen oder anderen Art angedeuteter oder ausgelebter Perversion, die wir alle, also die Kinobesucher, als psychisches Potenzial mehr oder weniger latent in uns tragen. Immer aber werden die Schicksale verschiedenster Liebesbeziehungen den Grundkonflikt eines jeden Liebenden enthalten: das Begehren, den Drang nach Vereinigung und Verschmelzung bei gleichzeitiger Angst vor der Fusion, der verschmelzenden Nähe und damit vor dem Verlust der Freiheit. Der psychische Gewinn liegt wohl darin, dass wir die Abgründe und Abwege der Liebe als allgemein psychische Bereiche vorgeführt erleben, die auch in uns enthalten sind, die wir als menschliche Möglichkeiten begreifen und akzeptieren können, gerade ohne in uns selbst hineinsehen und uns selbst öffnen zu müssen. Es ist wie das Lachen über das Unglück anderer (man denke an die Slapstick-Mechanismen): Man lacht wegen der Diskrepanz von Identifikation (man *könnte* es sein) und der Erleichterung, dass man es nicht tatsächlich ist.

Wie in vielen deutschen Städten gibt es in Düsseldorf einen psychoanalytischen Filmclub, in dem in regelmäßigen Abständen seit Anfang 2001 ausgewählte Filme von Psychoanalytikern der Öffentlichkeit vorgestellt werden, die aus psychoanalytischer Sicht mit einem kleinen Vortrag kommentiert werden, woran sich dann eine allgemeine Diskussion anschließt. Irgendwann fiel mir auf, dass fast alle zwölf Filme, die ich in dieser Zeit vorgestellt habe, in der einen oder anderen Weise mit dem Thema *Liebe* im weiteren Sinne zu tun hatten. Damit hatte ich ein Thema für das vorliegende Buch; die erweiterten Fassungen der Kommentare (zum Teil bereits veröffentlicht) wurden überarbeitet und mit drei weiteren Filmbesprechungen ergänzt. Wieder danke ich Bianca Grüger für das Eingeben der verschiedenen Textvariationen in den Computer und das Erstellen der Grafiken.

Ehwendl-Hütte, Hinterreute (Allgäu), im Februar 2008
Mathias Hirsch

Mutterliebe

Dancer in the Dark

von Lars von Trier

Selma ist eine tschechische Immigrantin; sie lebt mit ihrem Sohn Gene zur Miete bei Bill, dem örtlichen Polizeibeamten, und seiner Frau Linda. Sie arbeitet hart in einer Fabrik, nebenbei als Heimwerkerin, um jeden Cent, wie sie sagt, ihrem Vater in die Heimat zu schicken. Tatsächlich aber spart sie das Geld, um Gene eine Augenoperation zu ermöglichen, denn sie selbst und ihr Sohn leiden unter einer erblichen Krankheit, die zur Blindheit führt; für sie selbst kommt eine Operation nicht mehr in Frage. Mit ihrer mütterlichen Freundin Kathy probt sie für die Laienaufführung des Musicals *The sound of music*, in dem sie die Maria spielt; manchmal besucht sie mit Kathy einen Tanz- und Musikfilm. Der Polizist Bill scheint wohlhabend zu sein, ist aber wegen der Verschwendungssucht seiner Frau Linda finanziell am Ende; er wagt es nicht, ihr das zu sagen aus Angst, sie würde ihn verlassen. Er vertraut sich Selma an und erfährt von dem wahren Grund ihrer Sparsamkeit; beide geloben sich gegenseitig, ihre Geheimnisse zu bewahren. Ihre Arbeit in der Fabrik kann Selma wegen des zunehmenden Verlusts der Sehkraft kaum noch ausführen; Kathy, der Vorarbeiter und Jeff, der um sie wirbt, helfen ihr selbstlos. Durch einen Trick erfährt Bill, wo Selma ihr Geld versteckt, und stiehlt es. Selma fordert es zurück; er beharrt zunehmend, es sei seines, bedroht sie mit der Pistole, es kommt zu einem Gerangel, ein Schuss löst sich, der Bill trifft; er fleht Selma an, sie solle ihn töten, er selbst könne es nicht. Er klammert sich an Selmas Geld und zwingt sie so, immer wieder zu schießen und dann zuzuschlagen, bis er tot ist. Selma flüchtet sich in eine Musical-Träumerei, in der ihr Bill, wiederbelebt, vergibt. Sie wird wegen Mordes angeklagt, verrät Bills Geheimnis nicht, wie sie es versprochen hatte. Sie sagt auch nichts über die Krankheit des Sohnes, angeblich um ihm Aufregung und Verschlechterung seines Leidens zu ersparen. Sie muss deshalb die erfundene Geschichte ihrer Herkunft, der Abstammung von einem tschechischen Tänzer und Musical-

Star, aufrechterhalten. Sie wird zum Tode verurteilt; eine mögliche Revision lehnt sie ab, weil ein neuer Verteidiger das gesparte Geld kosten würde. Eigensinnigerweise lehnt sie nach dem Urteil jeden Kontakt zu ihrem Sohn und damit einen Abschied völlig ab. Die Flucht in die Träumerei erspart ihr nicht die schlimme Todesangst; Genugtuung gewinnt sie kurz vor ihrem Tode aus der Nachricht, dass die Operation ihres Sohnes erfolgreich war.[1]

Gertrud Koch (2002, S. 463) bescheinigt diesem und allen Filmen Lars von Triers einen »eigentümlichen Gestus«, weder sei er ein »ironisches, postmodernes Spiel«, noch gehöre er zum »Kino der Gefühle«, der Zuschauer sei »zwischen Faszination und Abwehr gefangen«. Ich denke, von Trier erreicht den Eindruck von schillernder Unentschiedenheit, auch eine Polarisierung der Zuschauer in begeisterte, emotional reagierende und skeptisch-kritische, durch die Einladung zu multipler Identifikation, die er aber jeweils wieder sofort relativiert: Die Protagonistin ist schuldloses Opfer, aufopfernde und doch schuldige Mutter, der Polizist ist schuldiger Schurke und doch ähnlich verstrickt. Ich möchte die Verwirrung etwas mildern, indem ich mich auf die Bereiche Schuld und Schuldgefühl konzentriere und die auf den ersten Blick so gegensätzlich erscheinenden Schuldschicksale Selmas und Bills auf ein gemeinsames zurückführe.

Es geht also um Schuld, vielleicht um tragische Schuld, und, was nicht so offensichtlich ist, um Schuldgefühl. Zuerst das Schuldthema, das ich in drei Bereiche gliedern will: Polizist Bills Schuld Selma gegenüber, Selmas Schuld ihrem Sohn Gene gegenüber und schließlich Selmas Schuld sich selbst gegenüber durch ihr Versagen, für ein eigenes ausreichend gutes Leben zu sorgen, was schließlich in ihren praktisch selbst gewählten Tod mündet.

Bills Schuld Selma gegenüber könnte der Kern eines üblichen engagierten Films gegen die Todesstrafe sein: Der in der Gemeinde geachtete Hüter des Gesetzes verstrickt sich in kriminelle Schuld, in diesem Fall aus Schwäche, rechtzeitig den Konsumwünschen seiner Frau gegenüber Nein zu sagen, der er meint, eine Art amerikanischen Traum erfüllen zu müssen. Seine Angst ist, sie zu verlieren, wenn er ihr zeigt, wer er wirklich ist, nämlich dass er kein Geld hat. Dass er sein wahres Sein verschleiert, bedeutet schon Schuld. Dass er ein in dieser Hinsicht unschuldiges Opfer auf perfide Weise mit hineinzieht, ist seine im Film offen sichtbare Schuld.

Selmas Schuld ihrem Sohn gegenüber ist das Zentrum des Schuldgeflechts dieses Films. Sie hat ihn gezeugt, obwohl sie wusste, dass er ihre zur Erblindung führende Erkrankung erben würde. Sie weiß auch selbst um

1 Zusammenfassung von Mathias Hirsch

ihre Verantwortung: »Er hat nicht darum gebeten, mit den kranken Augen seiner Mutter geboren zu werden! Ich hab mir jede Nacht geschworen, dass Gene später mal in der Lage sein wird, seine Enkelkinder zu sehen!« (S. 67[2]) Man kann das Bild von der Erbkrankheit als Überspitzung und deutliche Metapher für die Schuld sehen, die *immer* darin enthalten ist, ein Kind zu zeugen. Es dürfte kein Zufall sein, dass Selma im Musical der Laienspielgruppe eine *Maria* spielen soll: Maria als prototypische Mutter in der christlichen Religion. Ebenso bedeutungsvoll erscheint mir die Übernahme der Rolle einer Nonne, als sie die Maria nicht mehr spielen kann, einer Büßerin, und meist nimmt sie ihr zum großen Teil selbst gewähltes Schicksal mit einem verklärt-wissenden Lächeln hin, als hätte sie wie eine Märtyrerin Buße und Entsagung akzeptiert.

Gegenüber ihrer Verantwortung für die Zeugung ihres Kindes hat Selma ungewöhnlicherweise ein realistisches Schuldbewusstsein, denn in der Regel sind es die Kinder, die den Eltern das Leben schulden sollen und dankbar sein sollen für ihre bloße Existenz. Das entspricht dem Gebot der jüdisch-christlichen Kultur, nach dem man Vater und Mutter ehren soll, bevor es einem wohlergehen kann, gleichgültig, wie Vater und Mutter mit dem Kind umgehen. Eine solche Haltung dreht Ferenczi (1929, S. 254) ins Gegenteil um: »Das Kind muss durch ungeheuren Aufwand, Liebe, Zärtlichkeit und Fürsorge dazu gebracht werden, es den Eltern zu verzeihen, dass sie es ohne seine Absicht zur Welt brachten, sonst regen sich alsbald die Zerstörungstriebe.« Denn nie wird man dem Kind und seinen Bedürfnissen optimal gerecht werden können; man wird ihm etwas schuldig bleiben durch ungenügende Einfühlung, Nichtwissen oder bewusstes oder unbewusstes Zurücksetzen der Bedürfnisse des Kindes zugunsten der eigenen (was allerdings manchmal in seinem wohlverstandenen Interesse auch für das Kind gut ist). Zwar betreibt Selma einen »ungeheuren Aufwand«, verliert darüber aber die wahren Bedürfnisse des Kindes aus den Augen.

Man hat Grund zur Annahme, dass die eigene Bedürftigkeit Selmas, deren Erfüllung sie sich von einem Kind versprochen haben mag, so groß war, dass die Verantwortung für die Zeugung eines sicher kranken Kindes dahinter zurücktreten musste. Selma ist vaterlos aufgewachsen, mit allen Implikationen von emotionalem Mangel, die man sich ausdenken kann; ihre Mutter kommt nicht vor. Sie erträumt sich einen Vater, einen prominenten Schauspieler und Tänzer. Das ist ein Beispiel für einen Familienroman, den sich das vernachlässigte oder misshandelte Kind als Traum von einer besseren Familie erdichtet.

2 Die Seitenangaben beziehen sich auf das Programmheft des Schauspielhauses Düsseldorf 2001/2002, der Text ist weitgehend identisch mit dem des Films.

Die Phantasie vom Tänzer-Vater eröffnet Selma auch den Raum der Musical-Träumerei, in dem es »nichts Schlimmes gibt«. Und dass sie vorgibt, ihrem Vater jeden ersparten Penny zu schicken, ist wohl Ausdruck ihres Wunsches, einen Vater, also eine richtige Familie zu haben, und legt die Vermutung nahe, dass sie sich mit ihrem Kind eine Familie schaffen wollte, die sie selbst vermissen musste. Ein Vater, für den sie sorgt, fällt in der Phantasie auch mit einem zusammen, der für sie einmal gesorgt haben müsste. Die Geldzahlung soll aber tatsächlich an den Sohn gehen, sodass phantasmatisch Vater und Sohn in eins verdichtet werden, vielleicht auch Mann und Sohn, der Sohn also als Partnerersatz. Das Hauptthema des Films kann man in der Botschaft sehen, dass solche Rechnungen nicht aufgehen können, und eine gewisse Tragik liegt darin, dass sie den Mann nicht nimmt, Jeff, der so beharrlich um sie wirbt, weil sie sich ausrechnet, keine Zeit für das Geldverdienen, also die Rettung ihres Sohnes zu haben, wenn sie mit ihm zusammen wäre. Der Traumvater wird in einer Musical-Träumerei bezeichnet: »Why do I love you so much? ... You were always there to catch me when I'd fall ...« (S. 57f.). Wenn der Wiederholungszwang die Hauptfunktion hat, eine Reparation des Mangels oder Traumas zu erreichen (Hirsch 1997), wird diese Hoffnung nie erfüllt, sondern immer nur der Mangel selbst wiederhergestellt. Auch Selmas Kind hat keinen Vater. Dass Gene unbewusst den Vater und eine ganze intakte Familientradition, die es nicht gegeben hat, in der Phantasie herstellen soll, zeigt sich an dem brennenden Wunsch Selmas, den sie nicht begründen kann, er solle sich auf alle Fälle Nový, nach dem Tänzer-Traumvater, nennen (S. 60). Übrigens wird eine ungeheure aggressive Energie frei, wenn ihr Reparationsvorhaben gefährdet ist, wie der Kontrollverlust im Totschlag Bills zeigt. Und noch ein anderes Motiv, das Kind haben bzw. behalten zu wollen, wird gegen Ende des Dramas benannt: Jeff versteht langsam die Zusammenhänge und fragt nach ihrer Schuld: »Warum hast du das getan, Selma? Warum hast du ihn gekriegt, Selma? Wusstest du nicht, dass er dieselbe Krankheit kriegen wird wie du?« – Selma: »Ich wollte so gern ein kleines Baby ... in meinen Armen halten.« Das bedeutet, sie möchte die Mutter sein, die sie nicht gehabt hat, ein bemuttertes Baby haben, das sie nicht sein konnte, sodass in der Phantasie das Kind zur Mutter wird, was aber einem Benutzen des Kindes gleichkommt.

Die prinzipielle Schuld der Eltern ihrem Kind gegenüber liegt darin, ihm durch die Zeugung ein Versprechen gegeben zu haben, uneigennützig für es da zu sein. Das hätte Selma ihrem Sohn nicht versprechen dürfen. Und das geht weit über das Problem der Erbkrankheit hinaus. Die Erbkrankheit ist für mich hier ein konkretisiertes Bild für dieses allgemeine Schulddilemma der Menschen. Denn Selma kann ein solches implizites Versprechen in keiner Weise einhalten; sie ist für Gene, jedenfalls soweit der Zuschauer sehen kann, überhaupt nicht Mutter, überhaupt nicht präsent. Einmal sagt Selma: »Er [Gene] hat sich damit abzufinden, dass ich nicht so eine Mutter bin! Ich bin ... nun mal nicht so 'ne Mutter« (S. 20). Das Bild dafür ist das Fahrrad. Jedes Kind hat ein Fahrrad, aber Selma kann es ihrem Kind nicht kaufen, weil sie alles einer Ideologie, einem Lebenstraum, unterordnet: Das Kind muss sehen können, muss es einmal besser haben als sie selbst, muss glücklicher sein, um dadurch schließlich ihr selbst Glück zu verschaffen. Das ist die Fortsetzung des Familienromans in die nächste Generation hinein: Das glücklichere oder in diesem Fall gesündere Kind stellt das Glück her, vervollständigt das Selbst oder das Leben der Eltern. Indem Selma also ihr eigenes Leben hintanstellt, scheinbar nur für das Kind und seine Gesundheit existiert, vernachlässigt sie erstens ihre Mutterfunktion und macht sich wiederum an ihm schuldig, und zweitens funktionalisiert sie das Kind und sein zukünftiges Glück, ohne es zu fragen, für sich selbst, denn sie selbst und ihr dürftiges Leben sollen in der Phantasie durch das glücklichere Kind repariert werden. Selma will ihre primäre Schuld wiedergutmachen und lädt noch mehr Schuld auf sich: Das kann man wohl tragisch nennen. Nur einmal versucht die mütterliche Freundin Kathy die Scheinlogik zu durchbrechen; sie beschwört Selma: »Gene braucht seine Mutter, und zwar lebendig, verstehst du, ganz egal, wo sie ist!« – Selma: »Nein! Er braucht seine Augen!« Kathy: »Seine Mutter!« – Selma: »Seine Augen!« – Kathy: »Seine Mutter!!« – Selma: »Nein!!« (S. 67)

Der dritte Schuldkomplex betrifft die Schuld Selmas ihrem eigenen Leben und eigenen relativen Glück gegenüber. Jeder Mensch ist sich selbst ein Bemühen schuldig, aus seinem Leben das Beste zu machen. In einer Musical-Träumerei sagt Selma, sie wolle all die Dinge des Lebens gar nicht sehen, sie habe alles gesehen – was keineswegs der Wahrheit entspricht; zumindest hat sie nicht die Hände ihres Enkels in ihrem Haar spielen sehen, und sie wird es auch nicht sehen, aber sie sagt bzw. singt: »To want more would be greed« (S. 40), wäre gierig. In der Konfrontation mit Linda, die denken muss, sie stelle ihrem ehrenwerten Ehemann Bill nach, gerät sie in einen Loyalitätskonflikt. Welches ist das höhere Gut: ein Versprechen zu halten (obwohl sich seine Voraussetzungen längst gründlich geändert haben) oder sich gegen perfide Schuldzuweisung selbst zu verteidigen? Selma entsagt einem Naturrecht der notwehrartigen Selbstverteidigung, vermeidet eine kleine Schuld, um sich an ihrem eigenen Leben umso mehr zu versündigen. Später vor Gericht, angesichts der drohenden Todesstrafe, wiederholt sie es: »Ich hab' ihm versprochen, dass ich's keinem Menschen verrate« (S. 55). Hier klingt schon eine Todessehnsucht aus Strafbedürfnis hervor, als hätte sie einen Begriff davon, dass das starre Festhalten an der Verfolgung ihres Lebenstraums Schuld bedeute.

Die Schuld wird oft vergrößert, indem man sie eigenmächtig, aus eigener Kraft reparieren möchte, und zwar ohne Kommunikation mit den Menschen, mit denen man zusammenlebt. Es scheint mir ein häufiges Motiv insbesondere US-amerikanischer Kriminalfilme zu sein, dass der Held, dem ein Verbrechen untergeschoben wurde oder der fälschlich in Verdacht geriet, aus irgendeinem mehr oder weniger plausiblen Grund gehindert ist, sich zu offenbaren, und so ganz allein seine Rettung bewerkstelligen muss. Meist geht er siegreich daraus hervor, und noch nicht einmal die Ehe des Helden zerbricht daran, dass er die Ehefrau in Angst und Schrecken versetzt und uninformiert gelassen hatte. In Lars von Triers Film jedoch ist die Nicht-Kommunikation deutlich ein Faktor, der die Katastrophe mitbewirkt und die Schuld vergrößert. Bill hätte seine Ehefrau über seine finanziellen Verhältnisse informieren und darüber hinaus sich mit ihr über ihre Verschwendungssucht auseinandersetzen müssen. Er tat es nicht, weil er ihr und sich den Traum von Wohlstand nicht zerstören wollte, eine Lebenslüge pflegte, seine eigene Schwäche dahinter verbergend. Und die Verkennung der Realität nimmt immer mehr wahnhafte Züge an, er ist verwirrt, wem das Geld denn nun gehört, Selma sagt: »Das ist aber mein Geld, Bill …« Bill: leicht verwirrt: »Ja, natürlich.« Dann: »In einem Monat kannst du es wiederhaben … Ich borg's mir nur für einen Monat …« – Kurze Zeit später jedoch: »Nein, es ist das Geld, das ich in meiner Kassette hatte, und du wolltest es mir stehlen …« Ebenso vermehrt Selma die Schuld, indem sie nicht sagt, wofür sie das Geld braucht; ihre Begründung ist eine Rationalisierung: Dem Kind könne es schaden, wenn es die Realität seiner Erkrankung erführe. (Wie es allerdings Kindern schaden kann, wenn man ihnen die Wahrheit vorenthält, werden wir weiter unten sehen.)

Auf den zweiten Blick kann man also überraschenderweise Parallelen von Bills und Selmas Motivation und Verhalten erkennen: Beide verfolgen einen Traum, wollen ihre Verstrickung in Schuld aus eigener Kraft lösen und potenzieren die Schuld, indem sie die eigenen Vorstellungen über das Mit-Teilen mit den Mit-Menschen stellen. Und das, obwohl doch in einer Spaltung Bill als der eigentlich Schuldige und Selma als die Edle, aber tragisch Verstrickte in Erscheinung treten. Bei beiden kommt es zu einer Art Suizidalität, deren Konsequenz aber nicht das Hand-an-sich-Legen ist, sondern der Wunsch nach Exekution, nach Todesstrafe. Bill sagt: »Du hast auf mich geschossen, Selma. Ich hätte es selber tun sollen. Bring mich um … erschieß mich … hab' ein bisschen Erbarmen …« (S. 43). Bill bettelt darum, umgebracht zu werden: »Das ist alles, was ich verdiene« (S. 44). Selma schlägt später die Revision des Todesurteils aus; fast könnte man meinen, bei beiden sei das Schuldgefühl, verbunden mit einem massiven Strafbedürfnis, größer als die reale Schuld, denn ihrer beider ursprüngliche Schuld hätte nicht die Todesstrafe erfordert.

Reale Schuld in der Elterngeneration kann entsprechend starke Schuld*gefühle* bei den primär unschuldigen Kindern hervorrufen (vgl. Hirsch 1997). Sollte die bloße Existenz Genes den – unbewussten – Zweck gehabt haben, das Glück der Mutter herzustellen, ihr Mann, Vater und gesunde Augen zu verschaffen, müsste das Kind Schuldgefühle wegen seines Da-Seins entwickeln, denn es war nie bedingungslos um seiner Selbst erwünscht. Das ist das, was ich Basis-Schuldgefühl genannt habe (vgl. Hirsch 1997). Verstärkt wird dieses dadurch, dass die im Sinne einer Rollenumkehr aufoktroyierten Aufgaben nie völlig erfüllt werden können, wofür sich selbst die Schuld zu geben dem Kind als einzige Möglichkeit bleibt, will es nicht mental die Mutter oder die Eltern verlieren, indem es sie so beschuldigt.

Das Mittel, das Selma wählt, um ihre Schuld abzutragen, klingt zwar ehrenhaft, da sie aber dadurch kaum als Mutter präsent sein kann, schafft sie neue Schuldgefühle im Kind, das sich den Mangel nur mithilfe einer unterwerfenden Identifikation mit dem Aggressor erklären kann, um sich die Rest-Mutter zu erhalten: Ich bin schlecht, ich hab es nicht anders verdient, dass Mutter sich nicht kümmert. Im übertragenen Sinne ist Selma blind für die Bedürfnisse des Kindes und für ihre Schuld, sie zu vernachlässigen. Die Aufklärung, Genes Augen seien krank und deshalb schufte die Mutter so viel, unter Druck obendrein, weil sie selbst nahe der Blindheit sei, hätte dem Kind eine Befreiung vom endlosen Grübeln erspart, warum es so anders, schlechter sei als die anderen Kinder, deren Mütter durchschnittlich für sie sorgten und die alle ein Fahrrad bekommen hätten. Das Grübeln konnte ohne die Kenntnis der Wahrheit nur ein Ergebnis haben: *Ich* bin schlecht, nichts wert, bin schuld daran. Die Nicht-Kommunikation erhöht Selmas Schuld allein durch die negative Wirkung auf Gene. Mit den – im Übrigen wohl ganz unrealistisch wohlmeinenden – Freunden und Kollegen, die sich mit endloser Geduld der alleinerziehenden Immigrantin widmen, wird es ähnlich gegangen sein. Jeff lehnt sich überhaupt nicht auf, Kathy dagegen reicht es allerdings von einem gewissen Punkt an: In der Identifikation mit dem alleingelassenen Kind kann sie endlich auf den Eigensinn Selmas angemessen wütend reagieren.

In dem Schuldkonflikt zwischen der selbst auferlegten Wiedergutmachung der Schuld an der Existenz des Kindes und ihrer Verantwortung für ein eigenes gutes bzw. überhaupt ein eigenes Leben entscheidet sich Selma für den Sohn, sie opfert sich seinem vermeintlich größten Bedürfnis. Ist es tragisch zu nennen, wenn auch dadurch das Schuldgefühl des Kindes ins Unermessliche steigen muss, dass die Mutter buchstäblich ihr Leben für sein Augenlicht opfert? Es gibt eine frühchristliche Sage vom Pelikan (im *Physiologus*, Seel 1960; vgl. Hirsch 1997), der sich die Brust aufhackt, um die hungernden Kinder zu nähren – so selbstlos, wie aber andererseits auch im Kind automatisch Schuldgefühle erzeugend. So selbstlos waren die Pelikan-Eltern übrigens keineswegs: Der erste Teil der Sage berichtet, sie wären zu Beginn der Fütterung der Kinder überdrüssig gewesen; erst als diese tot waren, regte sich ein Schuldgefühl in der Mutter und sie griff zu der auch selbst bestrafenden Rettungsmaßnahme, ihr Blut erweckte die Kinder wieder zum Leben. Selma besinnt sich erst, als alles schon entschieden ist, wie die Pelikan-Mutter, von Schuldgefühl unruhig, dass Gene sie an diesem Tag noch nicht gesehen habe, sie zu ihm müsse. Die christliche Religion, in deren Zentrum die Opferung eines Menschen und Gottes steht, ist eine Schuldgefühlreligion. Die Pelikan-Mutter steht für Christus, der die Menschen mit seinem Blut rettet. Christus nimmt den Menschen die Schuld, lässt sie dafür aber mit Schuldgefühl zurück.

Mit dem Selbstmord erzeugt man in seinem Kind das schlimmste und hartnäckigste Schuldgefühl, oft aufgrund einer eigensinnigen Ideologie der absoluten Hoffnungslosigkeit und jedenfalls der Nicht-Kommunikation. Denn wegen des fehlenden Abschieds, und das heißt der gegenseitigen Vergewisserung des Genügend-gut-Seins und gegebenenfalls der Versöhnung, relativiert nichts das Gefühl des Kindes, am Tod des ambivalent geliebten Elternteils schuld zu sein. Und vom Standpunkt des Kindes Gene ist es völlig indiskutabel, dass Selma ihm den Abschied verwehrt. Welche Ideologie ist denn stärker als der natürliche Wunsch, sich vor einer endgültigen Trennung zu sehen, sich zu berühren und sich gegenseitig unter Tränen seiner grundlegenden Liebe und Akzeptanz zu versichern? Nicht einmal grüßen lassen will sie ihn, obwohl sie um den notwendigen symbolischen Akt weiß, denn sie lässt das ihr unbekannte Kind der Gefängniswärterin grüßen (S. 60). Niemand allerdings wird es für nötig halten, dass das Kind bei der im Film drastisch konkret wiedergegebenen Exekution dabei sein müsste. (Ähnlich ausgedehnt wurde schon die Tötung Bills gezeigt.)

Während die Musical-Täumerei für Selma immer wieder Realität und Schuld ausblenden hilft, z. B. nach dem Totschlag (»Does it hurt you?«, fragt Selma, und der in der Träumerei wiedererweckte Bill antwortet beschwichtigend: »I hurt you much more, so don't you worry … everything is fine«, S. 45 – »You just did what you had to do«), bricht am Ende das System von Ideologie und Rationalisierung (»Man muss auf sein Herz hören«, S. 74) zusammen. Aber es ist zu spät. Selma ist nicht so stark, wie sie gedacht hatte (S. 62): Sie kann die Schritte zum Galgen nicht gehen, obwohl sie sich für den Tod entschieden hat. Und zum Schluss rafft sich der Sohn zu einer übermenschlichen Geste der Rollenumkehr, der Umkehr der Mutter-Kind-Funktion auf, in dem er ihr nach der Operation die Brille schickt, die er nun nicht mehr braucht und die so das Zeichen dafür ist, dass er sich der Ideologie der Mutter unterworfen hat, sein größtes Glück sei die Gewinnung der Sehkraft. Und wie eine Bestätigung, dass das Kind für die Mutter da zu sein habe, klingt die letzte Musical-Träumerei: »Dear Gene, of course you are near … I should have known, I was never alone.«

Die Filme Lars von Triers sind nie eindeutig zu verstehende Erzählungen geradliniger Entwicklungen – vielmehr enthalten sie oft ein Nebeneinander mehrerer semantischer und auch filmischer Ebenen, die sich durchaus widersprechen können. *Dancer in the Dark* ist weder ein richtiger Musical-Film, noch behandelt er nur ein Justizthema; er ist auch nicht nur ein sozialkritisches Immigrantendrama; doch ist er von allem etwas. In diesem Essay wird er unter dem Blickwinkel von Schuld und Schuldgefühl behandelt. Schuld entsteht einmal durch einen sozusagen eigenmächtigen Eingriff in die eigene defizitäre Lebensgeschichte: Zeugung eines Kindes, um (unbewusst) die eigene Deprivation zu kompensieren (dadurch Zuschreibung einer Rollenumkehr-Funktion an das Kind). Dann macht die starrsinnige Verfolgung einer privaten Ideologie schuldig am Mitmenschen: Im Film wissen weder das Kind der Protagonistin noch die befreundeten Helfer, warum sie sich derart opfert; Nicht-Kommunikation verstärkt die Schuld noch. Das Schuldgefühl (ein Kind ohne festen Partner aus egoistischen Gefühlen gezeugt zu haben) führt zu einem monomanisch verfolgten Wiedergutmachungsversuch und damit zu realer Schuld durch Vernachlässigung der Mutter-Funktion. Schuldgefühle entstehen im Kind, das das Opfer der Mutter nicht begreifen kann. Die Protagonistin schließlich macht sich schuldig durch Vernachlässigung der Sorge um ihre eigenen basalen Lebensinteressen, die Hinnahme der Todesstrafe unter Missachtung der Bindungsbedürfnisse der Mitmenschen. Die ins Auge springende Schuld eines kleinen Polizisten wirkt nur wie eine Camouflage, die die genannten Schulddimensionen verbirgt.

Herbstsonate

von Ingmar Bergman

Charlotte Andergast, eine weltberühmte Konzertpianistin, besucht an einem Herbstwochenende ihre Tochter Eva im nördlichen Norwegen. Beide sind sich das letzte Mal vor sieben Jahren begegnet. Eva führt, im Gegensatz zu ihrer Mutter, ein bescheidenes Leben auf dem Land. Sie ist mit Victor verheiratet, dem Pfarrer der hiesigen Kirchengemeinde. Eva hat die Pflege ihrer spastisch gelähmten Schwester Helena, die nicht sprechen kann und die die Mutter vor Jahren in einer Privatklinik hatte unterbringen lassen, übernommen, ohne sie zu informieren. Eva hofft durch Charlottes Besuch auf eine Verbesserung der Beziehung zu ihrer Mutter. Auch Charlotte, deren langjähriger Freund Leonardo vor kurzer Zeit verstarb, will die Beziehung zu ihrer Tochter wieder aufleben lassen. Die Begrüßung beginnt fröhlich und heiter, doch die gute Stimmung verfliegt plötzlich, als Charlotte mit der Anwesenheit von Helena konfrontiert wird. Die Mutter hatte Helena in der Klinik vermutet und reagiert ärgerlich. Eva erklärt, dass sie ihre Schwester zu sich geholt hatte, um ihr die Liebe und Pflege zukommen zu lassen, die sie braucht. Am ersten Abend möchte Eva ihrer Mutter Frédéric Chopins Prélude Nr. 2 a-moll (aus Op. 28, »24 Préludes sur tous les tons«) vorspielen. Sie ist nervös und hat Angst, den hohen Ansprüchen ihrer Mutter nicht gewachsen zu sein. Tatsächlich missbilligt die Mutter Evas Interpretation, was jedoch nur an ihrem mühsam beherrschten Mienenspiel zu erkennen ist. Verbal lobt sie sie, doch Eva glaubt ihr kein Wort. Nach einem kurzen Disput setzt sie sich selbst an den Flügel. Victor hatte anfangs noch im Sessel zugehört, steht nun auf und wendet sich von der Szene ab. Charlotte kritisiert das Klavierspiel ihrer Tochter als zu sentimental und demonstriert kraftvoll und kühl, wie man das Stück besser interpretiert. Charlotte geht zu Bett, blättert in einem Roman von einem ihrer früheren Liebhaber, erwacht später schreiend von einem Albtraum, steht auf und trifft in der dunklen Küche auf Eva. Im nächtlichen Gespräch macht

Eva ihre Mutter für das physische Leiden Helenas verantwortlich. Charlotte hatte sich die Jahre über auf ihre Musikerkarriere konzentriert, war stets auf Konzertreisen und gab weder Helena noch ihrem Vater und auch nicht Eva die Zuwendung, die sie brauchten. Die Probleme blieben stets unausgesprochen, sodass Eva von Kindheit an lernte, ihre Gefühle zu unterdrücken. Der fehlenden Mutterliebe gibt Eva die Schuld für ihre Unfähigkeit, eine liebende und vertrauensvolle Beziehung zu ihrem Ehemann zu führen. Die harten Vorwürfe der Tochter durchbrechen Charlottes Abwehr, und erschüttert beginnt sie sich zu öffnen: Auch sie habe in ihrer Kindheit von ihrer Mutter nie Liebe empfangen. Charlotte bittet Eva, sie von der Schuld zu befreien, die die Konzertpianistin schon seit Jahren empfindet. Eva muss erkennen, dass durch die Zurückweisungen und Beschuldigungen eine starke Bindung an die Mutter entstanden und nie gelöst worden ist, sie hat das Gefühl, als sei die Nabelschnur niemals durchschnitten worden. Charlotte verfällt in eine Art Agonie und verlässt überstürzt am nächsten Morgen ihre Tochter. Eva scheint gestärkt aus den Geschehnissen hervorzugehen. Hatte sie noch am Anfang gehofft, zu ihrer Mutter zu finden, konnte sie im Verlauf der Ereignisse wieder mehr zu sich selbst finden. Am nächsten Tag schreibt sie ihrer Mutter jedoch einen Brief, in dem sie das Meiste von dem zurücknimmt, was sie Charlotte vorgehalten hatte, und um Verzeihung bittet. Charlottes alter Freund und Agent Paul begleitet sie zum nächsten Konzerttermin. Sie lässt ihrem Kummer, eher ihrer Kränkung freien Lauf. Paul erkennt ihre Verzweiflung und will sie trösten, doch Charlotte entzieht sich seiner Annäherung.[3]

Bergman hat den Film wohl nicht als Darstellung von etwas Verborgenem, Unbewusstem in der Beziehung von Menschen konzipiert, das der Zuschauer entziffern müsste, er zeigt vielmehr die Aufdeckung selbst in einem Prozess des Bewusstwerdens der Akteure. Mein Kommentar wird deshalb weniger Neues zeigen, als vielmehr die Parallelen des Filmgeschehens zu psychoanalytischen Beziehungstheorien aufzeigen. Im Zentrum des Films steht eine Einsamkeitsproblematik, Beziehungslosigkeit und Kälte, ähnlich wie in Bergmans Film *Wilde Erdbeeren* (1957) – dort geht es um Vater und Sohn, hier um Mutter und Tochter.

Gleich anfangs klagt Eva über ein Hindernis, überhaupt leben zu können: nicht zu wissen, wer man ist. Damit wird das Identitätsthema benannt. Die Entwicklung der Identität bzw. vielmehr eines Identitätsgefühls hängt von der Spiegelung durch emotional anwesende, präsente Bezugspersonen ab. Eva schreibt einen Brief an die Mamá (Charlotte): »Liebste Mamá, wir

3 Zusammenfassung aus http://de.wikipedia.org/wiki/Herbstsonate

werden dich verwöhnen ... Sieben Jahre haben wir uns nicht gesehen ...« Die Mamá ist hier noch die Liebste, wie es die harmoniebedürftige Tochter bewusst empfindet.

Die Mutter kommt. Rosen im Vorgarten sollen wohl die Idylle anzeigen. In ihrem Mercedes fährt Charlotte zügig heran; wenn man will, kann man darin ein Zeichen des Eindringens von etwas Fremdem, Bösem in eine friedliche Welt sehen. Mutter und Tochter freuen sich beide: »Willst du mir ein paar Klavierstunden geben?«, fragt Eva, was ich angesichts des Kommenden als Unterwerfung und Identifikation mit dem Aggressor (vgl. Hirsch 1976) verstehe, denn Stunden-Geben bedeutet ganz klar, dass die Mutter die Dominierende, die Tochter die Unterlegene sein wird. »Wir werden vierhändig spielen!«, sagt die Mutter. Das wird sich bewahrheiten, aber anders, als es hier noch gemeint ist. Charlotte hat Rückenschmerzen, Kopfschmerzen – ihr Lebensgefährte Leonardo ist gestorben. Körperschmerzen statt seelische Schmerzen, denkt man (vgl. Weiss 1933).

Eva wirkt wenig selbstbewusst neben der Mutter, die sofort von ihrem Verlust erzählt: Sie kannte den Verstorbenen seit 18 Jahren, 13 Jahre hätten sie zusammengelebt ohne ein einziges heftiges Wort. Sich sofort in den Mittelpunkt zu stellen, klingt erst einmal angemessen, hat die Mutter doch einen schweren Verlust erlitten, aber bevor adäquate Gefühle und über diese ein Kontakt zur Tochter entstehen könnten, kippt Charlotte in die Belanglosigkeit: »Findest du, dass ich mich verändert habe?« Den wunderbaren Hosenanzug habe sie in Zürich gefunden; ob Eva ein Brett unter die Matratze gelegt habe wegen ihrer Rückenschmerzen. Eva weint. Ich denke, sie weint, weil die Mutter nicht trauern, sondern nur mit Körperschmerzen reagieren kann, weil sie nicht in der Beziehung bleibt, sondern den Kontakt abbricht, gleich wieder bei sich und ihren banalen Bedürfnissen ist, aber Eva selbst erklärt ihr Weinen anders: »Ich bin so froh, dass meine Mutter da ist!« – eine *Verkehrung ins Gegenteil*, denn die Mutter ist ja gerade *nicht* da; vielleicht ist es auch eine halbbewusste Notlüge, denn noch kann der Konflikt nicht offen benannt werden. Und die Mutter weiß es auch selbst: »Die ganze Zeit erzähle ich von mir ... Jetzt musst du erzählen!« Eva berichtet, dass sie sich um die Gemeinde kümmere (ihr Mann Victor, 20 Jahre älter, ist Gemeindepfarrer), dort sogar Musikstücke vorgespielt und sie der Gemeinde erklärt habe. Sofort erzählt die Mutter von ihren fünf Konzerten in Los Angeles vor Schulkindern, wo sie so viel erklärt habe. Die weltberühmte Künstlerin hätte diese brutale Rivalität mit der Tochter eigentlich gar nicht nötig, aber ihr unermessliches Geltungsbedürfnis gönnt der Tochter nicht den kleinsten Erfolg. Hier sehen wir die Notwendigkeit der *narzisstischen Persönlichkeit*, ein ungeheures Identitätsdefizit ständig mit äußeren Werten wie Erfolg oder Geld und Macht über Menschen zu füllen, was uns als Egoismus, Egozentrismus, rücksichtslose Rivalität und Kälte in Beziehungen erscheint.

Charlottes andere, behinderte Tochter Helena (Lena) ist hier. Charlotte ist entsetzt: »Ich kann sie nicht sehen!« Gleich darauf beteuert sie aber Lena, sie habe jeden Tag an sie gedacht. Lügen, ohne es zu merken, aufgrund von Verleugnung, nämlich Verleugnung ihrer Schuld der kranken Tochter gegenüber. Eine Schuldanerkennung würde sie übermäßig kränken und muss so vermieden werden. In einem Selbstgespräch fragt sich Charlotte, warum sie so schnell zu ihrer Tochter gewollt habe? Sie sollte sich schämen, Schuldgefühle haben. Es existiert offenbar ein allerdings *unintegriertes*, *abgespaltenes Über-Ich*, das sie mahnt, auf ihr Versagen als Mutter zu schauen.

Eva erzählt Victor die Szene mit der Mutter, allerdings noch ziemlich beschönigend. »Was hab' ich erwartet? *Hört man denn nie auf zu hoffen?!*« Zu hoffen, dass eben diese Mutter sich wie durch ein Wunder in eine liebende verwandelt und den Mutter-Mangel endlich kompensieren wird. Das ist das Prinzip des *Wiederholungszwangs* (vgl. Hirsch 1997, S. 126), der immer wieder die traumatisierende Situation herstellt, auch mit anderen Menschen später, in der Hoffnung, dass dieses Wunder endlich geschieht. Deshalb auch das Harmoniebedürfnis, denn ließe man alle berechtigte Wut zu, würde die Hoffnung zerstört.

Eva wird gedrängt, auch von Victor, der Mutter vorzuspielen, sie ist ganz verkrampft und ängstlich, will aber irgendwie ein Urteil bzw. geradezu eine Verurteilung; die Mutter erklärt das Chopin-Prélude auf ihre Weise: unterdrückter Schmerz, Beherrschung, Kühle des Interpreten. Diese Schlüsselszene der Mutter-Tochter-Beziehung zeigt sowohl die unterwerfende identifikatorische Akzeptanz des Mutter-Mangels durch die Tochter als auch die Kälte, aber ebenso die Hilflosigkeit der Mutter, die wohl selbst ihr Identitätsdefizit und die eigene Bedürftigkeit durch hartes Training als »Klavierspielerin« (ähnlich wie im gleichnamigen Roman von Elfriede Jelinek) und Abwehr von Emotionalität beherrschen lernen musste.

Eva und Victor hatten ein Kind, Eric, das im Alter von vier Jahren ertrunken ist. Das Kinderzimmer ist unverändert – wie ein Mausoleum, eine Gedenkstätte. Eva ist überzeugt, ihr Kind lebe noch; sie konnte sich nicht in der Erinnerung trauernd von ihm lösen. Der Zuschauer ist entsetzt angesichts der geballten Darstellung der transgenerational vermittelten Unfähigkeit der Mütter, ihren Kindern ein akzeptables Leben zu ermöglichen: Lena ist schwer behindert, Eva ist in ihrem Identitätsgefühl zerstört und konnte wiederum ihr Kind nicht behalten.

Victor erzählt Charlotte von Eva: Als sie sich kennenlernten, habe Eva ihn nicht lieben können, habe keinen Menschen lieben können. In der Schwangerschaft aber habe sie sich völlig verändert, sie sei sanft und heiter geworden, auch etwas träge, habe die Gemeinde und das Klavierspiel vernachlässigt. Mit dem Kind hätten sie sehr glückliche, schöne und reife Jahre verbracht, vorher habe ein grauer Schleier über dem Leben gelegen. Häufig findet man das Phänomen, dass unsichere, mit sich, ihrem Körper und ihrem Leben hadernde Frauen eine Schwangerschaft als befreiende Verleihung einer Identität (Hirsch 1997, S. 149) erleben, als Auffüllung eines Identitätsdefizits. Und in manchen Fällen von frühem Kindstod fragt man sich, ob nicht die Ambivalenz der Eltern dem Kind gegenüber zu seinem Tod beigetragen haben könnte.

Charlotte verdreht dann später die Mitteilung Victors Eva gegenüber, unfähig, ihren Redefluss zu bremsen, indem sie die Entwicklung Evas unterschlägt: »Victor ist reizend ... Er hat gesagt, dass du ihn nicht liebst ...« Eva beginnt sich zu wehren: »Warum kannst du andere Leute nicht in Frieden lassen?!« Gleich aber, als hätten beide Angst vor dem Aufbrechen ihres Konflikts, versichern sie einander ihre Liebe. Auch Charlotte zeigt etwas von sich: Alt zu sein sei kein Vergnügen, sie sei seit Leonardos Tod verdammt einsam, sie wolle aber nicht weinen, das wäre Selbstmitleid – wieder lenkt sie ab und vergewissert sich, ob all die kleinen Dinge, die sie zum Einschlafen braucht, vorhanden sind, wie die *Übergangsobjekte* (Winnicott 1971) des Kleinkinds: die Schlafdecke, die Schokolade, zwei Kriminalromane; es fehlte bloß noch der Teddybär (Lena hat tatsächlich einen in ihrem Bett). Statt einzuschlafen, denkt sie an das Geld, das sie von Leonardo geerbt hat, fünf Millionen: »Als Erstes ein neuer Wagen für Victor und Eva ...« Aber nein, gleich korrigiert sie sich, lieber *selbst* einen neuen Wagen, sie könne ihnen den Mercedes schenken.

Charlotte hat einen Albtraum: Eine Hand berührt die ihre, will sie ergreifen, sie zieht sie in Panik zurück und wacht schreiend auf. Man denkt zuerst, Eva ist ans Bett der Mutter gekommen, um sie zu berühren, aber es ist ein Traum. Wie kann die liebevolle Berührung zweier Hände eine derartige Panik erzeugen? Entweder wird die zärtliche Annäherung als Lüge empfunden, als Bild für die Enttäuschung, die Charlotte selbst von ihrer eigenen Mutter erleben musste, oder aber als Forderung ihrer Tochter an sie als Mutter, der sie nicht nachkommen kann. In diesem Traum bereits kündigt sich die *Verschmelzung* von Großmutter, Mutter und Tochter an, mit der enthaltenen *Rollenumkehrforderung*, die bedeutet, dass gerade die emotional unterversorgten Kinder, besonders Töchter, Mütter für ihre Mutter sein müssen (Hirsch 1997, S. 144).

Eva stürzt, durch das Schreien alarmiert, in Charlottes Schlafzimmer (wie sie später in Helenas Zimmer stürzt) – es ist nichts, nur ein Albtraum. Charlotte fragt Eva: »Magst du mich eigentlich?« – »Natürlich, du bist doch meine Mutter!« – »Das war keine ehrliche Antwort!« Das wirkt wie eine

Aufforderung, ehrlich zu sein, und Eva kommt ihr in der Folge mehr nach, als es Charlotte lieb sein kann. Die dramatische Auseinandersetzung zwischen Mutter und Tochter beginnt. Charlotte meint, sie habe ihre Karriere für die Kinder aufgegeben – Eva: »Es war dein Rückenleiden! ... Du warst die Hölle für Mann und Kinder!« – »Aber Eva, das ist nicht wahr!« – »Du hast deinen Mann betrogen!« – »Das ist nicht wahr, ich war immer aufrichtig! Es stimmt, ich war verliebt in Martin, ich war acht Monate mit ihm unterwegs ...« Eva schildert die Rollenumkehr dem schwachen Vater gegenüber: Sie musste ihm die Briefe der Mutter vorlesen, ihn stützen und ihm immer wieder versichern, dass sie wiederkommen würde. Man realisiert, dass der Vater kaum präsent war, und wenn doch, dann schwach und bedürftig erscheint, mütterlicher zwar als die Mutter, aber kein wirkliches Gegengewicht.

Helena schreit wie ein Säugling, als hätte sie die Spannung zwischen Charlotte und Eva im Schlaf gespürt. Eva eilt herbei, beruhigt sie und hält ihre Hand, bis sie wieder eingeschlafen ist; die Hände sind die Hände des Albtraums der Mutter.

Die Anklage geht weiter: Eva sei für die Mutter eine Puppe gewesen (ein *Dingobjekt*, vgl. Khan 1968), mit der sie gespielt habe, wenn es ihr passte; wenn sie lästig wurde, wurde sie dem Kindermädchen oder dem Vater gegeben. Zwar sei sie freundlich gewesen, aber immer mit den Gedanken woanders. Eine Szene illustriert das Liebebedürfnis des Kindes und die Unfähigkeit der Mutter, dieses zu erfüllen: Die Mutter darf beim Üben nicht gestört werden; wenn sie eine Pause macht, bringt ihr das Kind den Kaffee, kniet sich erwartungsvoll neben den Flügel, aber die Mutter ist erschöpft, greift zur Zeitung und sagt: »Mama möchte allein sein, warum gehst du nicht raus zum Spielen bei dem schönen Wetter ...« Eva kann sich nun klarer ausdrücken, sie liebte ihre Mutter, aber sie traute ihren Worten nicht: »Die stimmten nicht überein mit deinen Augen und deinem Tun.« Das Kind begriff, dass die Mutter nie meinte, was sie sagte, am schlimmsten war es, wenn sie lächelte, obwohl sie böse war.

Charlotte hatte ihre Karriere unterbrochen, als Eva 14 Jahre alt war – sie wollte nun, zu spät, eine »gute Mutter« sein und kümmerte sich intensiv um das Kind. Eva hatte keine Chance, altersgemäß zu sich selbst zu finden, die Mutter drang intrusiv in die Psyche der Jugendlichen ein. Die aber begriff nicht, dass sie die Mutter hasste, hielt sie für die beste Mutter der Welt: So verwandelte sich der Hass in eine wahnsinnige Angst: »Ich hatte schreckliche Träume, zerbiss mir die Fingernägel und riss mir büschelweise Haare aus, ich konnte nicht weinen, ich versuchte es, es kam nur ein entsetzliches Wimmern, versuchte zu schreien, hatte Angst verrückt zu werden.« Also erst Deprivation, d.h., die Mutter ist nicht da und das Kind bekommt nicht, was es will und braucht, dann Intrusion, nicht zuletzt aus Schuldgefühl der Mutter, so aber bekommt das Kind etwas, was es *nicht* will und braucht. Die Aggression aber wird nicht gegen die Mutter, sondern den eigenen Körper gerichtet; ein genügend gutes Bild der Mutter muss erhalten bleiben.

Die Mutter hat damals offenbar eine Liebesbeziehung der schwangeren 18-jährigen Eva zerstört, sie zur Abtreibung gedrängt, als könne sie nicht ertragen, dass die Tochter ein Kind haben und lieben würde, mehr lieben, als Charlotte damals geliebt wurde, und mehr, als sie Eva lieben konnte. Abtreibungen sind auch in *Wilde Erdbeeren* ein Zeichen für die Unfähigkeit, Eltern zu sein, aufgrund von erlittener Beziehungskälte. Nun gibt es für Eva kein Halten mehr: Die Mutter habe nie zugehört, »du bist ein notorischer Escapist, unendlich kalt … Ich liebte dich, und du hieltst mich für hässlich, ungeschickt und unbegabt …« Das in einer Zeit, in der die Adoleszente naturgemäß selbst bereits Probleme mit ihrem So-Sein, ihrem Körper und ihrer (sexuellen) Identität gehabt haben wird. »*Ich wagte nicht, ich selbst zu sein …* Es ist dir gelungen, mich fürs Leben zu schädigen, wie du selbst geschädigt bist – ich war formbar … Ich war dir schutzlos ausgeliefert – alles geschah im Namen der Liebe …« (In den heftigen, erschütternden Auseinandersetzungen zwischen Mutter und Tochter erscheinen beide Gesichter gnadenlos in Großaufnahme, hässlich, verzweifelt, schutzlos.) »Menschen wie du sind lebensgefährlich, man müsste sie einsperren, unschädlich machen!«, bricht es aus Eva, der bisher Angepassten, heraus.

»Die Schäden der Mutter erbt die Tochter … Das Unglück der Mutter muss das der Tochter werden, als sei die Nabelschnur niemals durchtrennt worden«, kann Eva nun äußern. (*Transgenerationale Transmission:* Die Sünden und leider auch die erlittenen Traumata der Väter setzen sich fort bis ins dritte und vierte Glied. Nabelschnur bedeutet hier wohl eher die Ungetrenntheit, Selbst-Objekt-Verschmelzung.) »Mama, wie ist es, ist das Unglück der Tochter der Triumph der Mutter? Mama, ist mein Leid deine heimliche Freude?«

Helena spürt offenbar die Auseinandersetzung durch die geschlossenen Türen, sie hat wieder einen bösen Traum, lässt sich aus dem Bett fallen; die Mutter hat Rückenschmerzen, legt sich auf den Fußboden (»das Einzige, was hilft«), auf den Fußboden, wie Helena. Charlotte hat Angst, nie erwachsen geworden zu sein, sie sei »nie geboren worden«. (Ist sie ehrlich? Wenn sie später den Ort wieder überstürzt verlassen hat, spricht sie von der Begegnung mit der Tochter wie von einem lästigen Traum.) Leonardo habe gesagt, das Wirklichkeitsgefühl sei eine Sache der Begabung, und die meisten Menschen hätten diese Begabung nicht. Charlotte lenkt also von ihrem eigenen Trauma und Leid ab und führt ihre Depersonalisationssymptomatik auf fehlende Begabung zurück; Begabung spielt ja in der Musikausübung eine große Rolle.

Charlotte kann sich an Gesichter nicht erinnern; die Menschen sind für sie gesichtslos wie in Isaaks Traum in *Wilde Erdbeeren*, gleichzeitig werden aber Charlottes und Evas Gesichter gnadenlos in der Totale gezeigt. Die Dynamik der Beziehungskälte in *Wilde Erdbeeren* ist wegen des Traumcharakters des Films leichter zu ertragen, während der Realismus der Herbstsonate schonungslose Bilder zeigt.

Charlotte habe immer Angst vor Eva gehabt: »Ich wollte immer, dass du dich kümmerst, mich in die Arme nimmst und mich drückst.« – »Aber ich war doch ein Kind!« – »Spielt das eine Rolle? Ich sah, dass du mich liebtest, und ich wollte dich auch lieben, aber ich konnte es nicht ... Ich wollte nicht deine Mutter sein, ich wollte, dass du wissen solltest, dass ich ebenso hilflos war wie du.« Diesen Satz könnten beide, Mutter und Tochter, gesprochen haben, d. h., er bezeichnet die Ungetrenntheit, die Austauschbarkeit von Mutter und Tochter. Die Mutter hatte keine Mutter, hat ihre Mutterbedürfnisse an die Tochter gerichtet; sie konnte nicht Mutter sein aus Angst vor Erwartungen der Tochter. (Wenn Eva jetzt sagt: »Ich hatte keine Erwartungen«, bleibt unklar, wie sie das meint; natürlich hat jedes Kind Erwartungen an die Mutter.)

Ostern – die nächste Ungeheuerlichkeit: Lena war damals noch nicht so krank, Leonardo und Lena näherten sich, Lena verliebte sich in Leonardo, das werden wohl alle Anwesenden bemerkt haben. Charlotte reiste plötzlich ab, vier Tage früher als geplant. Eva wirft ihr nun vor: »Du hast damals gesagt, ich hätte Leonardo gebeten, noch etwas länger zu bleiben, weil es Lena guttut, und du hast gelächelt!« – Charlotte: »Dass Helena krank wurde, war also meine Schuld?« – »Ja, ich glaube.« Als Helena ein Jahr alt war, wurde sie von der Mutter verlassen, als sie später sehr krank wurde, in ein Heim für unheilbar Kranke gegeben. Die Mutter wird nicht direkt schuld an der Krankheit Helenas gewesen sein – welche Krankheit auch immer, jedenfalls eine progrediente spastische Muskelerkrankung. Ich denke, Bergman verwendet die Krankheit Lenas vielmehr als drastische Metapher für die Folgen der traumatischen emotionalen Leere in der Mutter-Kind-Beziehung, die körperliche Erkrankung Lenas unterstreicht die psychische Not Evas.

Nun wird Eva unerbittlich: »Es gibt keine Vergebung.« Charlotte habe sich immer als Ausnahme betrachtet (jeder Narziss fühlt sich als etwas Besonderes), sich ein »Rabattsystem fürs Leben« geschaffen, aber die Vereinbarung sei einseitig, sie müsse einsehen, dass sie in *Schuld* verstrickt sei wie alle anderen Menschen. »Geliebte Eva, kannst du mir das, was ich *getan* habe, verzeihen? Du musst mir helfen ... Dein Hass ist nicht zu ertragen ... Wenn du mich umarmen könntest oder wenigstens anfassen könntest – hilf mir!« (Das Anfassen hat aber im Albtraum gerade Panik erzeugt.) – Helena kriecht auf die Mutter zu: »Ma... Ma... komm« – Simultan sagt Charlotte zu

Eva: »Hilf mir!« – Schnitt: Szene im Zug mit Paul nach Charlottes Abreise: »Ich habe wohl da oben einen kleinen Schock bekommen ... Helena war da, völlig unerwartet, es ging ihr schlechter denn je. Warum darf sie nicht sterben?« Was in der Auseinandersetzung mit Eva wie eine Entwicklung zu Einsicht und Schuldfähigkeit aussah, nimmt Charlotte, kaum hat sie die Szene fluchtartig verlassen, wieder zurück. – Dann wieder Szenenwechsel: Eva auf dem Friedhof am Grab von Eric, suizidal. Die illusionäre Anwesenheit des Kindes scheint sie von diesem Schritt abzuhalten: »Wir werden uns nie verlassen ...« – Schnitt: Wieder im Zug verlangt Charlotte die Bestätigung von Paul, sie mache Musik mit *Wärme* wie keine andere, Schumanns Klavierkonzert, die große Brahmssonate etc. Dann kippt es wieder: Charlotte sieht in den bereits erleuchteten Häusern an der Bahnstrecke glückliche, vollständige Familien. Sie habe immer Heimweh gehabt, fühle sich ausgeschlossen. Ihre Hände liegen ineinander; Charlotte zieht ihre Hand heftig zurück, als Paul etwas zärtlich ist: der Albtraum!

Victor erzählt, und zwar eigentlich von der Rückkehr Evas in die unterwerfende Anpassung: Nach Charlottes plötzlicher Abreise sei Eva nervös gewesen, schlaflos (das Symptom der Mutter); sie könne es sich nicht verzeihen, dass sie die Mutter *verjagt* habe. Sie sitzt wieder an ihrem Schreibtisch wie am Anfang des Films und schreibt einen Brief an die Mutter, die wieder als »liebste Mamá« bezeichnet wird: Eva habe ihr Unrecht getan, habe Forderungen gestellt, statt ihr mit Zärtlichkeit zu begegnen, sie mit altem Hass gequält, der längst vergessen sein sollte. Es gebe doch so etwas wie Gnade, sich zu lieben, sich gegenseitig beizustehen. »Es ist nicht zu spät, es darf nicht zu spät sein.« Eva kehrt also zurück zur *Identifikation mit dem Aggressor*, genau wie auch Charlotte zu ihrer alten Realitätsverleugnung zurückgekehrt ist. Die begonnene Entwicklung der beiden Frauen und ihrer Beziehung wird zurückgenommen, Eva nimmt wieder die Schuld auf sich, insofern ist Bergmans Film pessimistisch. Wie Eric nicht sterben darf, wie Charlotte den »kleinen Schock« überwunden hat, soll auch die Mutter nicht aufgegeben werden oder vielmehr die Hoffnung, dass sie sich noch einmal zu einer genügend guten Mutter entwickeln wird: »Es darf nicht zu spät sein.«

Vaterliebe

Die Rückkehr

von Andrej Swjaginzew

Die Brüder Iwan und Andrej leben mit ihrer Mutter und der Großmutter in einer russischen Provinzstadt. Nichts scheint ihnen zu fehlen. Doch plötzlich taucht nach zehn Jahren Abwesenheit ihr Vater wieder auf. Iwan und Andrej wissen weder, was er in dieser Zeit getan hat, noch wo er gewesen ist; sie kennen ihren Vater nur von einem Foto. Der ältere Andrej ist von diesem wortkargen und rätselhaften Mann sofort fasziniert, verzweifelt ringt er um seine Anerkennung. Iwan jedoch bleibt der Vater fremd und unheimlich. Es fällt ihm sogar schwer, Vater zu ihm zu sagen. Ein Verbrecher, ein Mörder könnte er sein, meint Iwan. Woher kommt er? Was hat er in der Vergangenheit getan?

Der Vater hüllt sich jedoch in Schweigen und nimmt die Kinder mit auf eine Reise durch die wilde Schönheit einer nordrussischen Seenlandschaft. Das anfangs unterhaltsame Abenteuer entwickelt sich mehr und mehr zu einem Härtetest. Immer wieder stellt der Vater die Kinder vor Bewährungsproben, werden die Jungs mit Situationen konfrontiert, denen sie nicht gewachsen zu sein scheinen. Der Vater stellt die Widerstandskraft der Söhne rücksichtslos auf die Probe – ein Konflikt ist vorprogrammiert. So wird Iwan, der sich in ständiger Verweigerung befindet, für einige Zeit einfach im Regen stehen gelassen. Nichts entgeht dem strengen Blick des Vaters, gegen seine kompromisslose Haltung kommen die Jungen nicht an. Trotzdem bleibt er für den älteren Sohn in seiner Härte und Männlichkeit lange Zeit ein geheimes Vorbild.

Am Ziel der Reise, einer unbewohnten Insel, gräbt der Vater eine Blechkiste aus – ganz offensichtlich der Grund dieser Tour. Doch welche Bedeutung dieser Gegenstand haben könnte, bleibt so offen wie die Frage nach der Natur dieses Mannes, in dessen Gesicht bei aller Härte und Undurchdringlichkeit manchmal auch ein liebevoller Blick aufzuleuchten scheint.

In den sieben Tagen ihrer Reise reifen Iwan und Andrej zu eigenständigen Menschen heran, die sich von dem Druck, den der Vater ausübt, befreien.

Der archaische Kampf zwischen einem autoritären Vater und seinen Söhnen mündet in eine Tragödie, deren Dimension weit über den familiärem Konflikt hinaus weist.[4]

Swjaginzew verwendet starke Bilder, die wie Traumsequenzen wirken: lange Einstellungen, knappe Dialoge, die Wirkung der Bilder, nicht der Worte steht im Vordergrund. Merkwürdig verblasste Farben (als wäre der Film auf minderwertigem Material aufgenommen) erzeugen eine Stimmung der Unwirklichkeit, des Unheimlichen, d.h., Freud (1919h) entsprechend, des Unbekannten-Bekannten. Die Bilder beeindrucken nicht nur in ästhetischer, sondern vor allem in symbolischer Hinsicht. Die beiden beherrschenden Symbole sind Wasser und Turm. Wie ein Motto des Films und eine Anspielung auf das Ende, darüber hinaus aber auf die Vergänglichkeit allen Lebens, wird vor die eigentliche Handlung das Bild des im Wasser versunkenen, algenüberwachsenen, gleichsam verwesenden Bootes gesetzt. Zu Anfang dann scheint ein menschlicher Leib geradezu aus dem Wasser geboren zu werden (ein Motiv wie im Film *Funny Bones* von Peter Chelsom, 1994). Freud (1916–17, S. 162) schreibt dazu: »Die Geburt wird im Traume regelmäßig durch eine Beziehung zum Wasser ausgedrückt; man stürzt ins Wasser oder kommt aus dem Wasser, das heißt: man gebärt oder man wird geboren.« Dann aber steht der Turm im Zentrum: Adoleszente Jungen legen eine Mutprobe ab, vom hohen Turm ins Wasser zu springen. Der jüngste versagt, Wanja (die Koseform von Iwan) hat Angst, ist nicht männlich genug, und gerät in einen heftigen Konflikt mit seinem durchaus schon mächtigen, wiederum männlichen Ehrgefühl: Arretiert bleibt er auf dem Turm in fast embryonaler Haltung hocken (so wird er noch ein paar Mal sitzen, wenn er mut- oder ratlos ist), kann weder springen, noch die Leiter schmählich hinunterklettern. Er wird als »Küken«, als Feigling verspottet. Der Turm also ist Symbol männlicher Tugenden wie Mut und Ehre. Die Mutter befreit ihn aus dem Konflikt, nicht ohne weibliche List, niemand würde von Wanjas Versagen erfahren, und mütterlich sagt sie: »Ich bin bei dir«, was gerade der Vater nicht konnte: bei ihm sein. Das Wasser als Symbol einer allerdings nicht nur Leben spendenden, sondern auch umfangenden, verschlingenden Weiblichkeit beherrscht den ganzen Film mit einer beharrlichen Präsenz wie eine Grundierung, ein Fundament, auf dem sich das Drama patriarchalischer Männlichkeit und der Konflikte um den Erwerb einer männlichen Identität in einer Art Initiation abspielt.

4 Zusammenfassung aus: www.movienet.de

Nach zwölf Jahren Vaterlosigkeit sind die Jungen mit einem fremden Vater konfrontiert. Der Vater ist wortkarg, fast stumm. Die Mutter weicht den Fragen aus, scheint sich resigniert längst dem unterworfen zu haben, was man ein patriarchalisches Prinzip nennen kann. So legt sie sich auch mit nur leichtem Zögern neben den Mann ohne Aufbegehren, ohne Protest gegen das Verlassen-worden-Sein. Übrigens kommen in dem Film lediglich vier Frauen vor: die Mutter, die Großmutter, die Kellnerin, die Nahrung bringt, und eine junge attraktive Frau, der der Vater begehrlich hinterhersieht – alle Frauen sind fast stumm, treten hinter die Dominanz des Männlichen völlig zurück. Überhaupt erscheinen neben dem Vater und den beiden Söhnen Personen nur singulär, sie agieren nicht untereinander, sie erscheinen nur, um prototypisch bestimmte konflikthafte Situationen zu inszenieren. Wie Schauspieler in einem Theaterstück treten sie auf, wenn ihr Stichwort kommt, und verschwinden wieder: Mutter und Großmutter vertreten das matriarchale, aber längst entmachtete Prinzip; Andrej, der Ältere, soll »Männlichkeit« beweisen, indem er das Restaurant in der fremden Stadt allein finden und sich gegen die Kellnerin durchsetzen muss. Scheitert er an den kleinkriminellen Jugendlichen, zeigt der Vater den Söhnen, wie sie in den Griff zu kriegen sind. Er selbst schaut einer jungen Frau nach, die erscheint, als sollte sie den Kindern ermöglichen, den Vater als sexuelles Wesen zu erkennen. Mit einigen Männern macht der Vater stumm Geschäfte – sonst sind außer den Kameraden der Jungen am Anfang keine Personen beteiligt.

Die beiden Brüder reagieren verschieden auf das plötzliche Erscheinen des Vaters, von ihrem Standpunkt aus ist es ja keine Rückkehr, eher ein plötzliches Einbrechen in eine reduzierte Familienwelt, mit der sie aber anscheinend ganz gut leben konnten. Der jüngere Wanja ist der skeptische, rebellische Sohn, der auf die plötzliche Aufhebung des Vatermangels erst einmal mit Ablehnung und trotziger Verweigerung reagiert. Das spürt der Vater sofort, und er ermahnt ihn gleich anfangs: »Nenn mich Vater, wie ein Sohn es tut!«, als hätte der Sohn das Problem mit dem Sohn-Sein, nicht der Vater mit dem Vater-Sein. Andrej dagegen versucht zunächst, in einer konkordanten, übereinstimmenden Identifikation durch Anpassung den Konflikt zwischen Vaterbedürftigkeit und Enttäuschung über seine Abwesenheit zu lösen, und meint wohl, so noch am meisten Zuwendung von ihm zu bekommen. Zeichen für Andrejs Identifikation sind der Fotoapparat und die Straßenkarte, mit der er eifrig dem Vater assistiert, er kann auch bereits das Auto lenken.

Wanja also ist misstrauisch. Ob der Fremde tatsächlich der Vater ist, will er durch den Vergleich mit einem Foto herausbekommen, das sich in der Bilderbibel an der Stelle befindet, wo Abraham seinen Sohn Isaak zu opfern im Begriff ist. Dieses Bild werden wir später wiederfinden, als der Vater im Zorn über die Auflehnung Andrejs das Beil erhebt, als ob er den Sohn erschlagen wollte – ihn einem höheren männlichen, patriarchalen Prinzip opfern wollte (vgl. Hirsch 2006b). Der Vater hat sich offenbar vorgenommen, den Söhnen unerbittlich männliche Verhaltensweisen mehr überzustülpen als beizubringen. Wortlos gibt er den Jungen Wein zu trinken – Andrej will mehr davon, Wanja schmeckt er nicht. Die Großmutter schenkt dagegen Wasser – wieder Wasser – ein, als stummer weiblicher Kontrapunkt sozusagen. Die Mutter mischt den Wein für den jüngeren Sohn, mildert so das Männliche. Diese Szene ist offensichtlich eine Anspielung auf das Abendmahl des Neuen Testaments; neben dem Wein teilt »der Herr« auch die Speise archaisch mit den Händen – und liegt er nicht schlafend wie tot da und erinnert an den Gottessohn nach der Abnahme des Leichnams vom Kreuz? Swjaginzew zitiert hier Andrea Mantegnas Gemälde, wie auch schon Pasolini in *Mamma Roma*. War die Anspielung auf Jesus Christus die Intention des Filmautors, so müsste darin die Mitteilung liegen, dass auch er, im Film der Vater also, als ein Opfer einer höheren patriarchalen Macht zu verstehen ist (vgl. Hirsch 2006b).

Weitere Zeichen für Männlichkeit sind das Auto, das vor dem (symbolisch weiblichen) Haus steht, der Motor, nach dem der Vater sieht, wie später auch der Bootsmotor, den der Vater kundig repariert. Auch das Boot selbst scheint phallische Qualitäten zu haben, wenn es das Meer durchpflügt (wie ein Pflug den Ackerboden). Übrigens wird das Meer nicht als Naturgewalt dargestellt, es liegt einfach da, in seiner Selbstverständlichkeit aber doch latent bedrohlich, wie es auch am Schluss das Männliche stumm verschlingt. Das wirklich bedrohliche Wasser kommt von oben: sintflutartig wie eine Strafe für das Aufbegehren Wanjas, mit dem er zweifelt, ob der Fremde tatsächlich der Vater ist, aber auch für das Aussetzen Wanjas durch den Vater, da weicht der Regen den Weg auf, das Auto bleibt stecken. Dann regnet es wolkenbruchartig auf der Überfahrt zur Insel, als würde ein frevelhafter Tabubruch bevorstehen, und auch bei der Besichtigung des Turms gegen Ende scheint sich ein Unheil anzukündigen, denn da ist der Höhepunkt von Wanjas Revolte erreicht.

Ein anderes männliches Motiv ist das Fischen mit der Angel, mit der *Rute*, und hier zeigt sich, dass männliche Identifikation und Rebellion gegen den Vater durchaus vereinbar sind, denn diese männliche Fertigkeit hat sich Wanja aus eigener Kraft angeeignet, ohne das Vatervorbild, er ist der Angelspezialist, während der Vater keinen Fisch isst ... Ausgerechnet Wanja, der anfangs die Mutprobe nicht bestanden hatte, als es galt, eine Forderung nach Männlichkeit zu erfüllen (nämlich vom Turm zu springen), stellt sich viel mutiger *gegen* die väterliche Autorität, als es Andrej kann. Wanja hat einen starken Impuls, sich zu behaupten, wie oft jüngere Geschwister, während die ältesten häufig die braven, angepassten sind und sich das Leben dadurch zunächst leichter machen. Meine Sympathie gehört eindeutig Wanja, aber erst einmal greift er zu wenig gelingenden Mitteln: Er verweigert die Nahrung, als er essen soll, und fordert sie, als es keine gibt – Hauptsache, er bestimmt selbst, wann er isst. Und in seiner großen Enttäuschung und Verzweiflung über den Vater und seinen Angriff gegen den älteren Bruder droht er später in hilfloser Wut gar mit Selbstmord.

In der Restaurant-Szene entsteht der erste größere Machtkampf: Während Andrej bereitwillig lernt, wie man als Mann die Kellnerin herbeiruft, weigert sich Wanja zu essen. Der Vater versucht, mithilfe der Uhr (zwei Minuten Zeit habe er, den Teller leerzuessen) Wanja zu zwingen – vergeblich. Die Uhr und damit die Zeit werden später wieder mit männlichem Gesetz verbunden, wenn der Vater Andrej seine Uhr gibt, damit die Brüder pünktlich vom Fischen zurück sein können. Andrej hält sein Identifikationskonzept nicht durch, eher unbewusst rebelliert er gegen die Willkür des Vaters, mit der er ihn in die unbekannte Gegend schickt, ein Restaurant zu suchen: Er vergisst die Zeit. Offen widerspricht er später, als der Vater ihn zwingt, den Wagen wieder flott zu machen: »Warum machst du's nicht selbst?!«, aber die gemeinsame Aufgabe und der Stolz, das Auto herausgefahren zu haben, vereinen die drei »Männer« wieder.

Nachdem die Kinder schon einiges an willkürlichen Erziehungsmaßnahmen ertragen mussten und der Vater sie verlassen und in den Bus gesetzt hat, geben sich die Jungen in einer Identifikation mit dem Aggressor selbst die Schuld daran: Wanjas anorektischer Protest im Restaurant könnte die Ursache für das Wegschicken gewesen sein oder Andrejs Versagen den Jugendlichen gegenüber, die ihm das Geld geraubt hatten. Aber nur vorübergehend, wieder ist es Wanja, der sich abgrenzt: Der Vater ist schuld, er konnte sich gar nicht *weniger* um uns kümmern. Es gibt auch leichtere Momente, die Kinder freuen sich an schneller Bewegung, an der Autofahrt, an der Bootsfahrt, sie erkunden die Insel auf der Suche nach Würmern zum Angeln, aber ohne den Vater und so, als besännen sie sich der glücklichen Zeit vor seinem Erscheinen. Selten ist der Vater entspannt. Einmal lächelt er sogar über Wanja, und er zeigt den Kindern die Insel – auch hier steht ein hoher Turm. Wanja weigert sich hochzusteigen, Andrej wird aber für seine bereitwillige Anpassung belohnt durch die Gemeinsamkeit mit dem Vater: Er darf Holz holen wie ein Mann, während Wanja abwaschen soll wie eine Hausfrau, aber der wehrt sich auf seine Weise, indem er Vaters Schüssel im Meer verschwinden lässt.

Der Vater hatte es mit Wanjas Aussetzung übertrieben, und als ob sich in ihm ein Gewissen regte, hört er sich die Anklage Wanjas an, und es kommt aus dem Kind heraus wie Hiobs Klagen gegen Gottvater: »Warum bist du gekommen? Warum hast du gemacht, dass wir gekommen sind? – Du brauchst uns nicht! Uns ging es gut ohne dich, mit Mutter und Großmutter – wozu brauchst du uns?!« Der mächtige Vater gibt kleinlaut zurück: »Mutter wollte, dass ich mit euch zusammen sei« – Wanja, der kleine Psychologe, der er notgedrungen werden musste, gibt verächtlich zurück: »Mutter, Mutter – und was willst *du*?!« Man kann diesen Dialog als die Frage nach dem Ursprung verstehen, die das Kind stellen muss, weil es seinen Erzeuger nicht kennt: Wer bist du, wolltest du mich überhaupt, wie soll ich jemand sein, wenn du nicht bist? Du hast ein Versprechen gemacht, ein Vater zu sein, indem du mich gezeugt hast, und hast es nicht gehalten!, kann man ergänzen. Und: Wenn der Vater sich auf die Mutter beruft, kann das nur bedeuten, dass die Mutter den Kinderwunsch hatte, sie also das progenerative Prinzip vertritt, während der Vater wegen unklarer, von wem auch immer als höher definierter Ziele die Kinder verlässt. Die Kinder werden gerade wegen des Informationsdefizits Phantasien entwickelt haben, und dem Zuschauer geht es nicht anders: War er im Krieg, war er im Gefängnis? Letztere Vermutung bekommt Nahrung durch den vergrabenen kleinen Behälter, der vielleicht den unbekannten Schatz des Vaters, seine geheime Potenz enthält, vielleicht ein Diebesgut, das nach verbüßter Strafe konsumiert werden soll.

Die Situation spitzt sich zu, die Kinder haben beide das Gebot des Vaters, die Zeit einzuhalten, übertreten. Wanja übernimmt dabei die Rolle Evas, verführt Andrej nicht mit dem Apfel, sondern mit der Aussicht auf einen großen Fisch, offenbar das Zeichen der Autonomie für den Angelspezialisten. Der Zorn des Vaters droht außer Kontrolle zu geraten: Er hebt das Beil über den am Boden liegenden Sohn – Abraham und Isaak imitierend. Jetzt ist auch Andrej offen rebellisch: »Töte mich!« Wanja bedroht in verzweifelter Wut den Vater mit dem Messer, und beantwortet die Frage nach dessen Identität so: »Du bist niemand!« – jedenfalls für ihn. Der Vater reagiert müde: »Du irrst …«

Nun kehren die Anfangsmotive des Films zurück: das atemlose, verfolgende Laufen der Brüder, als seien sie auf der Flucht vor dem jeweils anderen, wo sie sich doch aber brauchen; jetzt rennt auch der Vater hinterher, auch er müsste die Kinder brauchen. Die wütende Suizidalität Wanjas liegt in der Luft. Er klettert auf den Turm, sagt es auch: »Ich kann es tun«, nämlich springen. Allerdings würde er beim Sprung von diesem Turm zu Tode kommen, während er anfangs den Sprung vom Turm ins Wasser nicht wagte. »Ich kann alles!«, schwingt er sich zu einem Omnipotenzgefühl auf. Er kann auch eigenmächtig die Verbindung zum Vater kappen, den Zugang zur Turmplattform verriegeln. Der Vater *bittet* nun, als hätte er eingesehen, sich an seinem Vater-Sein verschuldet zu haben, aber Wanja verweigert ihm weiter den Zugang. Und als der Vater versucht, von außen die Plattform zu erreichen, stürzt er vom Turm in den Tod mit den Worten: »Wanja, mein Sohn …« Nun übernimmt

Andrej die Vaterrolle. Er weiß, was zu tun ist, um den Leichnam zu bergen. Andrej steuert das Boot, später das Auto in der Nachfolge des Vaters. Aber das Boot, den in ihm liegenden toten Vater und den verborgenen Vaterschatz retten sie nicht. Das Meer holt es sich, indem es das Boot verschlingt.

Der Film verknüpft in sehr berührender Weise Themen des Alten und des Neuen Testaments mit dem ödipalen Schicksal des Adoleszenten. Der ödipale Vater war für die Jungen jedoch bisher imaginär, eine Auseinandersetzung mit dem realen Vater war nicht möglich. Vordergründig schwanken die Jugendlichen zwischen einer unterwerfenden Identifikation mit dem Vater und der Rebellion, um sich gegen seine Autorität zu behaupten und zu sich selbst zu finden. In der Mythologie vom Anfang des Mensch-Seins folgt aus dem Ungehorsam die Vertreibung aus dem Paradies, verbunden mit der Erkenntnis des eigenen Seins sowie des Wissens um den Tod. Gott lässt die Menschen sterblich werden und ist fortan undurchschaubar in seinem Ratschluss. Im Film wissen die Kinder nichts über den Vater, seine Herkunft, sein Verschwinden, seine Motive, seine Pläne. Das Paradox, das den Film so aktuell macht, ist aber, dass die Kinder ohne Vater ganz gut aufgewachsen zu sein scheinen und nun plötzlich mit einem ersehnten, bald aber verwirrend gefürchteten Vater konfrontiert sind, komprimiert in sieben Tagen eine Entwicklung der Vater-Sohn-Beziehung absolvieren müssen, die in einem Ablauf der Identifikation, der Rebellion (bzw. Gegenidentifikation) und schließlich der Entwicklung einer eigenständigen Identität des Erwachsenen besteht. Die Initiation erfolgt durch ein Ritual, das im Film wie die Schöpfungsgeschichte von Sonntag bis Samstag dauert. Die Brüder teilen sich erst einmal die Aufgabe: Der Ältere wählt die identifikatorische Anpassung, um möglichst viel vom Vater zu bekommen, der Jüngere ist seinen Gefühlen von Enttäuschung und Behauptungswillen viel näher. Aber beide kommen zusammen in der präfinalen Gehorsamsverweigerung – in tragischer Weise werden die ödipalen Todeswünsche gegen den Vater Wirklichkeit, und in das entsetzliche Schuldgefühl des Jüngeren, verbunden mit seinem großen Vaterbedürfnis, kann man sich schaudernd einfühlen; und wenn man sich eher mit ihm als ödipalen Rebellen identifiziert hatte, möchte man nun nicht mit ihm tauschen. Seine Schuld – nicht sein Schuldgefühl – liegt darin, dass er die Verbindung zum nun bittenden Vater abgeschnitten, sich omnipotent über ihn erhoben hat. Aber wie im Ödipusmythos ist die ursprüngliche Schuld die der Eltern Ödipus', die ein Kind ohne dessen Zustimmung zeugten und es gleichzeitig als Bedrohung fürchteten. Die Schuld des Vaters der beiden Jugendlichen liegt darin, Kinder gezeugt zu haben, ohne ihnen ein Vater sein zu können, sie »höherer« Ziele wegen verlassen zu haben, also seiner Vaterpflicht nicht nachgekommen zu sein.

Die zweite Schuld ist die Sprachlosigkeit, die der Abwehr der ersten Schuld dienen soll, sie aber nur potenziert: Der Vater spricht nicht, er erklärt nicht, *wer er ist*, sodass die Kinder in ihrem Bedürfnis, sich in ihm zu erkennen, einem Bedürfnis nach transgenerationaler Kontinuität, enttäuscht sehen. Schließlich kann Ödipus seinen Vater nur deshalb töten, weil er selbst durch Aussetzung zu Tode kommen sollte, über sein Adoptivschicksal im Ungewissen gelassen wurde und deshalb nicht wissen konnte, dass es der Vater war, den er erschlug, und die Mutter, die er heiratete. Verschweigen der Herkunft, also der Identitätswurzeln, bedeutet Schuld der Eltern – das ist ebenfalls das zentrale Motiv des Films von Lars von Trier *Dancer in the Dark* (vgl. das entsprechende Kapitel in diesem Buch), in dem das selbsterrichtete tabuartige Schweigegebot schließlich zur vollzogenen Todesstrafe führt. In Swjaginzews Film hätte übrigens die Mutter triangulierend einspringen können, aber sie war sich unterwerfend zu sehr mit dem Vaterprinzip identifiziert. Der Vater wehrt seine Schuld ab mit dem rigorosen Verfolgen eines autoritären patriarchalen Erziehungsstils, der die Jugendlichen wie in einem Militärdrill zu ebensolchen Männern machen soll, wie er selbst sich versteht. Natürlich wirkt sein Vorgehen ziemlich brutal, aber man entkommt nicht einer gewissen Dialektik des Verhältnisses von Vater und adoleszentem Sohn (auch Tochter): Der Vater muss hart sein, will er dem Sohn eine feste Grenze bieten, an der dieser sich abstoßen kann, um zu sich selbst zu finden, auch wenn er sich dabei blutige Wunden holt; schließlich sind die Initiationsriten der »Naturvölker« immer mit Angst, Schmerz und Blut verbunden (vgl. Bettelheim 1954; Hirsch 2004b). Allerdings wirkt sein Vorgehen deshalb sicher traumatisch, weil er bis dahin abwesend war, eine Beziehung zu den Söhnen sich also nicht entwickeln konnte, und auch deshalb, weil der Vater hier keinerlei empathisches Verständnis (das wäre eine eher weibliche Eigenschaft) für die Adoleszenten aufbringen kann, sein männliches Vorbild sich allzu sehr auf die Vermittlung technischer Fertigkeiten beschränkt und er gleich zu körperlicher Gewalt greift, wenn er an die Grenze seiner Fähigkeit kommt, sich mit den Jugendlichen auseinanderzusetzen.

Aber auch der Vater ist Opfer eines patriarchalen Prinzips und der »höheren Ziele«, mit denen er sich identifiziert. Swjaginzew deutet das mit der Anspielung auf Christus an, der »höheren Zielen« geopfert und schließlich am Kreuz allein gelassen wurde. Der Vater opfert nämlich auch sein Vater-Sein, die Bereicherung durch das Miterleben der Individuation des eigenen Kindes, seiner Kreativität und emotionalen Unbefangenheit, und die Möglichkeit der Identifikation mit diesem Kind, weil er im Sinne einer patriarchalischen Ideologie Wichtigeres tun zu müssen glaubte. Der Film deutet es mehrfach an, dass das Männlichkeitsprinzip wankt: Das Auto bleibt stecken, der Bootsmotor versagt, schließlich schätzt der Vater im Erkennen seiner Schuld als Vater die Brüchigkeit des phallischen Turms nicht ein, sodass er zu Tode stürzt. Der Vater hat wohl schon längst, seit der archaischen Opferungsszene, resigniert, denn er fordert die Uhr nicht zurück. Andrej hat sie auch nach seinem Tod am Handgelenk, vielleicht als Zeichen der Nachfolge in der Funktion des Familienoberhaupts, die er als Ältester zweifellos antreten wird.

Auf einer tieferen, archaischen Ebene führt uns Swjaginzew den Antagonismus des weiblichen Natur- und des männlichen Technikprinzips mit eindrücklichen Bildern vor: Als ob am Anfang Turm und Wasser einen menschlichen Körper gebären, steht am Ende der Turm für das Scheitern des männlichen Prinzips – ein Absturz wie Ikarus – und das Versinken des phallisch konnotierten Boots mit dem totenVater und seinem geheimnisvollen Schatz wieder im Wasser. Der ältere Sohn nimmt das Steuer in die Hand. Er scheint es besser getroffen zu haben, scheint leichter erwachsen werden zu können, während der jüngere, der ehrlichere und eher gegen das patriarchalische Prinzip aufbegehrende, viel mehr an seiner Schuldlast tragen muss. Aber bei Ablösung und Individuation in der Adoleszenz geht es symbolisch immer um Leben und Tod: Wenn der Jugendliche hinübertritt ins Erwachsen-Sein, tötet er in gewissem Sinne immer die Eltern. Dazu passt die offensichtliche Anspielung Swjaginzews auf das Charon-Motiv, auf den Fährmann, der den Toten über den Hades setzt, wenn Andrej das Boot, in dem der tote Vater liegt, nach dem Versagen des Motors mit dem Ruder stakend ans Ufer bringt. Denn schließlich hören bei der Ablösung des Adoleszenten die *Eltern eines Kindes* zu existieren auf. Auch sie sind gezwungen, einen Neuanfang in einem neuen Lebensabschnitt zu finden, sich als Paar, als Nicht-Eltern neu zu definieren. Loewald (1979, S. 390) drückt das ähnlich aus: »In unserer Rolle als Kinder unserer Eltern töten wir bei echter Selbstbefreiung in ihnen etwas Lebenswichtiges – nicht mit einem Schlag und nicht in jeder Hinsicht, doch wir tragen zu ihrem Sterben bei.« So zeigt Swjaginzew mit einer geradezu architektonischen Symmetrie der Bilder – das versunkene Boot, das endlose Wasser, der Turm, das atemlose Laufen, alle als Anfangs- und Endmotive – den Ablauf des Lebens zwischen Geburt und Tod und die Initiation des Kindes zum Erwachsenen vor dem Hintergrund des Antagonismus von männlichem und weiblichem Prinzip.

Dass der Darsteller Andrejs, Wladimir Garin, nach Fertigstellung des Films in eben dem See ertrank, an dem er gedreht wurde, mag Assoziationen hervorrufen, die jedoch spekulativ bleiben müssen (der Regisseur hielt diesen Unfall geheim, um nicht den Juryspruch beim Filmfestival Venedig zu beeinflussen): War etwa der Regisseur real autoritär überfordernd wie der Vater im Film? War die Identifikation mit dem Stoff so stark, dass der Tod dem extremen Schuldgefühl des Jungen entsprach, als hätte er real den Vater getötet? Vermischungen von Realität und Film lassen sich auch in der sicher nicht zufälligen Wahl der Namen vermuten: Andrej ist auch der Vorname des Regisseurs, Iwan ist der Name sowohl des jüngeren Bruders im Film als auch der seines Darstellers.

Sohnesliebe

Die Vögel

von Alfred Hitchcock

In einer Vogelhandlung in San Francisco lernt Melanie Daniels, eine etwas snobistische junge Frau aus der besten Gesellschaft, den jungen Anwalt Mitch Brenner kennen. Trotz seiner sarkastischen Haltung macht er Eindruck auf sie, und sie fährt nach Bodega Bay, um seiner kleinen Schwester Cathy zwei »Liebesvögel« zum Geburtstag zu schenken. Gleich bei ihrer Ankunft wird sie von einer Möwe an der Stirn verletzt. Melanie entschließt sich zu bleiben und verbringt die Nacht bei Annie Hayworth, der Lehrerin des Ortes [und frühere Freundin Mitchs]. Annie warnt Melanie vor Mitchs Mutter, einer herrischen Frau, die ihren Sohn für sich behalten will. Als die Kinder am nächsten Tag Cathys Geburtstag feiern, werden sie von Möwen angegriffen, und am Abend dringen Spatzen durch den Kamin in das Haus der Brenners ein. Am folgenden Morgen will Mrs. [Lydia] Brenner einen Farmer besuchen und findet ihn tot mit ausgehackten Augen. Am Nachmittag beobachtet Melanie, wie sich vor dem Schulgebäude hunderte von Raben versammeln. Als die Kinder die Schule verlassen, werden sie von den Raben angegriffen. Annie, die versucht hat, Cathys Leben zu retten, wird dabei getötet. Durch den Mut, den Melanie bei diesen Ereignissen bewiesen hat, gewinnt sie Mitchs Zuneigung und die Achtung seiner Mutter. Am selben Abend greifen die Vögel besonders heftig das Haus der Brenners an, in dem sich Melanie, Mitch und seine Mutter verbarrikadiert haben. Als Melanie nach dem Angriff auf den Dachboden geht, wird sie von den dort eingedrungenen Vögeln attackiert und erleidet einen Schock. In einem Augenblick der Ruhe gelingt es Melanie, Mitch und seiner Familie, das Haus zu verlassen, aber überall sitzen spähend, unbeweglich, drohend die Vögel.[5]

5 Zusammenfassung aus: Truffaut 1966, S. 278f.

Hitchcocks Film *Die Vögel* ist sein rätselhaftester; er ist ein Kriminalfilm ohne erkennbares Verbrechen, und Hitchcock sagt selbst:

> »Ich habe während meiner Zeit viele Filme produziert, deren hauptsächliches Ziel es war, den Zuschauern Rätsel aufzugeben und sie zu überraschen [...]. Dieses Mal habe ich jedoch eine ernste Absicht hinter dem Vergnügen versteckt. Denn gleich unter der oberflächlichen Spannung und dem Grauen von *Die Vögel* verbirgt sich eine schreckliche Bedeutung. Wenn Sie diese erkennen, werden Sie den Film doppelt genießen« (DVD, Die Hitchcock-Collection).

Von Anfang an bis zum Beginn der eigentlichen dramatischen Zuspitzung arbeitet Hitchcock ständig mit Mitteln der Täuschung, sogar mit der Lüge, wenn sie auch spielerisch gehandhabt wird. Mitch verschleiert, dass er Melanie schon kennt; Melanie macht sich einen Spaß daraus, Mitch hinters Licht zu führen; sie lügt sogar noch, um bei Annie ein Zimmer zu bekommen: »Es ist alles besetzt«, also kein Hotelzimmer zu bekommen. (Melanie will eine »Freundin« besuchen, sagt sie Mitch, die sie gar nicht kennt, die Lehrerin Annie nämlich, die sie kurzerhand zur Freundin macht.) Bei der ersten Begegnung von Mitchs Mutter und Melanie wird kräftig gelogen: Mitch hatte gar keine Lieferung zu quittieren, er hatte Melanie auch nicht zum Abendessen eingeladen, und der höfliche Satz Lydias: »Sehr erfreut, Miss Daniels« ist auch gelogen, wenn man ihren Gesichtsausdruck sieht; spöttisch auch: »Ein reizendes Mädchen, nicht wahr?« Man wird wohl richtig vermuten, dass auch Hitchcock den Zuschauer täuscht im Sinne von Verschleierung, Auf-die-falsche-Fährte-Locken, dass er den Verdacht, wer der Schuldige sei und worin überhaupt das Verbrechen bestünde, in die falsche Richtung lenkt. Außerdem verwendet er eine Reihe klassischer Abwehrmechanismen, mit denen die bedrohten Akteure Erklärungen finden und ihre Angst begrenzen wollen. Beides, die Verschleierung der tatsächlichen Bedeutung hinter der manifesten Oberfläche der Bilder und der Handlung und die Verwendung bestimmter Abwehrmechanismen geben vielen Filmen Hitchcocks den Charakter des Traumes; *Die Vögel* würde, so gesehen, einem Albtraum entsprechen.

Ein unbestimmtes Unheil kündigt sich nach und nach an, scheinbar nebensächliche Andeutungen erzeugen im Zuschauer das Gefühl einer unheimlichen Spannung. Schon anfangs in der Vogelhandlung werden die Vögel unruhig, später blickt Annie auf einen Möwenschwarm und sagt besorgt, wie eine Seherin im antiken Drama: »Die Möwen scheinen auch *nie* zur Ruhe zu kommen.« Als sich Melanie auf den Weg zu Mitch und seiner Mutter macht, sagt Annie bedeutungsschwanger, denn sie ist ja am Mutter-Sohn-Paar selbst gescheitert: »Alles Gute, Miss Daniels.« Aber das Unheimliche wird mit Mitteln der Rationalisierung, einem ersten Abwehrmechanismus, in Schach gehalten: Die Vogelhändlerin vermutet einen Sturm als Ursache der Unruhe der Vögel, der Polizist nimmt gar nicht wahr, was seinen Vorurteilen über die Realität nicht entspricht, und auch die Ornithologin bleibt fest auf dem Boden vogelkundlicher Tatsachen.

Dem massenweisen Auftreten der Vögel und ihrer unberechenbaren, unsinnig und willkürlich, dabei gleichwohl wie geplant erscheinenden Aggressivität wird man mit Recht Qualitäten der Plage im antiken Drama bescheinigen, Plage als gegen das Volk gerichtete Destruktion durch Fabelwesen wie die Sphinx im Ödipus-Drama oder Seuchen wie die Pest, die das Volk drangsalieren. Solche Plagen, die den Unwillen der Götter über die Menschen anzeigen, erfordern Opfer, bevor sie zum Stillstand kommen. »Beladen mit dem Unheil, welches zu einer bestimmten Zeit eine bestimmte Gesellschaft heimgesucht hat, wird das Opfer vertrieben, ausgestoßen oder getötet. Auf diese Weise vermochten sich traditionelle Gesellschaften zu reinigen und zu erneuern – pro tempore« (van Quekelberghe/Haas 2000, S. 246). Und weiter: »Der Held [...] nimmt die ›tragische Schuld‹ auf sich, um den Chor, also das Gemeinwesen, ›von seiner Schuld zu entlasten‹« (ebd., S. 247). Und welche seiner Figuren opfert Hitchcock? Welche Schuld hat der Farmer auf sich geladen, warum wurde gerade er getötet? Jedenfalls provoziert die grausame Art seines Todes gewisse Assoziationen, auf die ich zurückkomme. Und die Lehrerin Annie – ist sie schuldig oder bloß stellvertretendes Opfer? Ich komme darauf zurück. Und schließlich die Kinder, die ständig grausam attackiert werden – aber das ist ein Prinzip der Opferung: Jungfrauen werden geopfert, unschuldige Kinder, »Unschuldslämmer«, bis hin zum großen Opfer eines Unschuldigen als Gründungsakt (Girard 1972) der christlichen Religion (vgl. auch Hirsch 2006b).

Es geht also um Schuld. Geistreiche Andeutungen Hitchcocks bereiten uns darauf vor: Melanie und Mitch haben ihre Bekanntschaft vor Gericht gemacht; ein Witz, den Mitch sich gestattet, nimmt das wieder auf: »Wir sehen uns wieder vor Gericht.« Wir werden lange im Ungewissen gehalten, wer sich wodurch schuldig gemacht hat. Eine Linie der Vermutungen wäre: Melanie verkörpert das Böse, das sie in die friedliche Gemeinde von Bodega Bay bringt und das die Ursache für die unerklärliche Vogelplage sein könnte. Das ist die Hauptthese Schneiders (2007, S. 1227) in seiner Analyse des Films: Das Eindringen Melanies versteht er als

> »tödliche Bedrohung [...], die für ein narzisstisch-selbstgenügsames System entsteht, wenn etwas Fremdes, ein Eindringling, seine Ordnung gefährdet. Das

> System ist hier Lydia Brenners Familie mit Lydia als Zentrum und der durch sie dominierten Beziehung zu ihrem Sohn Mitch als Hauptachse; Melanie ist die Eindringende, die für Lydia eine tödliche Bedrohung ist.«

Schneider versteht die Figur der relativ emanzipierten Melanie als »gefährlichen Vogel«, als erotische Vogel-Hexe; gleichwohl wird aber sie von den Vögeln als Erste attackiert. Wäre sie das Übel, bliebe sie das einzige Opfer, aber später sind es sozusagen Unschuldige, sogar Kinder, schließlich wird das ganze Gemeinwesen angegriffen, besonders auch das Haus Lydias, in das nun wiederum die Vögel brutal eindringen, das »Haus als äußere Repräsentanz der Familie« (Schneider 2007, S. 1232), das Haus auch als Repräsentanz des Mutter-Körpers (vgl. Hirsch 2006a), denn schließlich ist es das Haus der Herkunftsfamilie Mitchs.

Melanies Schuld könnte auch in ihrem Müßiggang liegen (Trägheit, *acedia*, ist eine der sieben Todsünden), sie habe in Rom monatelang nur so vor sich hin gelebt, sie hätte »auch vor die Hunde gehen« können; Rom als Sündenpfuhl, wie es anfangs Lydia, Mitchs Mutter, feindlich vermutet. Schließlich ist Melanie auch vor Gericht gebracht worden – wenn sie auch ihre Unschuld beteuert und Missverständnisse anführt, etwas bleibt hängen ... So ist Melanie das erste Opfer eines Angriffs der Vögel geworden, und später beschwört dies die hysterische Mutter der Schulkinder in ihrer Angst, wenn sie schreit: »Seit Ihrer Ankunft! Sie sind böse!!« Psychoanalytisch gesehen wird hier ein weiterer Abwehrmechanismus, nämlich der der Verschiebung, verwendet; die (noch unbewusste) Ursache der Schuld wird an den falschen Ort oder in die falsche Person verschoben. Aber natürlich bestätigt der weitere Verlauf diesen von Hitchcock ausgestreuten Verdacht, Melanie sei böse, nicht. Trotzdem lässt er es nicht, Melanie oder »Miss Daniels« durch Mitchs sadistischen Sarkasmus immer wieder in ein Zwielicht zu rücken. Die erste Attacke der Vögel auf Melanie könnte auf *ihre* Schuld hinweisen, denn Hitchcock erweckt erst einmal den Eindruck, in ihrer Person dringe etwas Böses in eine friedliche Gemeinde ein; dem folgt im Wesentlichen auch Schneider (2007). So versteht auch Hitchcock selbst den Satz Mitchs in Richtung Melanie, als er den Kanarienvogel in der Vogelhandlung eingefangen hatte: »Ich tue Sie wieder in Ihren goldenen Käfig, Melanie Daniels«, wenn er findet, »dass er ein Licht wirft auf den Typ des Mädchens, das reich und verwöhnt ist« (Truffaut 1966, S. 280). Dafür, dass Melanie anfangs die Unreife einer (schuldhaft?) ohne Verantwortung dahinlebenden Millionärstochter verkörpert, die eine Entwicklung nötig macht, spricht auch, dass sie ohne rationalen Grund sich wie fremdgesteuert auf den Dachboden begibt, wo sie von den Vögeln fast getötet wird; der

Durchgang durch diese Hölle, eine »Feuertaufe«, bezeichnete dann ihre Entwicklung zu größerer Reife.[6]

Wo könnte die Schuld Annies, der früheren Freundin Mitchs und eines der beiden Todesopfer, liegen? Melanie fragt Annie, warum sie noch in Bodega Bay geblieben sei. »Ich wollte nah bei Mitch sein ... Es war mir klar, dass alles aus war, trotzdem wollte ich ihm nahe sein. Ich hab' ihn noch immer schrecklich gern, und ich gebe diese Freundschaft nicht auf, nie!« Wenn die beiden Frauen sprechen, sieht man im Hintergrund mehrfach eine Schallplattenhülle von Wagners Oper *Tristan und Isolde*, man denkt an »Isoldes Liebestod«. Oder ist sie, die manchmal den Eindruck einer Seherin macht, die das Unheil vorausahnt, ein stellvertretendes Opfer, wie der Überbringer einer unheilvollen Botschaft? Hitchcock selbst sieht sie als Teil der Bevölkerung: »Bei dem, was die Vögel der Bevölkerung antaten, empfand ich, dass ihr Schicksal besiegelt war. Außerdem hat sie sich für die Schwester des Mannes, den sie liebt, geopfert« (Truffaut 1966, S. 287). Aber damit bleibt Hitchcock natürlich an der Oberfläche der Erzählung und dringt nicht in symbolische Tiefen ein.

Annies *Unzertrennlichkeit*, mit der sie die Freundschaft mit Mitch *nie* aufgeben wird, gibt mir einen Hinweis auf die Lösung des Rätsels des Films, der ich mich nun nähern will. Annies Ahnungen betreffen sowohl das Interesse Melanies an Mitch als auch die Beziehung zwischen Lydia und ihrem Sohn Mitch. Melanie weist jeden Verdacht von sich: »Es ist nichts zwischen Mr. Brenner und mir!« – »Wahrscheinlich«, sagt Annie darauf, »ist nie etwas zwischen einem Mädchen und Mitch.« Das ist ein Hinweis auf die Unzertrennlichkeit von Mutter und Sohn, deren Beziehung einer Frau keinen Platz lässt. »Wie soll ich das verstehen?« – »Ich schenk' mir noch was ein«, lenkt Annie ab, nämlich von dem starken Kaffee, den sie gekocht hat, während in Lydias Haus immer Tee getrunken wird. Nach dem Tod von Mitchs Vater habe sich Lydia distanziert, sie habe Annie »fast zum Wahnsinn gebracht«. Der Dialog zwischen Melanie und Annie zielt meiner Meinung nach auf den Kern des Geheimnisses, nämlich die Beziehung zwischen Mutter und Sohn, Lydia und Mitch. Annie fragt sich, »was ich der Frau getan haben könnte?« – Nichts hat sie getan, nichts verschuldet, sie »war einfach da«. – Die Vermutung Melanies, die Mutter sei eifersüchtig gewesen, wird zurückgewiesen: »Es war kein Ödipuskomplex oder so was, Lydia mochte mich.« Annie ist überzeugt, dass die Gefahr darin gelegen habe, dass sie Mitch etwas geben könnte, was die Mutter nicht geben kann: Liebe. »Also doch Eifersucht und Egoismus?«, vermutet Melanie. – »Nein; es war die Angst, allein zu sein.«

---

6 Ich danke Dr. Marga Löwer-Hirsch für diese Anregung.

– Ob Mitch nicht ein Wörtchen mitzureden gehabt hätte? – »Sie müssen seine Situation verstehen, er hatte mit Lydia durch den Tod des Vaters sehr viel durchgemacht …« Also doch ein ödipales Verbrechen, das hier aufgedeckt wird, allerdings gleich inklusive seiner Verneinung: »Kein Ödipuskomplex oder so was!« Den Abwehrmechanismus der Verneinung hat Freud durch einen kleinen Dialog zwischen Patient und Arzt illustriert; der Patient zum Analytiker, der nach der Bedeutung einer Traumgestalt gefragt hat: »Sie fragen, wer diese Person im Traum sein kann. ›Die Mutter ist es nicht.‹ Wir berichtigen: Also ist es die Mutter. Wir nehmen uns die Freiheit bei der Deutung von der Verneinung abzusehen und den reinen Inhalt des Einfalls herauszugreifen. Es ist so, als ob der Patient gesagt hätte: ›Mir ist zwar die Mutter zu dieser Person eingefallen, aber ich habe keine Lust, diesen Einfall gelten zu lassen‹« (Freud 1925h, S. 11).

Das ödipale Dreieck würde im Film, verschlüsselt wie im Traum, dann so hergestellt: Mutter und Sohn in inniger Verbindung, die Schwester ist so jung, dass sie ohne Weiteres Mitchs inzestuös gezeugte Tochter sein könnte. Dann hätte, in der Phantasie oder Vermutung des Zuschauers, Mitch seinen Vater getötet. Und Hitchcock unterstützt dieses Phantasma mit einem Detail: Die Mutter will das nach dem Angriff der kleinen Vögel verrutschte Bild des Vaters wieder geradehängen, da fällt ein toter Vogel vom Rahmen … Und wie sich Ödipus angesichts seiner inzestuösen Schuld selbst blendete, blicken uns die blutunterlaufenen leeren Augenhöhlen des Farmers an. Ist also tatsächlich der Ödipuskomplex bzw. ein ödipales Verbrechen die Lösung des Rätsels dieses Films? Annie verneint dies ja vehement, offenbar meint sie, dazu gehöre der Hass der Mutter auf die Rivalin, und die Mutter mochte sie ja; andererseits ist Lydia wenigstens anfangs deutlich feindlich gegen Melanie eingestellt. Das andere ödipale Moment wäre das Vorliegen einer sexuellen Liebe, und soweit man sehen kann, geht es zwischen Lydia und ihrem Sohn nicht gerade sexuell zu, nicht einmal erotisch. Übrigens ist hier eine Anmerkung nötig: Der Ödipuskomplex ist stets der *des Kindes*, das in kindlicher Weise den andersgeschlechtlichen Elternteil liebt und zum gleichgeschlechtlichen in hasserfüllter Eifersucht und Rivalität entbrannt ist; hier ist es aber die Mutter, die den Sohn halten will und mit seiner Freundin rivalisiert. Ist es jedoch das entsprechende Begehren oder gar Agieren der Eltern ihrem Kind gegenüber, spricht man von Pseudo-Ödipus, Laios-Komplex, latentem Inzest und schließlich von sexuellem Missbrauch in der Familie (vgl. Hirsch 1987).

Es wird sich also um eine enge, symbiotische, nicht sexuelle Mutter-Sohn-Beziehung handeln, ein »narzisstisch-selbstgenügsames System« (Schneider 2007, S. 1227), die in der Erzählung des Films als so destruktiv gesehen wird, dass sie die katastrophalen Angriffe der Götter- und Naturgewalten auf die armen Menschen begründet. Im Mittelpunkt stehen die Angst der Mutter, allein gelassen zu werden, und die unterwerfende Identifikation des Sohnes, deshalb sind Mutter und Sohn unzertrennlich. Die allerersten Vögel, um die es in diesem Film geht, sind »love birds«, die in der deutschen Übersetzung ornithologisch korrekt als »Sperlingspapageien« oder »Liebesvögel« bezeichnet werden. Sie heißen aber nicht nur »love birds«, sondern auch (das wusste Hitchcock vielleicht, denn er hat sie wie ein Leitmotiv durch den ganzen Film mitlaufen lassen) »die Unzertrennlichen«, da sie lebenslang zusammenbleiben. Hitchcock (Truffaut 1966, S. 280) empfindet sie eher als Hoffnungsträger angesichts der Masse der hasserfüllten, bösen Vögel, denn sie enthielten etwas Gutes; wie als Symbol für einen guten Ausblick darf Cathy, die kleine Schwester Mitchs, die unzertrennlichen Vögel dementsprechend auf die Flucht vor dem Ort des Bösen mitnehmen.

Die Mutter schildert ihre Unfähigkeit, sich in vier Jahren genügend von ihrem verstorbenen Ehemann getrennt zu haben; von ihm habe sie Kraft bekommen, offenbar die Kraft, überhaupt zu existieren in übergroßer Unselbstständigkeit und Abhängigkeit. Offensichtlich musste Mitch an seine Stelle treten; Annie deutet es an. Man muss einen beträchtlichen Terror der Mutter vermuten: »Er hatte mit Lydia durch den Tod des Vaters sehr viel durchgemacht …« Und das trifft zu, auch und gerade wenn Lydia bemerkt: »Mitch hat sein eigenes Leben.« Das ist eine glatte Verkehrung ins Gegenteil, denn sie sagt selbst, sie fühle sich sicherer, wenn er bei ihr sei. Und heftig äußert sie im späteren Gespräch mit Melanie: »Ich will nicht, dass man mich allein lässt!« Möglichen Partnerinnen des Sohnes steht sie ambivalent gegenüber: »Ich weiß nicht, wie ich dazu stehen soll, dass Mitch Sie gern hat … Ich möchte die Frau gern haben, die Mitch gern hat.« Aber auch dem Sohn gegenüber ist sie ambivalent, braucht ihn einerseits, drängt ihn in eine Rollenumkehrfunktion, dass er also für die Mutter Elternfunktionen übernehme, das kippt aber in Aggression um, wenn er in dieser Funktion versagt: »Wäre doch nur dein Vater hier!«, ruft sie einmal aus, unverhohlen ihrer Enttäuschung Ausdruck gebend und gleichzeitig die Ersatzfunktion des Sohnes für den Vater andeutend.

Melanie dagegen hat keine Mutter gehabt. Mit einem machoartigen Sarkasmus, hinter dem Angst vor und Feindseligkeit gegenüber Frauen verborgen sein dürfte (Gefühlsqualitäten, in denen sich Hitchcock bestens auskannte), sagt Mitch im Zusammenhang mit dem Müßiggang Melanies einmal: »Ihnen fehlt die mütterliche Hand, mein Kind!« Melanie antwortet, die Mutter könne ihr gestohlen bleiben: »Als ich elf Jahre alt war, ist sie mit irgendeinem Mann auf und davon.« (Die Schwester Mitchs ist übrigens gerade elf Jahre alt.) Verbittert fragt sie Mitch: »Wissen Sie, was Mutterliebe ist?« – »Ja, allerdings.« – »Ist es besser, Mutterliebe nicht zu kennen?« – »Nein, es ist besser, geliebt zu werden.« Das klingt unauffällig, wenn man »Mutterliebe« einfach als etwas Gutes definiert: Melanie, die doch eine relativ durchschnittliche Normalität verkörpert, wie sie sich inzwischen zeigt, jedenfalls was die Wahrnehmung von Beziehungsqualitäten und ihre Intentionen und Konzepte einer möglichen Beziehung zu Mitch betrifft, hat einen derartigen Mangel erlitten, während das Böse in der Art der Liebe zwischen Lydia und Mitch zu vermuten ist. »Liebe ist ein sehr verdächtiges Wort« (Truffaut 1966, S. 281), sagt uns Hitchcock dazu in diesem Zusammenhang. Der größte Beweis der Mutter- bzw. Elternliebe wäre eben, das geliebte Kind loszulassen und stets *seine* wahren Interessen an die erste Stelle zu setzen. Der Kern des Übels stellt sich für mich also so heraus: Die Mutter hat längst ein falsches Leben geführt, hat sich um ihre Autonomie- und Identitätsentwicklung nicht genügend gekümmert, hat das pseudoautonome Leben einer Ehefrau und Mutter geführt und war im Gleichgewicht, solange sie an der Seite des Kraft gebenden Ehemanns lebte. Ihre Schuld dem Sohn gegenüber läge folglich darin, dass sie ihn nicht losließ, mit ihrer Schwäche und Bedürftigkeit Terror ausübend und ihm Schuldgefühle machend. Diese Mutter-Kind-Symbiose kann man archaisch-inzestuös nennen, allerdings nicht in einem sexuellen oder ödipalen Sinn. Übrigens scheint der Tee ein Symbol für einen mütterlichen Stoff zu sein: Melanie, die immer mehr ihre Stärke beweist, kocht Tee für Lydia, sie kocht Tee für Cathy, während die zerschlagenen Teetassen, deren Scherben Lydia wie in Trance einsammelt, die Zerstörung einer falschen Mutterliebe durch die Vögel symbolisieren könnten.

Interessant ist in diesem Zusammenhang, dass die Vorgänger Shakespeares, die den Stoff von *Romeo und Julia* bearbeitet hatten, als Ursache für die das Gemeinwesen überfallende Pest den Müßiggang und die jugendliche Unangepasstheit der Helden als Ursache ansahen, während erst Shakespeare, wie van Quekelberghe und Haas (2000) überzeugend nachweisen, die Krankheit des Gemeinwesens selbst als Ursprung des Übels ausmacht und die Jugendlichen als tragische Opfer der im Gemeinwesen enthaltenen Gewalt darstellt. Die Vögel können natürlich nicht schuldig werden; die Ornithologin ist überzeugt, dass die Vögel, die Natur also, in Ordnung ist; sie meint vielmehr: »Die Menschen machen den anderen das Leben schwer.« Deshalb befinden die Vögel sich auch nicht »im Krieg« mit den Menschen; *Menschen* führen Krieg.

Wenn aber das »Übel« schon so lange dauerte, warum tritt die Plage erst auf, als Melanie das prekäre Mutter-Sohn-Gleichgewicht störte? Ich denke, man kann das analog zum Ausbruch eines neurotischen Symptoms verstehen, das durch die Aktualisierung eines Konflikts entsteht, der schon lange latent vorhanden war.

Noch eine weitere, tiefere Dimension kann man vermuten: die Projektion des Bösen, das im Menschen enthalten ist, auf die Vögel, seiner (triebhaften) Destruktivität, deren Opfer der Mensch wiederum würde. Wenn zur Ursache des ungewöhnlichen Verhaltens der Vögel Assoziationen wie »Genmanipulation« entstehen, wäre das ein schuldhaftes Vergreifen des Menschen an der Natur. Wenn man die Angriffe der Vögel auf die im Haus Verbarrikadierten als Bild für die Angriffe der Indianer Amerikas auf die weißen Siedler assoziiert, muss man auch an ihre weitgehende Enteignung und Ausrottung durch die Eindringlinge, also deren Schuld, denken, die durch die »Plage« gerächt würde.[7]

Das Drama nimmt gegen Ende einen guten Verlauf, wohl ermöglicht durch die deutliche Entwicklung Lydias. Hitchcock sagt zu der zentralen Szene, in der Lydia wie in Trance die zerbrochenen Teetassen aufsammelt und in der sich Melanie entscheidet, über Nacht dort zu bleiben: »Mitchs Mutter gerät aus dem Gleichgewicht« (Truffaut 1966, S. 283). Das Gleichgewicht bestand für Hitchcock darin, »dass diese Frau [...] zuerst und vor allem eine Mutter ist, die ihren Sohn für sich behalten will und der das wichtiger ist als alles andere« (ebd., S. 284). Ich kann mir vorstellen, dass es der heftige Schock durch die Entdeckung des toten Farmers ist, der sie noch einmal auf den Tod ihres Mannes stößt und einen Trennungsprozess beginnen lässt. So kann sie sich in einem Gespräch mit Melanie, ihrer ursprünglichen Feindin, sehr weitgehend öffnen, sogar gestehen, dass sie ihren Sohn nicht gehen lassen will, und sich versöhnlich für den Tee, den Melanie ihr gebracht hatte, bedanken, kann sich auch später zu einer wirklich mütterlich sorgenden Haltung der traumatisierten Melanie gegenüber durchringen.

Hitchcock selbst richtet allerdings sein Augenmerk eher auf die Entwicklung Melanies von einem verwöhnten Playgirl, das in den Tag hinein gelebt hatte, zu einer beziehungsfähigen, erwachsenen Frau mit mütterlichen Qualitäten. Er versteht die Attacke der Vögel auf sie auf dem Dachboden als »Feuerprobe« (ebd., S. 280), die sie innerhalb einer solchen Entwicklung bestehen musste. Schneider (2007) wiederum sieht den Schluss des Films nicht so positiv, auch die Entwicklung Melanies eher in eine andere, regressive Richtung: »Wenn sich Lydia und die traumatisierte Melanie umarmen, könnte das einen ›mütterlichen Besitzanspruch‹ (Paglia 1998, S. 125) oder gar einen Triumph Lydias über den besiegten Vogel-Eindringling-Melanie [...] zum Ausdruck bringen.« Zumindest insofern ist Schneider (2007, S. 1238) rechtzugeben: Hitchcock lässt den Schluss offen; Schneider meint,

7 Diese und andere Ideen entstanden in der Diskussion nach der durch meinen Vortrag kommentierten Aufführung des Films am 9. Juli 2004 im Rahmen des »Filmclubs« der Akademie für Psychoanalyse und Psychosomatik Düsseldorf.

> »dass das Konfliktfeld zwischen narzisstischer Selbsterhaltung im Sinne der Erhaltung der Mutter-Sohn-Bindung und damit verbunden der Zerstörung des Eindringlings einerseits und andererseits dem Zulassen des Begehrens und der modifizierenden Veränderung bis zur Auflösung dieser Bindung durch das Begehren einer Frau in *Die Vögel* als breiter angenommen wird [...], wobei der offene Schluss deren Unentschiedenheit zwischen Öffnung zu einer anderen Frau als der Mutter hin und dem narzisstischen Verbleiben in der Bindung an sie artikuliert« (ebd.).

Wenn wir von Schuld der Mutter ihrem Sohn gegenüber sprechen, sollte auch der Anteil des Sohnes bedacht werden: Ganz offenbar ist er ambivalent seiner Mutter gegenüber, darüber hinaus ambivalent liebevoll und aggressiv anderen Frauen gegenüber – man denke an den sadistischen Sarkasmus, mit dem er anfangs Melanie mehrfach in die Enge treibt. Er nimmt sich eine Art Identitätsprüfung Melanie gegenüber heraus, vollführt ein seltsames Verhör, ein wie gutes oder schlechtes Leben sie geführt habe, und entwickelt dabei einen beträchtlichen Sadismus. Seine Schuld, sich seinerseits von der Mutter (und vom Vater) nicht genügend getrennt zu haben, ist in seinem Schuldgefühl der Mutter gegenüber begründet – reale Schuld kann durchaus aus irrationalem Schuldgefühl erwachsen (vgl. Hirsch 1997), und zwar aus einem Trennungsschuldgefühl, das ihn hindert, die Mutter allein zu lassen. Er löst diesen Schuldgefühlskonflikt durch Spaltung: in der Stadt der erfolgreiche und autonom lebende Rechtsanwalt, der mit einer attraktiven jungen Frau, Melanie, flirtet, im Dorf der hilfreiche, die Mutter liebende Farmersohn, der Melanie erst einmal auf Abstand hält.

Die Frevel der Menschen erzürnen die Götter, die ihnen die Plagen senden, um sie zur Besinnung zu bringen und Opfer zu fordern. Es ist die Krankheit des Gemeinwesens, die Opfer erforderlich macht; wie die Menschen aber nun einmal sind, werden nicht die Verantwortlichen, sondern viel eher Unschuldige geopfert. Das Ödipusdrama beginnt mit der Schuld der Eltern, Laios hatte einen Jüngling vergewaltigt, darüber hinaus machten sich die Eltern schuldig, da sie ihr Kind Ödipus töten wollten, indem sie es aussetzten. Aus dieser Schuld der Eltern entstand transgenerational vermittelt die Schuld des Ödipus an Vater und Mutter, er opferte selbst sein Augenlicht. Auch waren Romeo und Julia nicht schuldig, die herrschenden Fürstenhäuser vielmehr, die Erwachsenen also, führten Kriege, und die Pest, die das Volk heimsuchte, verschwand erst, als die Kinder tot waren. Auch in Hitchcocks Film sterben die Unschuldigen, werden die Kinder attackiert. Das zentrale Übel, das die erst einmal unfassbare Katastrophe heraufbeschwört, ist das schuldhafte Verharren in einer engen Mutter-Sohn-Beziehung, durch schuldhafte Lebensunfähigkeit und Trennungsschuldgefühl aufrechterhalten, und damit die Behinderung bzw. Verweigerung eines »natürlichen« Lösungs- und Individuationsprozesses. Folgender Sicht würde ich mich dementsprechend anschließen:

> »Die Vögel [...] repräsentieren das Willkürliche, Unerklärbare und Unvorhergesehene, das in die vermeintlich heile Welt von Bodega Bay einbricht und eine Neuordnung der Beziehungen zwischen den handelnden Personen bewirkt. Die Attacken besitzen somit eine katalytische Funktion, indem sie familiäre Zuordnungen neu organisieren, das Liebespaar zu sich finden lassen und Prioritäten menschlichen Miteinanders definieren« (Schmidt 1998, S. 526; zit. bei Schneider 2007, S. 1236).

Die Beteiligten entwickeln sich deutlich in diesem Film (am wenigsten allerdings ist das bei Mitch zu erkennen): Die Mutter kann ein Stück Trauerarbeit nachholen und begreift ihre Schuld; das verwöhnte, sorglos dahinlebende Mädchen wird zur reifen, mütterlichen Frau; und so endet das Drama versöhnlich, wie ich es verstehe, die so Geläuterten entkommen dem Bösen.

Bruderliebe

Farinelli – Il Castrato

von Gérard Corbiau

Der Chorknabe Farinelli (geschichtlich Carlo Broschi, geboren 1705 in Andria/Apulien) wird von seinem älteren Bruder Riccardo kastriert, damit er mit der erwarteten Stimme eines Kastraten dessen durchschnittliche Musik zu Weltruhm bringt. Die Brüder gehen eine innige Symbiose ein, treten (anfangs) nur gemeinsam auf, teilen sich das Leben und die Liebesabenteuer. Wie der Bruder bemühen sich mehrere (Vater-)Figuren darum, Farinellis Können für ihre Zwecke zu benutzen: Porpora, sein alter Musiklehrer, braucht ihn, um sich in London gegen Händels Oper zu behaupten. Auch Händel verspricht sich, seine Vorherrschaft in der Londoner Opernszene durch ihn wiederzugewinnen. Die Funktionalisierung erfordert künstlich-mechanische Virtuosität, die einer wahren Kunst, die man in Händels Werken im Gegensatz zu denen der angeblich geringeren Komponisten lokalisiert, gegenübersteht. Im Ambivalenzkonflikt zwischen traumatischer Identitätszuschreibung (durch die Kastration und ihren Zweck der Ausbeutung durch andere) und der damit verbundenen Abhängigkeit (vom Bruder, von den Ersatzvätern) und seinem Lösungsbestreben reproduziert Farinelli psychosomatisch mehrmals die Kastrationsszene, indem er die Stimme verliert. Schließlich entzieht er sich aus eigener Kraft dem Starrummel und singt nur noch für den spanischen König, den er mit seiner Kunst aus schwerer Depression rettet. Zwar beendet Riccardo nach Jahrzehnten endlich seine Oper, die ihm mit Farinellis Hilfe zu Weltruhm verhelfen sollte, er verbrennt sie jedoch, da Farinelli nicht zur Verfügung steht, und zieht in den Krieg.[8]

Ein Film über Kastration sollte die Psychoanalyse auf den Plan rufen, jedoch hat sich nicht einmal die klassische Psychoanalyse Freuds für die *reale* Kas-

8 Zusammenfassung von Mathias Hirsch

tration interessiert, stets ging es ihr um die Kastrations*angst*, die Angst vor der Rache des Vaters für das sexuelle Begehren des Sohnes der eigenen Mutter gegenüber. Trotzdem scheint im Film eine Anspielung auf Freuds Konzept enthalten zu sein, denn Farinelli soll, wie sein Bruder vortäuscht, durch einen Unfall mit einem Pferd kastriert worden sein, und die Pferdephobie des *Kleinen Hans* (Freud 1909b) ließ sich auf die Angst vor dem Vater, die Kastrationsangst zurückführen.[9] In einem zweiten Schritt der Angsttheorie löste sich Freud (1926d) selbst von seinem Dogma der absoluten Zentralität des Ödipuskomplexes und lokalisierte hinter der Kastrationsangst eine eher basale Trennungs- und Vernichtungsangst.

Die moderne Psychoanalyse wird denn auch als Kern des Märchenfilms *Farinelli* eine andere Frage sehen, nämlich die der Identität, der Identitätsentwicklung eines für einen bestimmten Zweck vielleicht schon gezeugten, jedenfalls benutzten, also funktionalisierten Kindes. Das ist übrigens *Das Drama des begabten Kindes* (Miller 1979); so der Titel eines Buches, das bei aller Kritik doch in weiten Leserkreisen die Psychoanalyse aus der Verstaubung wenn nicht befreien, so doch hatte lösen helfen können.

Gleich am Anfang des Films wird es mehrfach benannt: »Singe für deinen Bruder!«, tönen unisono Vater und Musiklehrer (und Ersatzvater) Porpora[10], und schon bald wird klar, dass die Kompositionen des Bruders nichts wert sind, es sei denn, eine begnadete Stimme mache sie zu etwas Besonderem. Schon anfangs verkündet die Vaterfigur Händel, die Stimme sei die einzige Rechtfertigung für Farinellis Existenz, sonst sei er nichts wert, und das Hauptthema des Films scheint mir die vielfältige Beleuchtung der ambivalenten, existenziellen Abhängigkeit der Brüder voneinander zu sein, die so verbunden sind, als müssten sie sich Vater und Mutter ersetzen. (Übrigens kommt die Mutter der Brüder in keiner Weise vor.) So fragt die Comtesse, die ihren »ersten Orgasmus durch Musik«, durch Farinellis Stimme also, wie ein Geschenk erhalten hat, höchst doppelsinnig und zynisch Farinelli: »Braucht Ihr Euren Bruder tatsächlich?« – in allen Lebenslagen nämlich, auch in der körperlichen Liebe. Sie brauchen sich beide, ergänzen sich vollkommen, auch da.

---

9 Jetzt zugängliche Dokumente enthüllen jedoch, dass der »kleine Hans« Opfer massiver sexueller Übergriffe von Seiten der Mutter gewesen war, hier also eher ein Mutter- als ein Vater-Trauma wirkte (vgl. die Arbeiten von H. P. Blum, J. Fingert Chused, J. Munder Ross, J. Stuart und J. C. Wakefield im dritten Heft des *Journal of the American Psychoanalytic Association* [JAPA] 2007).

10 »Sein öffentliches Debüt gab Farinelli im Karneval 1721 am römischen Teatro Alibert in der Oper Eumene von Porpora. Der sensationelle Erfolg seines Meisterschülers gab auch Porporas Karriere starken Auftrieb. 1722 legte er sein Amt am Conservatorio San Onofrio nieder, um sich in den nächsten drei Jahren ganz der Förderung von Farinellis Sängerlaufbahn widmen zu können« (http://de.wikipedia.org/wiki/Nicola_Antonio_Porpora; gesehen am 24.07.08).

Immer wieder wehrt sich Farinelli gegen jedwede Funktionalisierung, lange schon, bevor er ahnt und schließlich gewiss ist, dass es der Bruder war, der ihm durch die Kastration die Freiheit der sexuellen, der beruflichen und auch der Persönlichkeitsentwicklung genommen hatte, um das mutmaßliche Ergebnis, die überirdische Stimme, für sich und seine minderwertige Musik zu verwenden. Die Comtesse lässt er also ärgerlich stehen, wenn sie fordert: »Singt für mich, Kastrat …« Stets wehrt er sich, schimpft ihn jemand »Kastrat«, der er zwar ist, auf den er aber nicht reduziert sein möchte.

Beide Ersatzväter, Händel und Porpora, beide jeweils böse und gute Vaterfigur in einem, wollen ihn (in Dresden) hören. Farinelli reagiert psychosomatisch mit schwerem Fieber und verliert die Stimme, kastriert sich also selbst. Die entsprechende »Ur-Szene«, eine verharmlosende, die reale Kastration verdeckende Legende, wird gleich von Riccardo geliefert: Als der Vater gestorben war, sei Farinelli mit schwerem Fieber erkrankt, Riccardo habe »alles unternommen, um dein Leben zu retten …«. Was für eine Lüge und Verkehrung ins Gegenteil, hat er ihm doch in gewisser Weise das Leben *genommen.*

Aber die Beziehung der Brüder ist nicht nur von gegenseitiger Abhängigkeit und von Seiten Riccardos von schamloser, entsetzlicher Ausbeutung bestimmt. Beide lieben sich auch, haben geradezu ein homoerotisches Einvernehmen, oft ergänzt durch eine gemeinsam geliebte Frau, und im Hintergrund schwebt der tote Vater, bei dem man einen Ursprung des Ehrgeizes, die Brüder sollten herausragende Musiker werden, vermuten kann. Einmal sagt Riccardo: »Wenn unser Vater das sehen könnte!«, nämlich ihren Erfolg erleben.

Noch ein drastisches Bild für die brutale Funktionalisierung eines Menschen; Händel sagt unverblümt: »Der König will Euch unbedingt haben …, seine Leidenschaft sind Sänger und Tabaksdosen …!« Wie ein entmenschlichtes Ding-Objekt soll er also konsumiert, einer Sammlung eingefügt werden. Farinelli möchte aber von dem verehrten Händel auch anerkannt werden, der ihm nichts zutraut, der ihn herausfordert: »Er soll mit der erbärmlichen Musik durch seine Stimme in mir Gefühl erwecken, das hat noch keiner Eurer Art geschafft!«, sodass er in einen ausweglos arretierten Ambivalenzkonflikt gerät. Farinelli reagiert wieder psychosomatisch, verliert die Stimme und fällt auf offener Bühne vom Pferd … (Die Lüge sagt, durch einen Unfall mit einem Pferd sei er kastriert worden.) Nun wandelt sich langsam die »gute« Vaterfigur Porpora, der Farinellis Hilfe braucht; die wird ihm zwar gewährt, Farinelli steht aber fortan dem Starrummel nicht mehr zur Verfügung und löst sich seinerseits aus seiner Opferrolle: Wenn Riccardo, vom Erfolg Farinellis berauscht, »Ich liebe dich, Carlo!« ausruft, sagt Farinelli lakonisch: »Das war alles Scheiße!« Ein solcher Erfolg ist nicht sein Bestreben, das ist

Riccardos Ehrgeiz, es rührt ihn nicht, wenn ganz Europa »uns«, also den Brüdern, zu Füßen liegt. Etwas später ruft Riccardo aus: »Carlo, brich nicht unseren Pakt!«, und als er sieht, dass Farinelli ihm nicht mehr zu Willen ist, beschimpft nun auch er ihn wütend: »Du Kastrat!«

Farinelli will sich lösen von der maschinenhaften Koloraturmechanik (und damit von der Abhängigkeit von Vater und Bruder), mit der der Publikumsgeschmack bedient werden soll. Und wenn er Riccardo dessen Musik in seiner Banalität um die Ohren haut, fühlt man sich an den Film *Amadeus* von Milos Forman erinnert, an den Gegensatz von Mozart und Salieri, von künstlerischem Genie und zeitgeschmacklichem Handwerk. In *Amadeus* ist es aber direkt der Vater-Sohn-Konflikt, der filmmärchenhaft inszeniert wird.

Wenn in dieser Auseinandersetzung jetzt Riccardo Farinelli entsetzt vorwirft, seine Weigerung, weiter zur Verfügung zu stehen, sei »nichts als Undank«, Riccardo müsse sich ständig um ihn kümmern, ihm bleibe keine Zeit für das Vorantreiben seines Opernprojekts – »Du nimmst sie mir, du nimmst mir alles!« –, dann benimmt er sich exakt wie eine Mutter, die ihr Kind aus eigenen narzisstischen Bedürfnissen, etwas Besonderes zu sein, zu einem »begabten Kind« hochstilisiert und dann gekränkt und verärgert, aber darüber hinaus in ihrem prekärem Identitätsgefühl als Mutter eines besonderen Kindes angegriffen, aggressiv von Undankbarkeit spricht, davon, dass das Kind nichts ohne die Mutter wäre, was in einem zynischen Sinne ja zutrifft, sobald das Kind beginnt, sich der Funktionalisierung zu widersetzen. Auch Porpora wirft ihm Undankbarkeit vor, *er* habe ihn schließlich gelehrt zu singen!

Inzwischen ist Farinelli zwar in der Lage, den Adligen, die ihn verwenden wollen, stolz zu entgegnen: »Meine Stimme gehört der Musik!«, aber die Abgrenzung den »Vätern« gegenüber gelingt nicht so leicht. Während sich Porpora von der guten zur bösen Vaterfigur wandelt, ist Händel inzwischen weniger ablehnend, vielmehr sehr an Farinellis Kunst interessiert – letztlich aber wohl doch aus eigenem Interesse. Farinelli habe Händel kastriert, Händel werde keine Oper mehr schreiben (können) – das Opfer wird also zum Täter gemacht; jetzt soll Farinellis Stimme seiner Musik Leben geben. Wieder dieselbe zentrale Dynamik: Ein Kind wird benutzt für die narzisstischen Zwecke der Eltern, in diesem Falle des älteren Bruders. Wenn das nicht nahtlos funktioniert, weil das Kind sich wehrt (das ist eine gesunde Reaktion) oder seine Funktion nicht erfüllen kann, obwohl es sich mit dieser Rollenumkehr (das Kind soll Elternfunktion für die Erwachsenen übernehmen) identifiziert, sie aber beim besten Willen nicht ausfüllen kann, werden ihm heftige Vorwürfe gemacht: »Ohne mich wärst du ein Gar-Nichts, ich habe dich geschaffen, du Kastrat!« Riccardo behauptet, er habe sich für Farinelli geopfert; dasselbe (sich für das Kind geopfert zu haben) behauptet eine Mutter, um zu rechtfertigen, dass sie eigentlich das Kind für die eigenen Zwecke opfert. Man kann auch sagen, für die narzisstisch schwachen, d. h. die unter mangelndem Selbst- und Identitätsgefühl leidenden Eltern soll das Kind ein ständig zur Verfügung stehendes *Selbstobjekt* werden, eine Ergänzung und Erweiterung, eine narzisstische Vervollständigung des elterlichen Selbst.

Der Film ist für mich ein Märchen. Denn der Held geht durch alle Gefahren, überwindet alle Schwächen, er löst sich vollständig aus der Funktionalisierung, d. h. auch aus den Beziehungen zu den Missbrauchenden, über die er hinauswächst, als gäbe es, wie nämlich im wirklichen Leben, keine schwerwiegenden Abhängigkeiten, die es eben gerade unwahrscheinlich machen, dass das Opfer sich emanzipieren kann. Die beiden Ersatzväter, die retten könnten, versagen aus eigener Schwäche; einzig die liebende Frau begleitet seinen Weg. »Euer Bruder singt nicht mehr, nur für den König« bedeutet, er entsagt der mechanischen Kunstfertigkeit, die die verschiedenen Väter aufwerten soll, und ist nur noch dem einen höchsten weltlichen Vater, dem hier ganz entrückten König, verpflichtet, dem er endlich freiwillig die wahre Kunst gibt, die er zu geben hat, und den er aus schwerer Depression rettet. Insofern hat er den Pakt mit dem Bruder tatsächlich gebrochen, der ja ein einseitiger war. Und nun stellt sich gänzlich heraus, dass nicht etwa der Bruder für den Helden gelebt hat, sondern umgekehrt jener ohne diesen lebensunfähig ist: Riccardo versucht konsequenterweise, sich das Leben zu nehmen. Die Frage, wie sich der Held aus sich heraus, aus eigener Kraft aus der Abhängigkeit des Opfers von den Beziehungen zu den Tätern entwickelt, muss letztlich offen bleiben – in aller Regel perpetuiert sich die Abhängigkeit vom Missbrauchssystem durch Ferenczis (1933) *Identifikation mit dem Aggressor* – und hängt hier eng mit dem Wunder oder Geheimnis zusammen, wie Kunst möglich wird, insbesondere, wie der Traumatisierte zum Künstler werden kann (vgl. Hirsch 2001a).

Märchenhaft ist dann das Ende: Ein Messias soll geboren werden, sozusagen fast jungfräulich, wie durch ein Wunder gezeugt; der verbrecherische Bruder gibt ihm die Vaterschaft, die er ihm unmöglich gemacht hatte. Und Riccardo verbrennt sein Werk, seine doch inzwischen vollendete Oper, zu dessen Realisierung er den Bruder gebraucht hätte, und zieht in den Krieg, in eine extreme Gegenwelt, die fast einem Selbstmord gleichkommt.

Eine Patientin in einer therapeutischen Gruppe meinte einmal, dass sie im Grunde als Pflegerin ihrer Mutter in die Welt gesetzt worden sei. Ein Gruppenmitglied notiert: »Wir sprechen dann ziemlich konkret davon, welche psychische Funktion oder Rolle selbstdefizitäre Eltern einem Kind geben können und wie das dann zum Lebensgeschehen des Kindes wird« (Hirsch 2008, S. 262). Aber es geht nicht nur um Pathologie, vielmehr um eine Art

Menschengut: Schon immer sind die Kinder benutzt, missbraucht, getötet worden, von den eigenen Eltern freudig in den Krieg gegeben, zur eigenen (vermeintlichen) Rettung verwendet worden (vgl. Hirsch 2006b). Auch Brüder werden geopfert, meist naive, jüngere *Dummlinge,* die im Märchen schließlich stets doch die Königstochter bekommen.

Liebesunfähigkeit

Ein Herz im Winter

von Claude Sautet

Maxime, lebens- und kontaktfreudig, betreibt mit Stéphane, seinem introvertierten Freund, eine Geigenbauwerkstatt. Als Maxime eine Beziehung zu der jungen Geigerin Camille eingeht (und damit die enge Beziehung zwischen Camille und ihrer Agentin Régine, mit der sie zusammenlebt, stört), entsteht eine subtil erotische Attraktivität zwischen ihr und Stéphane, die diese eindeutig sexuell versteht und so Stéphane begehrt, während er unfähig ist, sich ihr auf dieser Ebene zu nähern. Wohl aber verbindet beide der Musikgenuss (Ravels Violinsonaten und sein Klaviertrio nehmen einen beträchtlichen Raum ein), auch kann Stéphane eine innige Bindung zu den Körpern der von ihm betreuten Geigen aufnehmen, eine geschwisterliche Beziehung zu einer Freundin ist ebenso möglich. Camille entwickelt über die ihr unverständliche Zurückweisung extreme Wut. Maxime begreift das Geschehen und ist über die Zurückweisung, nicht etwa über die rivalisierende Beziehung selbst, so empört, dass sich die Freunde trennen. Maxime und Camille finden wieder zu einer unspektakulären Beziehung zusammen; Stéphane geht in seiner neuen Werkstatt auf, die er allein betreibt. Der vielleicht einzige Mensch, den er lieben kann, ist sein alter Geigenlehrer Lachaume, der schwer erkrankt; Stéphane erkennt seinen dringenden Wunsch, das Leiden zu beenden, und verhilft ihm zu einem sanften Tod.[11]

Mehr als die Liebe ist das Thema des Films die Liebesunfähigkeit. Es ist auch ein Film über Musik und die Funktion der Sprache und, wie nebenbei, über den Tod. Um das Rätselhafte des Films zu mildern, möchte ich vorschlagen, ihn auf zwei Ebenen zu betrachten und zu verstehen zu versuchen. Auf einer ersten, oberflächlicheren Ebene handelt er von einer Dreiecksgeschichte: Eine

11 Zusammenfassung von Mathias Hirsch

Frau stört eine Männerfreundschaft, liebt beide Männer jeweils verschieden, nach einigen Verwicklungen verzichtet sie auf den einen und entscheidet sich für die Beziehung zum anderen. Oder eine eher ödipale Dynamik: Ein Mann zerstört aus Neid und Eifersucht die Beziehung seines Freundes, indem er dessen Geliebte verführt und dann fallen lässt. Auf einer zweiten, tieferen Ebene aber scheint uns der Film auf rätselhafte, *unheimliche* Weise etwas mitzuteilen, was uns anrührt, worin wir uns erkennen, indem er uns an die große Schwierigkeit, Liebe und Begehren überhaupt mit einer dauerhaften Beziehungsgestaltung in Übereinstimmung zu bringen, gemahnt.

Stéphane charakterisiert zu Beginn seinen Freund Maxime auf der ersten Ebene: Maxime stelle den Kontakt mit den Musikern her, er »bringt sie zum Sprechen«, während er selbst offenbar der bessere, sensiblere Handwerker ist; beide verstehen sich »ohne viele Worte«. Das Sprechen, die Sprache, bekommt also gleich zu Anfang eine gewisse Bedeutung. Maxime nehme »sein Leben auf die leichte Schulter«, er habe viele amouröse Abenteuer, »doch seine Seele bleibt unbeteiligt«; er erzähle ihm am nächsten Morgen davon, spricht also mit ihm, bezieht ihn ein. Stéphane dagegen erzählt nichts von seinem Leben, und Maxime fragt auch nie danach. Maxime ist somit der Extravertierte, Beziehungsfreudige, Stéphane der Introvertierte, Selbstgenügsame, der eher Kontakt hat zu Material, zum Holz seiner Geigen – so beginnt der Film, Stéphane stumm mit einer Geige beschäftigt, deren Corpus er streichelt wie den Körper einer Frau – und zu den Automatenpuppen, die er repariert und denen er ein gewisses mechanisches Leben einhaucht.

Die beiden Partner ergänzen sich ideal. Fairbairn (1940, S. 35) verbindet Introvertiertheit mit Schizoidie: »Die Entsprechung zwischen Jungs Begriff ›introvertiert‹ und dem Begriff ›schizoid‹ in dem von mir verstandenen Sinn ist nicht uninteressant.« Fairbairn meint aber, Jungs Begriff sei lediglich deskriptiv, während der seine die Psychogenese erklärend berücksichtige. Und das Bild der mechanischen Automaten ist nicht unbedacht gewählt. Kernberg (1975, S. 248) beschreibt seine Gegenübertragungsgefühle in der Therapie einer schizoiden Patientin, nämlich »dass er selbst im Umgang mit diesen Patienten die gleiche Entfremdung, Distanz und Unerreichbarkeit spürt«. Und darüber hinaus erscheint ihm die Patientin »fast wie ein lebloser Gegenstand [...], oder genauer: dass sie für mein Empfinden in diesem Moment zu einem unpersönlichen und fremdartigen Wesen wie eine *mechanische Puppe* geworden war« (ebd., S. 249; Hervorhebung M.H.).

Von der Beziehung zu einer Frau, Camille, aber hat Maxime nichts erzählt – Stéphane horcht auf –, es scheint sich diesmal nicht um ein Abenteuer zu handeln. Maxime sagt auch, er habe »begriffen, dass es das gibt, jemanden zu lieben«. Stéphane scheint irritiert, anscheinend neidisch, denn mit verhaltenem

Spott sagt er zu Hélène, seiner geschwisterlichen Freundin über Maxime: »Sieh mal, ein vom Schicksal geküsster Mann.« Von Eifersucht aber ist ihm nichts bewusst.

Auf dieser Ebene sind die Akteure handelnde Personen, die aufgrund von Motiven wie Liebe, Hass, Neid und Eifersucht etwas aktiv zu erreichen versuchen. Auch die zunehmend destruktive Dynamik könnte man als Ergebnis solchen Handelns verstehen. Und so fragt der alte Lehrer Lachaume einmal Stéphane: »Was hast du bezweckt?« Man könnte also meinen, Stéphane verführe Camille lediglich, *um* die Beziehung zwischen ihr und seinem Freund Maxime zu zerstören, aus Neid und Eifersucht, er verführe sie, nur um sie dann zurückzuweisen. Stéphanes »Verführung« kann man so auch als Triumph über ihr Begehren, das er zerstört, weil es ihm selbst nicht zur Verfügung steht, Wendung des Selbsthasses nach außen, Abwehr des Gefühls eigener Wertlosigkeit verstehen. So gesehen reduzierte sich die Handlung des Films auf Stéphanes Aktivitäten aufgrund seiner Unfähigkeit zu lieben, seiner Destruktivität, mit der er die anderen, ihre Beziehungen und nicht zuletzt sich selbst zerstört.

Aber die einfache Polarisierung: Stéphane mit dem Problem, nicht lieben zu können, und Maxime und Camille, deren durchschnittliche Beziehung er ihnen neidet, würde den Film banal erscheinen lassen. Auch die anderen Akteure haben auf der eher oberflächlich sichtbaren Ebene der Beziehungsgestaltung große Schwierigkeiten: Maxime hatte sein Problem, nicht lieben zu können, mit entgegengesetzten Mitteln zu lösen gesucht: Er war ein Eroberer, hatte viele »Abenteuer«, aber seine Seele war nicht beteiligt – dass er verheiratet war, beweist nicht unbedingt das Gegenteil. Sogar für Lachaume, den Lehrer, der so mitten im vollen Beziehungsleben zu stehen scheint, gibt es im Film einen Hinweis für eine schizoide Ader: Er sammelt die kunstvollen Automaten, die Stéphane repariert und ihm bringt. Überdeutlich werden wir auf die Beziehungsprobleme Camilles hingewiesen: Ihr Lehrer Lachaume charakterisiert sie: »Sie ist kühl und unzugänglich, hat sehr auf Distanz geachtet – aber gleichzeitig spürte man echtes Temperament.« Temperament aber unter welchen Bedingungen, in welchen Beziehungen? Zur Musik etwa, denn es ist ihr Geigenlehrer, der sie so beschreibt. Camille wirkt im Film tatsächlich sehr distanziert, Maxime, besonders aber Stéphane gegenüber. Sie spricht knapp, lächelt fast gar nicht (erst in der Schlussszene, einer Abschiedsszene, mit Stéphane), sie wirkt arrogant, schnippisch. Eine andere Seite von sich zeigt sie abrupt: Sie kann leidenschaftlich fordern, offen aggressiv sein; aber dann auch dem Entwicklungsstand der Beziehung (zu Stéphane) völlig unangemessen; ich komme darauf zurück. Die »normale« Beziehung zu Maxime, immerhin ihrem Freund, wirkt von ihrer Seite her merkwürdig verhalten; und sie verliebt sich ja auch gleich in Stéphane, vielleicht um etwas dagegen oder dazwischen zu setzen. Maxime findet sie etwas verschlossen – »Sie schützt sich; sie öffnet sich nur, wenn sie Geige spielt«, sagt Maxime zu Stéphane. Der ist hellhörig und fragt: »Das stört dich doch nicht?« – »Im Gegenteil ...« Natürlich, Maxime liebt sie und bewundert sie. Camille, die sich schützt, fragt auch später Stéphane: »Wovor schützen Sie sich?!« Maxime verteidigt anfangs noch wohlwollend Stéphane, wenn er Régine, die ihn unangenehm findet, sagt, man müsse ihn kennen, es sei nur ein Spiel. Ebenfalls nicht zuletzt zum Schutz vor tiefer gehenden Beziehungen werden die beiden deutlich homoerotischen Paarbeziehungen – die zwischen Maxime und Stéphane und die zwischen Camille und Régine – entstanden sein.

Lachaume lädt zur Apfeltorte in seinen Garten, und in der anfangs fröhlichen Runde wird es plötzlich ernst. Wieder geht es ums Sprechen als Medium des Kontakts: Stéphane: »Die Argumente widersprechen sich, haben aber ihre Berechtigung ...« – Camille: »Sie meinen, man brauchte nicht mehr zu reden?« – Stéphane: »Es hat etwas Verlockendes, in der Tat.« – Camille: »Redet man, riskiert man, Unsinn zu reden. Schweigt man, zeigt man sich nicht und kann so einen intelligenten Eindruck machen.« – Stéphane: »Vielleicht hat man nur zu viel Angst.« – Maxime: »Vor dir selbst vielleicht?« – Stéphane, wohl um die Situation zu retten: »Da haben wir's, das muss es sein.« Nun wird also die Unfähigkeit zu sprechen mit Angst begründet, natürlich Angst vor sich selbst, sich zu zeigen, indem man durch das Sprechen in Beziehung tritt. Und längst haben wir Parallelen vermutet zwischen dem Nicht-reden-Können und dem Nicht-lieben-Können, hier aber wäre die Angst nicht eine *vor*, sondern eine *um* sich selbst.

Inzwischen ist die Ebene des oberflächlich sichtbaren Verhaltens und Handelns schon verlassen. Stéphane und Camille *tun* nichts, es *geschieht* ihnen etwas. Es entsteht eine sogartige Attraktion, ein dumpfes gegenseitiges Verlangen, das sie beide verwirrt, sich in ihren Blicken manifestiert, die sie gegenseitig verunsichern. Dieses Verlangen ist stärker als das bewusste Wollen; Stéphane will keine Beziehung, Camille hat bereits eine junge Beziehung zu Maxime. Ich denke, diese Art von gegenseitigem Begehren entspricht der primären Liebe (Balint 1937), einem archaischen Wunsch nach Verschmelzung, nach Fusion mit einem archaischen Selbstobjekt (Kohut 1984, S. 79), mit einem Liebesobjekt, das man in der frühen Mutter-Kind-Beziehung lokalisiert, in der das Kind einen Begriff von sich und seiner Existenz im spiegelnden Glanz des Auges der Mutter erhält, ein paradiesischer Zustand von grenzenlosem Glück, der aber die Gefahr der völligen Selbstauflösung, der Aufhebung der Grenzen des Selbst, enthält. Daher begleitet das große Verlangen nach diesem Zustand die ebenso große Angst vor seinem Erreichen.

Der unglückliche Ausweg ist die Abspaltung des Gefühls, wie Guntrip (1968, S. 18; Übersetzung M.H.; Hervorhebung im Original) schreibt:

> »Die Haltung der Außenwelt gegenüber ist dieselbe: *Nichtbeteiligung und distanzierte Beobachtung ohne jedes Gefühl*, wie ein Reporter, der eine soziale Zusammenkunft beschreibt, an der er nicht beteiligt ist, die ihn nicht interessiert und ihn langweilt. Wenn eine solche Aktivität länger fortgeführt wird, kann sie mechanisch erscheinen.«

Natürlich gibt es Unterschiede zwischen Camille und Stéphane, denn Ausmaß und Lokalisation der Angst vor Fusion, der Symbioseangst, ist verschieden. Camille hat keine Angst vor Sexualität; sie begreift ihr Begehren als sexuelles, und Sexualität ist tatsächlich eine Möglichkeit, gelingend einen Zustand von Verschmelzung zu erleben, auch innerhalb langdauernder Beziehungen. Sexualität kann aber andererseits als Mittel der Beherrschung und Kontrolle von zu großer Angst vor Nähe, also wieder vor Fusion, verwendet werden. Hier würde Sexualität nach dem Muster der Perversion die Beziehung zwischen Menschen, die sich als Individuen tatsächlich anerkennen und lieben würden, ausschließen; insofern wäre Promiskuität, Don-Juanismus, ungefährlich, da immer wieder das Weite gesucht wird, bevor es zu bedrohlicher Abhängigkeit kommt. (Ich habe einmal über *Die Unfähigkeit, gemeinsam zu frühstücken* [Hirsch 1989] berichtet, nämlich über die Angst, nach dem sexuellen Kontakt mit dem flüchtig bekannten Partner beim Frühstück als Individuum in Beziehung zu treten und natürlich auch selbst erkannt zu werden. Trug Don Giovanni nicht stets eine Maske bei seinen Abenteuern?)

Für Stéphane bedeutet Sexualität, überhaupt körperliche und auch psychische Nähe schon eine große Bedrohung; bereits das Sich-Öffnen beim Sprechen macht ihm Angst. Den Konflikt zwischen der Sehnsucht, die er nicht unterdrücken kann, und seiner Angst kann er nicht lösen, und so kommt es zur Katastrophe der oberflächlich gesehen unbegreiflichen Zurückweisung Camilles durch ihn. Aber kann man nicht auch sagen, dass Camille in der unbewussten Einschätzung seiner Angst ihre Forderung nach sexuellem Kontakt so brutal direkt stellte, dass sie gerade das Gegenteil des bewusst Gewollten erreichte, also auch zum Scheitern beitrug? Musste sie denn gleich mit ihm allein gehen, musste es denn gleich eine Hotelbar sein? So hat sie wohl die eigene Beziehungsangst an Stéphane delegiert. Sie selbst ist ja auch ein Mensch, der sich nicht öffnet, manchmal tagelang nicht spricht, wie sie sagt, der kaum lächelt … Und ich nehme auch an, dass ein großer Teil ihrer Verzweiflung daher kommt, dass sie Stéphane nicht bewegen kann, aus seiner schizoiden Festung hervorzukommen, weil sie sich so auch nicht *selbst* retten kann. Deshalb sagt sie verzweifelt: »Sie sind nicht so, weil niemand so ist!«, also auch sie selbst nicht.

Die zentrale Szene vor dem Hotel (immer sieht man das entsprechende »H« im Hintergrund wie eine Bedrohung für Stéphane) ist gekennzeichnet von Missverständnissen letztlich wohl über die verschiedenen Arten der Liebe, die beide meinen: »Ich fahre mit Stéphane ..., alles ist bestens!«, sagt Camille zu Régine – nichts ist bestens. »Ich habe für Sie gespielt ... ich habe mit Maxime über uns gesprochen ... es war schwierig ... ich hab' ihm gesagt, was geschieht ...« – es geschah aber nichts; sie hat Maxime von ihrer Verwirrung berichtet. »Ich begehre Sie ... so ist es!«, sie begehrt ihn sexuell. – »Camille, ich glaube nicht, dass ich Ihnen geben kann, was Sie suchen.« – Camille: »Sie suchen es doch auch, und ich gebe es Ihnen. Ich weiß, wie Sie sind, und *ich akzeptiere Sie so!*« – Sie akzeptiert ihn gar nicht so, sie ist außer sich, dass er so ist. – »Sehen Sie mich an!«, als wollte sie, dass er in ihren Augen sich, also *ihr Begehren als seines*, erkennt. – Stéphane: »Sie wollen mich so, wie Sie sich mich vorstellen, als ein anderer, aber ich bin nicht ein anderer.« In seiner Not wechselt er auf die oberflächliche Ebene des Handelns, des Tun-Könnens, und sagt ihr die »Wahrheit«, er habe sie verführen wollen, ohne sie zu lieben, sicher wegen Maxime. »Sie sprechen von Gefühlen, die ich nicht empfinde, die auch nicht existieren, *ich liebe Sie nicht!*« Auch das stimmt so nicht, ist es doch eine Art von Liebe. Camille, bevor sie den Wagen verlässt: »Sehen Sie mich nicht an!« Nun darf er nicht mehr sehen, wie sie begehrt. Dieses Missverständnis liegt auch der wüsten Beschimpfung Camilles zugrunde, Stéphane sei kein Mann, habe »keine Eier«, er hätte das Spiel (aber das ist nicht seines!) zu Ende bringen und sie »vögeln« sollen. Sein sehnsuchtsvoller Blick wird sexuell interpretiert, und er versagt in der Sexualität aus Angst vor einer ganz anderen Liebe. Hugo v. Hofmannsthal (1975) wusste um diese Unterscheidung; in seiner Nacherzählung der Erzählung der 672. Nacht aus *Tausend und eine Nacht* schreibt er: »Die Schönheit seiner Dienerin erfüllte ihn mit Sehnsucht, aber nicht mit Verlangen.« Camille versucht, indem sie Stéphane sozusagen mit Gewalt gewinnen will, einen Teil von sich zu heilen. Und daher auch ihre Wut, denn man muss annehmen, dass an der Wurzel ihrer Persönlichkeitsentwicklung ähnlich wie bei Stéphane massive Frustration, Enttäuschung durch oder Verluste von Primärobjekten stehen. (Der Film allerdings gibt uns, wie so oft in den darstellenden Künsten, die psychologisch überzeugend beschreiben, was ist, aber ausklammern, wie es dazu gekommen sein mag, keine Hinweise auf die Psychogenese der Beziehungsstörung der Helden.) Als sich Stéphane später Camille zaghaft nähert, vor der Abreise, weist sie ihn absolut und kalt zurück – jetzt sei *sie* leer. Diese Szene zeigt deutlich, dass Stéphane nicht der aus Motiven der Triebbefriedigung (oder ihrer Hemmung), aus Neid, Rivalität oder ödipaler Eifersucht *handelnde*, im Sinne Kohuts (1977, S. 120) *schuldige* Mensch ist, sondern der *tragische*, der »das Muster seines Kern-Selbst auszudrücken [sucht]; seine Bemühungen liegen jenseits des Lustprinzips.«

Stéphane flüchtet sich zu seinem Lehrer, Lachaume, seinem Vater in gewisser Weise, findet das Paar aber heftig streitend und wendet sich wieder ab. Überhaupt streut Sautet immer wieder Szenen in den Handlungsablauf ein, in denen durchschnittliche Paare streiten; köstlich ironisch das Paar im Café: Die Frau beschimpft ihren Partner heftig als »Feigling«, streichelt ihn dann aber zärtlich, als er weint. Lachaume und Mme. Amet streiten nicht nur, sie haben auch eine liebend-fürsorgliche Beziehung, voller Lebendigkeit – immer sind tobende Kinder anwesend. Die Beziehung zwischen Camille und Régine, die zusammen wohnen, schwankt zwischen Abhängigkeit, Schutz, Fürsorge und Aggression, aber sie hat Bestand. Sogar die Beziehung zwischen Camille und Maxime hat bereits »normale«, eheähnliche Züge, sie frühstücken (s. o.!), er telefoniert; ekstatische Sexualität wird man sich gar nicht erst vorstellen, denn Camille öffne sich nur beim Geigespielen. Vielleicht will Camille ja auch aus dieser Art von Beziehung ausbrechen, indem sie sich bald in Stéphane verliebt. Einzig die Beziehung zwischen Stéphanes Lehrling und seiner Freundin ist konfliktfrei, sozusagen unschuldig, und sie werden auch heiraten.

Ravels Musik (die Sonate für Violine und Klavier, für Violine und Cello, das Klaviertrio) nimmt einen zentralen Raum in diesem Film ein, sie macht ihn zu einem wahrlich romantischen. Denn sie enthält die Sehnsucht nach dem verlorenen Mutterobjekt – oder gab es diese paradiesähnliche Einheit nie, bestenfalls vor der Geburt im Fruchtwasser des Mutterleibs, ist es nicht eher eine Sehnsucht nach einem nie erlebten Glück? – und ihre Erfüllung gleichzeitig, aber als Traum, wie Stéphane sagt, nicht in der Wirklichkeit.

Musik als Klang und Rhythmus kann als Nachfolge und Stellvertreter frühester Mutterbeziehungserfahrung gelten. Der Herzrhythmus der Mutter, ihr Atmen, der Klang ihrer Stimme sind Teil schon intrauteriner Erfahrung des Kindes. Einfache Klänge und Rhythmen werden in der Musiktherapie verwendet, um an diese Ebene vorsprachlicher Beziehung anzurühren. Melodien werden häufig als Bindeglied von getrennten Menschen verwendet, die ihre Sehnsucht an »ihre« Melodien knüpfen, die sie auch wie ein Band zusammenhalten. Musik aber besteht nicht nur aus Klang und Rhythmus, ihre Struktur ist immer komplizierter und komplexer geworden, jedenfalls in der Entwicklung der sogenannten klassischen Musik über die Jahrhunderte. Musik ist also beides, verschmelzender Klang *und* ordnende Struktur, und deshalb kann sie in der Phantasie die Sehnsucht erfüllen, ohne dass Angst entsteht. In dieser Funktion ähnelt sie der sexuellen Perversion, die orgastische

Entgrenzung durch Ritual und Verdinglichung des Objekts ermöglicht. (Über die Nähe von *Perversion und Hörwelt* vgl. Hermann 1970.) Komponierte Musik hat darüber hinaus durch bestimmte überkommene Tonfiguren eine eigene emotionale Sprache entwickelt, die direkt bestimmte Emotionen wie Trauer, Freude oder Hoffnung ausdrücken und auch im Hörer hervorrufen kann. Diese Ebene meint Sautet, wenn er über die Auswahl der Musik zu seinem Film spricht:

> »Der Anfang des Trios bestimmt die Stimmung des Films: Eine geheimnisvolle, profunde und kultivierte Melancholie. Die beiden Sonaten mit ihren brillanten, gleichsam diabolischen Rhythmen, besonders der *Blues* und das *Moto perpetuo*, gaben mir die Begleitung für die Arbeit der Geigerin und die Art, wie sich ihr Charakter entwickelt« (www.ein-Herz-im-Winter.de/Musik/Sautet.htm).

Die Wahl von Ravels Musik wird sofort verständlich, wenn man Sautets Charakterisierung des Komponisten liest:

> »Zweifellos spiegelt der Film auch die Faszination wider, die dieser rätselhafte, selbstbewusste und peinlich sorgfältige Komponist seit langem auf mich ausübt, ein Musiker, der ein einsames Leben führte und Automaten sammelte und dessen unterdrückte Emotionen sich in einer Musik niederschlagen, die ganz Charme und Anmut ist« (ebd.).

Wegen seines Faibles für mechanisches Spielzeug nannte Strawinsky Ravel einen »Schweizer Uhrmacher«. Ravel soll nie eine Beziehung zu einer Frau gehabt haben; Sautet verwendet das Motiv des mechanischen Spielzeugs (wie auch Leconte in seinem Film *Intime Fremde*, vgl. das entsprechende Kapitel in diesem Buch), denn er wird eine Ahnung gehabt haben, dass Ravels Musik die Sehnsucht des schizoid Zurückgezogenen enthält, der die mechanischen Objekte, die er beherrscht, an die Stelle der menschlichen setzt und selbst so mechanisch wirkt, wie es in den psychopathologischen Beschreibungen enthalten ist.

Eine weitere Näheerfahrung kann die Musik den gemeinsam Musizierenden bieten, eine Erfahrung von manchmal beglückender Einheit bei gleichzeitig gewahrter Distanz und Kontrolle, wird doch die Nähe durch höchst kunstvoll selbst bewirkte und selbst kontrollierte Körperbewegungen hergestellt; die gemeinsam ausgeübte Musik verbindet und trennt gleichzeitig als ein Drittes. So wird der Blick Stéphanes, der die probenden Musiker beobachtet, gewiss nicht frei von Neid auf ihre Verbundenheit sein; Maxime ist jedenfalls eifersüchtig auf den Cellisten. Dieser Faktor mag auch verantwortlich sein für den Unterschied der Intensität des Musikhörens im Konzert – und übrigens besonders auch im Film – im Gegensatz zum bloßen Hören von der Schallplatte, als ob der Hörer im ersten Fall eher mit den musizierenden Menschen eine phantasmatische Verbindung einginge, wenn er sie sehen kann. Betrachtet man das Doppelte von symbiotischer Verbindung und ordnender Distanz im Musik-Erleben, erkennt man, dass Camille irrte, wenn sie an Stéphane appellierte, er müsse doch lieben können, er liebe doch Musik. Das sind zwei Dinge; und Stéphane entgegnet deshalb: »Musik ist wie ein Traum, im Gegensatz zur Realität.«

Die Musik stellt die Verbindung zur Romantik her. Sollte jemand bei diesem Film geweint haben, sind es dieselben Tränen, die man bei Schuberts *Winterreise* vergießt, und für mich sind es die Tränen der Trauer um das verlorene oder nie besessene Mutterobjekt bzw. drücken sie das Sehnen nach ihm aus. Nicht umsonst ist es eine *Winterreise*; der Wanderer ist voller Sehnsucht nach Wärme und liebender Mädchenbrust, gleichzeitig aber auf der Flucht vor menschlicher Nähe. Der Zyklus beginnt mit den Worten des einsamen Beziehungsunfähigen: »Fremd bin ich eingezogen, fremd zieh' ich wieder aus« (1. Lied: *Gute Nacht*). Das Bild des Herzen kommt mehrfach vor, als warmes, mutiges, geliebtes und natürlich als »Herz im Winter«: »Mein Herz ist wie erfroren, / kalt starrt ihr Bild darin: / Schmilzt je das Herz mir wieder, / fließt auch ihr Bild dahin« (4. Lied: *Erstarrung*), natürlich das Bild der fernen Geliebten. Und man wäre nicht der Einzige, der weinen müsste beim Hören (noch viel mehr natürlich als beim *Lesen* der Gedichte; vgl. Haesler 1993) der *Winterreise*: Adorno schrieb 1928 (zit. bei Haesler 1993, S. 397):

> »Vor Schuberts Musik stürzt die Träne aus dem Auge, ohne erst die Seele zu befragen: So unbildlich und real fällt sie in uns ein. Wir weinen, ohne zu wissen, warum; weil wir so noch nicht sind, wie jene Musik es verspricht, und im unbenannten Glück, dass sie nur so zu sein braucht, dessen uns zu versichern, dass wir einmal so sein werden. Wir können sie nicht lesen; aber dem schwindenden, überfluteten Auge hält sie vor die Chiffren der unendlichen Versöhnung.«

Und Thomas Mann (1947, S. 107f.) in *Doktor Faustus* steht Adorno in nichts nach:

> »Schuberts immer zwielichtiges, vom Tode berührtes Genie aber suchte er dort mit Vorliebe auf, wo es einem gewissen nur halb definierten, aber unabwendbaren Einsamkeitsverhängnis zu höchstem Ausdruck verhilft, wie in [...] jenem ›Was vermeid' ich denn die Wege, / wo die anderen Wanderer gehn‹ aus der ›Winterreise‹, mit dem allerdings ins Herz schneidenden Strophenbeginn: ›Habe ja doch

> nichts begannen, / dass ich Menschen sollte scheu'n‹ –. Diese Worte habe ich ihn, nebst den anschließenden: ›Welch ein törichtes Verlangen / treibt mich in die Wüstenei'n?‹ […] vor sich hin sprechen hören und dabei, zu meiner unvergessenen Bestürzung, Tränen in seine Augen treten sehen.«

So gesehen, hat Stéphane nichts »begangen«, nichts getan, es geschieht ihm, er *ist* so.

Auch Heine wusste von der Ambivalenz der Liebessehnsucht; im *Buch der Lieder* sieht der Liebende ins Auge der Geliebten, und all sein Weh verschwindet. Er küsst ihren Mund und ist »ganz und gar gesund«, lehnt sich an ihre Brust und empfindet »Himmelslust«; »doch wenn du sprichst: ›Ich liebe Dich!‹, so muss ich weinen bitterlich.« Erst das Sprechen als Beweis, wirklich gemeint zu sein, eröffnet also paradoxerweise Dimensionen von Verlust und Nie-erreichen-Können des Ersehnten. Dieses Moment schildert Haesler (1982, S. 924) unter Einbeziehung der musikalischen Vertiefung und emotionalen Bereicherung durch Schumanns Vertonung *(Dichterliebe)*:

> »Denn in dem Augenblick, wo der Dichter seine Liebe ›Ich liebe Dich‹ sprechen hört, bricht die Stimmung, und er muss ›weinen bitterlich‹, was das Klavier mit rhythmischer Verschiebung und dissonanter Harmonie ankündigt und in einem das bitterliche Weinen aufnehmenden Nachspiel voll schmerzlich spannungsvoller Harmonik verdeutlicht.«

Geht man zu weit, wenn man vermutet, Heine habe die körperliche Nähe und auch den Blick (»Sehen Sie mich an!«, sagt Camille zu Stéphane) noch als wohltuend und ertragbar, auch kontrollierbar (wie die sexuelle Perversion und das Musizieren) verstanden, nicht aber das Aussprechen, das vielleicht zu viel Festlegung bedeutet und damit einem unerfüllbaren Versprechen gleichkommt.

Welcher Sinn mag in dem besonderen Tod des Lehrers Lachaume liegen, einem Tod, der von dem hoffnungslos Kranken ersehnt und ausdrücklich erwünscht wird? Stéphane hört davon und tritt wortlos in das Krankenzimmer, blickt stumm in die Augen des Kranken, findet dort wohl Einverständnis und gibt die todbringende Injektion. (Nicht ohne dass beide die dazugehörenden kleinen Rituale unserer Zivilisation beachten: Trotz des beabsichtigten nahen Todes desinfiziert Stéphane die Einstichstelle, und der Todgeweihte beugt reflexartig den Arm, um einen Bluterguss zu vermeiden.) Wieder sind es Blicke wie am Beginn der prekären Liebe von Camille und Stéphane, hier aber Blicke des absoluten empathischen Gleichklangs. Die Spaltung scheint deutlich: Lachaume ist für Stéphane das eindeutig gute Objekt, das er ohne

Gefahr lieben kann und von dem er sich berücksichtigt und geachtet fühlt, vielleicht auch ein triangulierender Vater, der die Vereinnahmung durch das nur böse, aber gleichwohl ambivalent ersehnte Objekt (durch Camille repräsentiert) aufhalten könnte. Ich denke, Stéphane hat sofort die Todessehnsucht Lachaumes, des einzigen Menschen, den er je liebte, erkannt, die Sehnsucht nach Ruhe und Verschmelzung im Tode – eine Sehnsucht, die sich mancher zutiefst Hoffnungslose in Gedanken und in der Tat durch den Selbstmord erfüllen möchte.

Die Auswahl der Musik am Schluss – ein langsamer Rhythmus geht in einen schnellen, lebhaften über – bedeutet für mich: Trauer (wie die über den Tod Lachaumes) und Neubeginn, auch symbolisiert durch das Öffnen des Fensters durch Stéphane. Indem Maxime schließlich mit der doch reservierten, abgegrenzten Camille, einer Frau, die sich außer in der Musik nicht öffnet, eine dauerhafte Beziehung eingeht, findet er eine Möglichkeit, den Konflikt zwischen eigenem Verschmelzungswunsch und eigener Beziehungsangst kompromisshaft zu lösen. So ringen sich Maxime und Camille – nicht zuletzt aber mithilfe Stéphanes! – zu einer »normalen«, durchschnittlichen Beziehung durch. Stéphane aber bleibt allein zurück, und während man deshalb für ihn weinen möchte, spricht er schon wieder routiniert mit dem Kellner.

Für mich ist das Ideal der Liebe, dass sie wie die Musik eine Integration oder Synthese von Verschmelzungssehnsucht und Struktur, von Beziehung und Attraktion, von Bindung und Freiheit erreicht, eine Aufgabe, die ganz zu erfüllen das Schwerste sein dürfte, sodass wir alle, jedenfalls auf Dauer, mit einem mittleren Maß zufrieden sein müssen.

Pathologische Eifersucht

Er (El)

von Luis Buñuel

In der Kathedrale findet eine Priesterweihe statt, der Bischof wäscht den jungen Männern, den Kandidaten, die Füße, küsst sie – ein langer Kuss auf den nackten Fuß, ein inniger Blick –, der Kandidat runzelt befremdet die Stirn. An der Seite stehen die Honoratioren der Stadt, das Volk füllt die Kirche. Wieder nackte Füße, wieder ein langer Kuss. Franciscos Blick wandert über die Füße der Frauen in der ersten Reihe, besonders wohlgeformte ziehen ihn in den Bann, sein Blick gleitet nach oben bis zum Gesicht der jungen Frau, ihre Blicke begegnen sich, sie schlägt die Augen nieder.

In dieser knappen Eingangsszene entsteht schon eine Spannung durch die angedeutete pervers-fetischistische Beziehung, die der Bischof zu den Fußobjekten der Jünglinge eingeht, und einer möglichen Liebesbeziehung zweier Menschen, die sich erkennen, als ganze, wie man sagt, reife Objekte: Franciscos Blick wandert von Glorias Füßen in ihr Gesicht, er erkennt sie und sie ihn.

Der Gottesdienst ist beendet. Francisco versucht am Ausgang, Glorias Körper zu berühren, indem er ihr das Weihwasser reicht (wie das Wasser der Fußwaschung dem Bischof ermöglicht, die Füße zu berühren). Gloria zögert, eine Frau tritt dazwischen und übernimmt das Reichen des Weihwassers. Francisco eilt aus der Kirche, er sieht sie gerade noch in einem großen Auto wegfahren.

Schnitt: Der Anwalt bringt Francisco schlechte Nachrichten: Die Ansprüche Franciscos auf große Mengen Land in seiner Heimatstadt lassen sich wohl nicht realisieren. Francisco wirft den Anwalt verhalten aggressiv hinaus, obwohl er die Form wahrt: »Schicken Sie mir die Dokumente und die Rechnung!« Francisco ruft nach seinem Diener Pablo, das Dienstmädchen Marta kommt derangiert die Treppe herunter, knöpft hastig die Bluse zu. »Was ist los?« – »Fragen Sie Pablo!« Francisco belehrt ihn, er dulde in seinem Hause solche Unanständigkeiten nicht. Pablo schmeichelt Francisco – gut, er werde ein Auge zudrücken, aber Marta würde noch heute entlassen.

Hier wird vorweggenommen, was später eine Rolle spielt: Nicht der Schuldige, sondern der Unschuldige wird bestraft und ausgeschlossen, er wird entlassen, und später muss Ricardo, ein flüchtiger Bekannter Glorias, der Objekt der paranoiden Projektionen Franciscos wird, das Hotel verlassen.

Pablo spricht Francisco an, ob er Sorgen habe, krank sei. Francisco vertraut sich ihm an, der Anwalt habe sich *den Gegnern* verkauft – *Gegner und Feinde werden Francisco durch den ganzen Film begleiten.* »Sie sind zu gutmütig Señor, deshalb nutzt man Sie aus …«, antwortet Pablo.

Francisco ist unruhig, es zieht ihn wieder zur Kirche, Orgelmusik erklingt im Hintergrund, das Thema einer Bach-Fuge[12] ist drängend, pulsierend. Er findet Gloria allein, spricht sie an: Seit jenem Tag komme er täglich zweimal in die Kirche, um sie endlich zu sehen – sie blicken sich lange in die Augen. Dann geht sie wortlos, er folgt ihr, dringt auf sie ein, schließlich sei sie doch nicht zufällig hier, sei doch seinetwegen gekommen. Sie entgegnet: »Ich weiß nicht, warum ich gekommen bin.« Aber sie dürften sich nicht sehen, es sei unmöglich, sie geht.

Raul, Glorias später von ihr verlassener Verlobte, stellt einmal folgende Frage: »Wenn er so ist, warum hast du ihn geheiratet …?« Wir werden sehen: Sie leidet gern und hat Mitleid.

Francisco folgt ihr und beobachtet durch ein Fenster, wie sie sich mit einem jungen Mann, Raul, in einem Café trifft; Francisco kennt ihn. Danach besucht Francisco Raul in seinem Ingenieurbüro, er komme wegen seines Prozesses, Raul möchte ihm doch einen Fachmann empfehlen, der den Wert seines Eigentums schätzen kann. Raul erzählt, er habe sich verliebt, werde bald heiraten … – »Kenne ich sie?« – »Nein, sie kam erst kürzlich aus Argentinien.« – »Ich würde sie gern kennenlernen …« *Natürlich.* Francisco lädt ihn zum Abendessen ein – Nein, Raul sei schon verabredet mit seiner Braut und ihrer Mutter – Francisco lädt sie alle ein, überredet ihn zu kommen; Raul solle mit der Braut sprechen, er werde sich um die Mutter kümmern. *Natürlich nicht um die Mutter.* Raul holt Gloria und die Mutter zur Einladung ab, ist ganz verliebt, sie ist jedoch zurückhaltend, sorgenvoll: Sie möchte ihn auf seiner Dienstreise zur Baustelle (einem großen Projekt, dem Bau einer Talsperre) begleiten, sie möchte nicht allein bleiben. Er stimmt freudig zu, die Mutter zögert.

Nun die Abendgesellschaft, auch der Priester ist dabei. Gloria erscheint – entsetzt erkennt sie Francisco, der die Mutter begrüßt: »Fühlen Sie sich wie

12 Toccata d-Moll, Bach-Werkeverzeichnis (BWV) 565.

zu Hause ...« Das üppig ausgestattete, ungewöhnliche Haus habe Franciscos Vater selbst entworfen und gebaut, eine exzentrische Persönlichkeit, sagt der Priester, aber ganz das Gegenteil von Francisco, der so normal und vernünftig sei, seit der Kindheit kenne er ihn. Gloria sondert sich von der Gesellschaft ab und gibt Francisco dadurch Gelegenheit, sie allein zu sprechen. Ob er die Begegnung arrangiert habe? – Er habe keine Wahl gehabt. Beim Essen ist Gloria gedankenverloren, leugnet das aber, Raul scherzt dem Priester gegenüber: Das seien Geheimnisse der Verliebten. Francisco: Er beneide Raul. Er solle es wie Raul machen, sagt die Mutter, kein Mädchen könne ihm widerstehen. Francisco doziert: Die Liebe käme plötzlich, aus eigener Kraft, wenn sich zwei Menschen treffen; sie sei bereits in der Kindheit vorbereitet. Ein Mann treffe tausend Frauen, dann käme die einzige. »Und wenn die Liebe nicht erwidert wird?«, fragt der Priester. Francisco entgegnet: »Sie muss!« Es ertönt Klaviermusik (wie die Orgel in der Kirche), wieder lange, schmachtende Blicke Franciscos. Da dringen Lärm und Staub aus einem Nebenzimmer, Pablo sollte dort einen Tisch holen. Buñuel zeigt uns hier den Dreck, die Aggression hinter der Fassade.

Francisco reagiert barsch-aggressiv, schaltet aber gleich wieder um, als er zu Gloria geht. Sie sprechen, der Zuschauer hört es nicht, weil sich zwischen ihm und den Handelnden eine Glastür befindet. »Gloria!« – Sie ist wie hypnotisiert, sie küssen sich.

Ein harter Schnitt: Sprengungen auf der Baustelle, Raul spricht mit einem Ingenieur, Raul müsse in die Stadt zurück. Dort läuft ihm eine schwarz gekleidete Frau verwirrt vor den Wagen: Gloria. Er begrüßt sie, sie ist völlig abweisend; der Zuschauer denkt, es sei etwas geschehen, aber was? Er sagt ihr: »Was immer geschah, du kannst auf mich zählen, wenn du mich brauchst.« Es ginge ihr schlecht, sie entschuldigt sich, dass sie gerade ihn damit belästige. – »Wenn es so schlimm ist, warum hast du ihn geheiratet?« – Francisco habe sie getäuscht, wie alle. Alle liebten und respektierten ihn, niemand wisse, wie er wirklich sei. Die erste Überraschung habe sie am Hochzeitstag, am Beginn der Flitterwochen erlebt. In der Rückblende folgt eine Szene im Zug, im Schlafwagen: »Wie schön du bist, Gloria, wie habe ich auf diesen Moment gewartet!« Beide gestehen sich ihre »wahnsinnige« Liebe. Dann: »An wen denkst du?«, fragt Francisco. »An dich!« – »An wen wirklich?!« – »An wen sollte ich denn denken?« – »An Raul!« – »Bist du verrückt, ich habe ihn doch verlassen!« – »Ihr wolltet heiraten – ihr müsst euch geküsst, unzählige Male umarmt haben! Und Raul war sicher nicht der Erste!« – Gloria schweigt. – »Gloria, ich will die Wahrheit wissen! Du verheimlichst mir deine Vergangenheit! Ich werde alles erfahren!«

Wie ist dieser heftige Eifersuchtsanfall unseres Paranoikers zu verstehen, der genau in dem Moment auftritt, auf den er solange gewartet hat? (Jeder, aber auch jeder Hypochonder sagt einmal: »Gerade, wo ich alles erreicht habe, wo es mir so gut gehen könnte, habe ich Krebs!«) Zwar wird er den Moment ersehnt, aber gleichzeitig auch extrem gefürchtet haben. Seine Eifersucht tritt zwischen sie, sodass beide aggressiv, verletzt, empört die Nacht in getrennten Betten verbringen. Der Paranoiker ist nie allein, immer sind die Feinde da, aber der paranoid Eifersüchtige ist auch nie mit jemandem zu zweit, wenn er die Beziehung als zu bedrohlich erlebt. Da jedoch Eifersucht Dreiecksbeziehungen voraussetzt (Neid dagegen entsteht in Zweierbeziehungen), wird durch die Eifersuchtsphantasie ein Dritter in eine Beziehung eingeführt, die zwar ersehnt, gleichzeitig jedoch als bedrohlich gefürchtet wird. Der Eifersüchtige denkt zwar: Wäre der Dritte doch nie aufgetaucht ... Gleichzeitig erzeugt er ihn aber durch seine Phantasie, sodass man denken muss, der Dritte *soll* gerade einen Schutz vor einer befürchteten, verschlingenden Nähe gewährleisten. (Auch der Hypochonder ist überzeugt, dass der Krebs der Feind ist, den er loswerden will, und hat keine Ahnung, wie sehr er ihn braucht; vgl. Hirsch 2003a.) In einer wunderschönen Arbeit berichtet Joyce McDougall (1986) von Jason, dessen sexuelle Aktivität einerseits aus teils halsbrecherischen, gefährlichen, aber immer sehr einfallsreichen masturbatorischen Praktiken bestand, andererseits aus Beziehungen zu Frauen unter der absoluten Bedingung, dass diese wiederum eine Beziehung zu einem anderen Mann hatten, einem Dritten also. Und dieser Dritte musste ein Fremder sein, ein Schwarzer, ein Jude etc. Der Sinn war ganz deutlich der, dass der Dritte einen Schutz darstellen sollte gegen eine befürchtete Bemächtigung durch die Frau, die ihn verschlingen könnte, wenn sie sich sexuell näherten.

Das junge Paar ist am Ort ihrer Flitterwochen angekommen, seinem Heimatort Guanajuato. Er zeigt ihr den Ort von einem Aussichtspunkt: »Die Aussicht mochte ich schon immer. Von oben sehen die Dinge reiner aus!« Er zeigt ihr das große Haus seiner Familie; sein Großvater sei enteignet worden, wenn es Gerechtigkeit gäbe, würden sie (die Feinde) es ihm zurückgeben! Das Verfolgt-Werden, die Bedrohung durch Feinde zieht sich also schon durch Generationen.

Ein junger Mann, Ricardo, erkennt Gloria, begrüßt sie freundlich (sie hatten sich auf dem Flug von Argentinien kennengelernt). Nun sagt dieser junge Mann zu Francisco: »Ich beneide Sie, Señor ...«, wie anfangs Francisco Raul beneidete um seine schöne Braut. Natürlich ist ein solcher, als Kompliment gemeinter Spruch Futter für die Paranoia. Prompt äußert Francisco verstimmt, sie solle ihn nicht mehr sehen, er scheine ein Don Juan zu sein. Immer wieder kippt die Stimmung Franciscos, mal ist er aggressiv-missmutig, dann wieder liebenswürdig. So macht er Gloria im Restaurant des Hotels eine

Liebeserklärung, am meisten liebe er ihre Anmut, ihre Gutmütigkeit, ihre Zurückhaltung. (Sind das Eigenschaften, die er nicht hat? Das wäre die Wahl des Liebesobjekts nach dem narzisstisch-ergänzenden Modus.) »Seltsam«, entgegnet sie, »Mutter behauptet das Gegenteil ...« Sie dagegen liebt seine Selbstsicherheit, vom ersten Moment an. Schon bahnt sich wieder Unheil an: Was ihr an ihm denn *nicht* gefalle? – »Nichts.« – »Doch, niemand ist vollkommen ...« – »Na ja, manchmal bist du etwas ungerecht ...« – »Unsinn, das kann ich nicht akzeptieren! Wenige Männer besitzen so einen Gerechtigkeitssinn wie ich!«

Ricardo betritt das Restaurant, geht freudig auf das Paar zu – Franciscos Gesicht bleibt eisig. Die Paranoia blüht: »Er macht dir Zeichen, Gloria, der Kerl ist unverschämter als ich dachte!« – Ricardo lacht mit dem Kellner: »Er lacht mich aus!« Francisco besteht darauf, das Restaurant zu verlassen, sie wollen auf dem Zimmer essen. Er stellt ihre Schuhe in den Schrank, ordnet sie liebevoll parallel an, berührt sie, wie der Bischof anfangs die Füße der jungen Männer berührt hat. Ein Fetisch ist natürlich leichter zu beherrschen als ein menschliches Liebesobjekt mit eigener Individualität und eigenem Willen.

Nun entdeckt Francisco, dass Ricardo im Nebenzimmer wohnt. Er ist überzeugt, dass er ihnen gefolgt sei, das Zimmer getauscht habe, um sie zu beobachten. Wütend nimmt er eine Stricknadel (die brave Gloria strickt, wie Séverine in Buñuels Film *Belle de Jour* den Stickrahmen bearbeitet) und sticht durchs Schlüsselloch, hinter dem er Ricardo vermutet. Als er keinen Aufschrei hört: »Ich werde diese Situation beenden!« Er geht wutschnaubend zum Nebenzimmer, klopft heftig, Ricardo öffnet, freundlich: »Francisco, bitte treten Sie ein ...« Francisco schreit ihn an: »Ich werde Sie lehren, meine Frau zu achten!« Er schlägt zu, Ricardo schlägt zurück.

Witzigerweise ist das genau die Situation, die Watzlawick (1983, S. 37f.) beschrieben hat und in der genau wie im Film ein Feind im Kopf des Paranoiden gebildet wird, der dann in die Wirklichkeit projiziert und dort bekämpft wird. Für alle, die die Geschichte mit dem Hammer noch nicht kennen:

> »Ein Mann will ein Bild aufhängen. Den Nagel hat er, nicht aber den Hammer. Der Nachbar hat einen. Also beschließt unser Mann, hinüberzugehen und ihn auszuborgen. Doch da kommt ihm ein Zweifel: Was, wenn der Nachbar mir den Hammer nicht leihen will? Gestern schon grüßte er mich nur so flüchtig. Vielleicht war er in Eile. Aber vielleicht war die Eile nur vorgeschützt, und er hat was gegen mich. Und was? Ich habe ihm nichts angetan; der bildet sich da etwas ein. Wenn jemand von mir ein Werkzeug borgen wollte, *ich* gäbe es ihm sofort. Und warum er nicht? Wie kann man einem Mitmenschen einen so einfachen Gefallen abschlagen? Leute wie dieser Kerl vergiften einem das Leben. Und dann bildet er sich noch ein, ich sei auf ihn angewiesen. Bloß weil er einen

> Hammer hat. Jetzt reicht's mir wirklich. – Und so stürmt er hinüber, läutet, der Nachbar öffnet, doch noch bevor er ›Guten Tag‹ sagen kann, schreit ihn unser Mann an: ›Behalten Sie Ihren Hammer, Sie Rüpel!‹«

Männer kommen hinzu, sind schon voller Vorurteile Ricardo gegenüber, der den geachteten Sohn der Stadt angegriffen habe. Francisco empört: »Ich verbringe in meiner Heimatstadt die Flitterwochen, und dieser Kerl will uns beobachten!« Die Stimmung richtet sich gänzlich gegen Ricardo, schließlich muss *er* das Hotel verlassen. Aufgebracht wendet sich Francisco an Gloria: »Es ist alles deine Schuld! Ich werde dir nie verzeihen!«

Die Paranoia schafft Feinde, auf die die eigene Aggressivität projiziert wird und die verantwortlich gemacht werden für das eigene Unglück, an dem sie Schuld seien, während sich ihr vermeintliches Opfer, der Paranoiker, schuldlos fühlt. Die Paranoia dient also auch der Entlastung von Verantwortung und Schuld.

»Ohne eine einzige schöne Erinnerung fuhren wir nach Hause zurück«, erzählt Gloria Raul. Die Mutter empfängt die Neuvermählten (es sei die erste Trennung von Mutter und Tochter gewesen): »Wie war die Reise?« – »Schön«, sagt Gloria. – »Was heißt schön? *Sehr* schön!«, entgegnet Francisco. Gleich aber beklagt er sich missmutig über die Verspätung des Zuges. Seine Stimmung kippt also immer wieder ins latent Aggressive, ins Vorwurfsvolle. Immer deutlicher wird der Wahn dieser Ehebeziehung (die Flitterwochen sind doch aber gerade erst vorüber): Die Eheleute erscheinen nicht zum Essen, die Mutter ist sehr beunruhigt, sie darf aber nicht stören – wahrlich eine Trennung von Mutter und Tochter. Monatelang sperrt nun Francisco Gloria ein, er habe sie gehasst, obwohl er es nicht zugegeben habe, berichtet sie Raul. Plötzlich aber sei er eines Tages wie umgewandelt gewesen, freundlich, bester Stimmung, habe ihr ihr Lieblingsparfum zum Geburtstag geschenkt, denn er habe einen neuen Anwalt, jung und dynamisch, und sei zuversichtlich, den Prozess zu gewinnen und sein Land zurückzubekommen. Er habe ihn zum Abendessen eingeladen, möchte ihn zum Freund gewinnen: »Ich bitte dich, dass du nett zu ihm bist.«

Wie kann man verstehen, dass der paranoid Eifersüchtige, der doch alles tun müsste, den Kontakt seiner Frau mit einem potenziellen Rivalen zu vermeiden, sie nun selbst mit einem solchen zusammenführt? Die Antwort ist einfach: Einen guten Anteil an der Eifersuchtsdynamik hat das Bedürfnis, die Macht zu behalten über die Beziehung, die Beziehungsregulation von Nähe und Distanz selbst vorzunehmen. Das bedeutet, dass Kränkung, Wut und Angst entstehen, wenn die Frau des Paranoikers sich aus eigenem Antrieb von ihm entfernt und zu einem anderen geht, er aber nichts dagegen hat, wenn er es selbst initiiert und es seinen Zwecken dient.

Er habe auch die Mutter eingeladen; er würde sie schon mögen, aber sie solle sich bitte nicht in ihr Privatleben einmischen. »Heute Abend sollst du glücklich sein!« Als aber abends Gloria mit dem jungen Anwalt tanzt, ist Francisco schon wieder alarmiert. Dem Priester fällt auf, wie eng die beiden tanzen. »Als wären sie verheiratet«, sagt er zur Mutter. Gloria tritt mit dem Anwalt auf die Terrasse, wie sie es damals zusammen mit Francisco tat. Im Unterschied zu damals ist sie aber gar nicht allein, es sind mehrere Gäste draußen. Trotzdem naht das Verhängnis: Francisco fragt Pablo: »Wo ist die gnädige Frau?« – »Mit dem Anwalt im Garten …« Schnitt: Nach dem Fest ist sie arglos, im Negligé, verwendet das Parfum, das Francisco ihr schenkte. Sie will erwartungsvoll zu ihm gehen – seine Tür ist abgeschlossen; auch am nächsten Tag schließt er sich in sein Büro ein. Beim Abendessen Schweigen, er liest die Zeitung, es fällt ihm etwas zu Boden, er hebt es auf und sieht ihre schönen Füße. Er lächelt, sodass sie ihn fragen kann: »Warum bist du so zu mir?« Er hört sie gar nicht: »Wie schön du bist heute Abend … Ich will alles vergessen.«

Francisco differenziert also deutlich zwischen seiner Ehefrau Gloria als ganzer Person, die eine Feindin ist, die er inzwischen hasst, die er beschuldigt, und einem Teil von ihr, den Füßen, die für ihn offenbar ein ideales, idolisiertes Ding-Objekt geworden sind. Statt »Wie schön du bist …« müsste er eigentlich sagen: »Was für schöne Füße du hast …«

»Vergessen? Ich habe nichts falsch gemacht …« Wieder hört er sie gar nicht: »Küss mich!«, und er zwingt sie ziemlich gewaltsam dazu. Als sie auf Distanz geht: »Warum? Gefällt dir der Anwalt besser?« Auch die Anwesenheit Pablos hält ihn nicht mehr zurück: Alle Welt soll die Wahrheit hören! Ein erstes Mal grenzt sie sich nun ab, verlässt wütend den Raum. Francisco eilt hinterher, hinter verschlossenen Türen hört man sie laut schreien, noch Stunden später wacht Pablo von ihren Schreien auf, er sieht auf die Uhr, es ist viertel vor drei. Verzweifelt ruft sie am nächsten Tag die Mutter zu Hilfe. Francisco fängt die Mutter aber ab, zieht sie auf seine Seite. Die Mutter sagt besorgt zu Gloria, er habe ihr alles erzählt, was seit der Hochzeit geschehen sei, sicher habe er Fehler, die er einsehe, sie habe aber auch welche. Er sei so eifersüchtig, weil er sie liebe, sie solle freundlicher und zärtlicher zu ihm sein. »Ein so ehrlicher Mann lügt nicht!« Niemand glaubt Gloria, wie man auch dem Dienstmädchen in der Eingangsszene und Ricardo im Hotel nicht geglaubt hatte.

Auf der Suche nach Unterstützung (auch sie braucht einen Dritten) geht Gloria zum Priester und fragt ihn verzweifelt um Rat. Der aber ist abweisend, Francisco habe ihn schon aufgesucht und ihm alles gesagt. Gloria sei im Unrecht, keine Christin würde an Trennung denken, Francisco sei dagegen ein vorbildlicher Christ. Und fast vorwurfsvoll verrät er ein Geheimnis: »Er ist rein, du bist seine erste Frau. Es ist normal, wie er auf dein Verhalten reagiert.«

Mehrfach wird im Film betont, dass Francisco bei allen als honoriger, einwandfreier Charakter bekannt sei, ein Vorbild, denn er hat sich nach außen hin weitgehend unter Kontrolle, während die paranoiden Ängste und Wutausbrüche vorerst nur in intimen Zweiersituationen an die Oberfläche kommen. Als deren Opfer wendet sich Gloria an Dritte, an die Mutter und den Priester, die jedoch beide versagen, weil sie eher ihrem Vorurteil und auch den Erklärungen Franciscos folgen (mit der Mutter und auch dem Priester hatte er vor Gloria gesprochen), sodass sie als die Kranke und Schuldige allein bleibt. Als der rettende Dritte wartet natürlich Raul, der sie, das bleibt nicht verborgen, stets weiter geliebt hat.

Ein zweites Mal grenzt sich Gloria ab und weist den Rat des Priesters zurück. Zu Hause empfängt sie Francisco voller aggressiver Spannung, er hantiert mit einer Pistole, man ahnt das Schlimmste. »Da, damit du nie wieder unsere privaten Angelegenheiten herumerzählst«, sagt er scharf und schießt mehrfach mit dem Revolver auf sie. Schnitt: Sie sitzt mit Raul wieder im Auto: Er müsse sich nicht wundern, dass sie noch lebe, es seien Platzpatronen gewesen, Francisco habe ihr eine Lektion erteilen wollen. Sie habe mit einem »Nervenanfall« reagiert, nun habe er sie selbstlos gepflegt, weinend um Verzeihung gebeten, sodass sie wieder Vertrauen gefasst habe, was aber heute wieder zerstört worden sei. Rückblende: Der Anwalt ruft an, es sei aussichtslos, den Prozess zu gewinnen. Francisco ist verzweifelt, ruft Gloria zu Hilfe, sie soll an seiner Seite sitzen. »Meine Feinde sind stark, sie wollen mich vernichten!« Dann kippt es wieder: Sie führten doch ein furchtbares Leben, sagt er, sie sollten einmal etwas unternehmen, sie solle entscheiden. Alle Vorschläge lehnt er aber ab, überall seien nur Idioten: »Ich ertrage das Glück der Dummen nicht.« Dann hat er eine Idee, ist plötzlich ganz fröhlich: Er führt sie auf den Glockenturm der Kathedrale. (Man kann nicht umhin, an die entsprechende Szene aus *Vertigo* von Alfred Hitchcock zu denken, und befürchtet das Schlimmste für das Leben Glorias.) Sie sei lieber unter Menschen, wendet Gloria dann auch ein, er aber sei hier oben glücklich. (Schon einmal hat er den Blick von oben als »rein« bezeichnet.) Von oben blickt er auf die Menschen auf der Straße: »Da hast du deine Leute, wie Würmer, wie gerne würde ich sie zerquetschen!« Gloria entgegnet, er sei egozentrisch; er lässt sich nicht beirren: »Egoismus ist das Wesen der edlen Seele.« Er verachtet die Menschen; wenn er Gott wäre, würde er sie zerstören.

Hier kommt deutlich die politische Ebene hinein, die Buñuel immer mitdenkt: Die Bourgeoisie, deren paranoider Typus Francisco repräsentiert, ist in der Nähe des Faschismus angesiedelt, der sich gottgleich herausnimmt, die »Reinen« und »Edlen« von den Lebensunwerten, den Fremden, den Feinden eindeutig unbefragt zu unterscheiden und sich das Recht herauszunehmen, diese dann zu vernichten.

Unter einer riesigen Glocke eskaliert die Situation: »Siehst du, dass wir allein sind? Niemand hindert mich, dich zu bestrafen, ich könnte dich am Hals packen und in den Abgrund werfen!« Und genauso handelt er, offenbar von ihrer Schuld und seinem Recht, sie zu bestrafen, überzeugt. Sie kann sich entwinden, die Glocke schlägt, Francisco besinnt sich scheinbar: »Komm zurück, es war ein Scherz!«, als sie aber flieht: »Idiotin! Geh doch zu ihnen, ich brauche dich nicht!«

Schnitt: Wieder im Auto mit Raul, der bemerkt: »Man würde denken, du leidest gern, warum sonst bleibst du bei ihm?« Sie ringt um eine Erklärung, oft habe sie Mitleid mit ihm, im Grunde liebe er sie. Aber sie habe Angst vor ihm und habe oft daran gedacht, ihn zu verlassen. Sie wisse nicht, warum sie bleibe. »Bei allen anderen ist er so vernünftig ...«, spricht sie die Spaltung an. Francisco beobachtet – von oben –, wie sie aus Rauls Auto steigt. Sie geht ins Haus, steht vor den festungsartigen Mauern mit der mächtigen Tür *(paranoide Festung)*; die Tür öffnet sich erst nicht, dafür steht die Glastür offen. Francisco eilt von oben die Treppe hinab: »Komm her! Jetzt ist alles klar! Perfekt, sag nicht, dass es meine Gedanken sind, du gibst es zu?« – »Ja, warum nicht ...« – »Du bist eine Hündin!« Jetzt wehrt sie sich ein drittes Mal: Er habe eine Grenze überschritten, wäre es nur wahr, dass sie ihn betrüge, nach allem, was er ihr angetan! Er ist fassungslos: »Wie kannst du so mit mir reden?« In gewissem Sinne hat er Recht, denn es ist unmöglich, mit dem Paranoiker zu reden, wenn man selbst das Objekt der Paranoia ist!

Sie ist entschlossen, sich zu trennen, er reagiert wie ein verletztes Tier voller Angst: Er beherrscht sein Objekt nicht mehr. Völlig gebrochen wendet er sich an Pablo, er sei am Boden zerstört, sei sicher, dass die Frau ihn betrüge, was denn Pablo machen würde: Der würde sich scheiden lassen. – »Nicht töten?« – »Um ins Gefängnis zu gehen?« – Pablo nun mutig: Francisco sei nie glücklich gewesen in der Ehe. »Soll ich Ihnen einen Tee machen?« Francisco geht zurück ins Treppenhaus; wie ein verrücktes Kind macht er Lärm, indem er unaufhörlich an das Treppengeländer schlägt. Gloria wacht auf und schließt die Tür ab, d.h., sie grenzt sich ab und eilt nicht, wie man erwarten würde, zu ihm. Am nächsten Tag ist er völlig verzweifelt, heute würde das Urteil gefällt, die Anwälte hätten ihn im Stich gelassen, er müsse noch heute einen Brief an den Gouverneur schreiben, sei aber dazu unfähig. Sie solle bei ihm bleiben. Sie ist ganz weich, bietet sich an, einen Entwurf zu schreiben, was er dankbar annimmt. Dann kippt er wieder, das sei erniedrigend, er mache es alleine, dann wieder: »Ich schaffe es nicht.« Er weint, sie beruhigt ihn wie eine Mutter einen verzweifelten Jungen.

Man wundert sich, dass sie ihren festen Vorsatz, zu gehen, nicht realisiert hat. Sie ist noch da, denn wie wir inzwischen wissen, leidet sie gern, und sie hilft ihm freudig aus Mitleid.

Er bittet flehentlich, sie solle ihn nicht verlassen: »Ich tue, was du willst, aber verlass mich nicht!« Doch gleich sieht man förmlich, wie sich langsam wieder böse Gedanken einschleichen: »Ich verstehe, du musstest mit jemandem sprechen ...« Raul sei verständnisvoll, aber: »Es muss erniedrigend sein, mit einem *Fremden* zu sprechen ...« Und dann wieder wütend: »Ich kann dir fast alles verzeihen, aber das nicht!«

»Der Fremde« ist das Objekt, das man nicht beherrscht. D.h., es kippt: Wenn er sich vorstellt, dass sie sich eigenmächtig von ihm abwendet, einem anderen zuwendet, verliert er seine Macht über sie, ist sie eine Feindin. Will sie dann wirklich gehen, ist er bedürftig, scheinbar einsichtig, um sie wiederzubekommen. Nähert sie sich ihm wieder, kippt es, und durch seine Aggression hält er sie erneut auf Abstand. Hier wird ganz deutlich, dass der paranoid Eifersüchtige eben nicht an erster Stelle sein Liebesobjekt zurückhaben möchte; es ist die aggressive Zerstörungswut, die von einer gewissen Stärke der Eifersucht an die Oberhand behält: Gibt es keine Aussicht, die Macht über das Objekt wiederzugewinnen, muss es beseitigt, getötet werden.

Es folgt eine gespenstische, traumartige Szene, die deutlich an den legendären surrealistischen Film *Ein andalusischer Hund* erinnert, den Buñuel zusammen mit Salvador Dalí 1929 gedreht hatte: Die Standuhr schlägt zwölf, Francisco, im Morgenmantel, legt eine Rasierklinge auf ein großes Stück Watte, fädelt einen Faden in eine große Nadel, legt sie dazu, auch eine Schere, wickelt alles in die Watte, steckt es in die Tasche, auch ein Medizinfläschchen, dann nimmt er ein starkes Seil und entfernt sich. (*Ein andalusischer Hund:* In der berühmtesten Szene wird ein menschliches Auge langsam mit einem Rasiermesser zerschnitten, und in einer späteren Szene mit Seilen ein umgedrehter Konzertflügel durch einen Raum geschleppt.) Die surrealistisch anmutende Szene in *Er (El)* wird nicht aufgelöst. Will er sie umbringen, ihren Körper mit der Rasierklinge öffnen und wieder vernähen, will er sie mit dem Seil fesseln, an sich binden, oder erhängen? Er nähert sich der schlafenden Gloria, nimmt ihre Hand, die er langsam in eine Schlaufe des Seils schiebt – da wacht sie auf und schreit, schreit ... Er ist überrascht, als habe er fest damit gerechnet, dass sie sich ihm überlässt und ihm zu Willen ist. Das Personal ist alarmiert – das ist das helfende Dritte (auch in Thomas Vinterbergs Film *Das Fest* ist es das Personal, das triangulierend auf der Seite des Opfers schließlich die Rettung bewirkt; vgl. das entsprechende Kapitel in diesem Buch) –, nun hat

Francisco auch über seine Angestellten keine Macht mehr, er flieht verzweifelt. Am nächsten Morgen erfährt er von Pablo, dass die Señora gegangen ist, er lädt den Revolver, diesmal mit scharfer Munition, eilt getrieben, um sie zu suchen. Er fährt zu Rauls Wohnung, steht wieder vor einer verschlossenen Tür à la Watzlawick, den Revolver in der Tasche. Eine Nachbarin habe ihn weggehen sehen – er hört sie lachen, aber niemand hat gelacht. Er irrt in der Stadt herum, meint Raul und Gloria in einem Auto zu sehen, fährt zur Kathedrale und sieht Raul und Gloria auf den Stufen, greift in die Tasche, es sind Menschen in der Kirche, Kerzen brennen, das Paar schreitet den Mittelgang entlang wie bei einer Hochzeit, er setzt sich hinter sie, die Hand am Revolver, sieht ihnen ins Gesicht – es sind ganz andere junge Leute. Nun wähnt er, alle Kirchenbesucher lachten ihn aus – »Mein Gott, sie wissen alles über mich!« Auch der Priester lacht schallend. Francisco rennt zum Altar, würgt ihn, wird überwältigt. Nun ist die Grenze zwischen Innen und Außen, zwischen Wahn und Realität völlig verschwunden, nicht nur die Aggression, auch das eigene Minderwertigkeitsgefühl wird projiziert und in der Realität erlebt.

Schnitt: Gloria und Raul fahren zusammen mit einem etwa sechsjährigen Kind auf ein festungsähnliches Gebäude zu. Sie wollen Francisco besuchen. Es ist ein Kloster, in dem Francisco Aufnahme gefunden hat. Ein Pater berichtet: »Sein Benehmen ist vorbildlich, niemand beklagt sich über ihn.« Sie wollten ihn nur sehen, er solle aber nicht gerufen werden, um keine alten Erinnerungen zu wecken. Das würde ihm nichts ausmachen, sagt der Pater: »Sein Glaube wurde sein Schutzschild gegen die Welt.« Der Glaube hat also seine zerstörte Grenze, die Grenze zwischen Innen und Außen, ersetzt.

Glorias Sohn heißt Francisco – es bleibt unklar, ob er der Sohn Franciscos oder Rauls ist. Raul geht über eine entsprechende Frage des Priesters hinweg. Francisco hat den Besuch doch bemerkt. Er erkundigt sich beim Pater, ob das Kind Glorias Sohn sei, und als der Pater die Frage bejaht, entgegnet Francisco: »Sehen Sie, ich war nicht so verwirrt … Die Zeit hat mir Recht gegeben … Aber nun habe ich Ruhe gefunden.« Er ist also noch überzeugt, die Realität richtig gesehen zu haben, damit Recht gehabt zu haben, dass sie ihn betrogen hat. Ruhe vor der bösen Welt hat er im Schoß der Mutter Kirche gefunden.

Die starke Wirkung dieses schönen Films von Buñuel, von dem er gesagt hat, er liebe ihn von seinen Filmen am meisten, und den Lacan als Lehrfilm für die Psychodynamik der Paranoia verwendet haben soll, erklärt sich für mich aus der Verdichtung verschiedener Ebenen. Auf der Ebene der Gesellschaftskritik prangert Buñuel die Nähe der Bourgeoisie und der (katholischen) Kirche zur totalitären Macht an, die durch die autoritäre und paranoide Persönlichkeit Franciscos repräsentiert wird. Francisco hat auch auf der politischen Ebene seine Feinde, schon vor Generationen ist der Besitz der Familie enteignet worden (natürlich von linken Kräften). Dabei wird die Frage gar nicht gestellt, wie denn ein derartiger Besitz zustande gekommen sein mag. Macht und Besitz machen Einsamkeit und Paranoia – wer nichts hat, braucht nicht zu befürchten, dass man es ihm nimmt. Auf den Teufelskreis von Macht, Paranoia und die ihretwegen notwendigen Verstärkung von Macht hat Erdheim (2005; vgl. auch die Kapitel *Der Nachtportier* und *Aguirre* in diesem Buch) hingewiesen, denn die Angst erfordert weiteres Anhäufen von Macht, um Sicherheit zu schaffen, was aber wieder Angst und Einsamkeit verstärkt. Wie erwähnt, nimmt sich der totalitäre, faschistische Führer das Recht, »rein« und »unrein«, »lebenswertes« und »lebensunwertes Leben« zu definieren und danach zu handeln, wobei klar ist, dass der andere, der Fremde, Opfer der Projektion eigener verpönter Selbstanteile ist, die nun im anderen bekämpft werden. Es ist wohl nicht übertrieben zu sagen, dass auch insbesondere die katholische Kirche im Laufe ihrer Geschichte bis heute sehr selbstsicher darüber urteilte, was Sünde sei und wie man sich von ihr befreien könne, nämlich durch Unterwerfung unter und Anpassung an die Mächtigen, wenigstens symbolisch (Beichte). Buñuel wusste, wovon er sprach: Er kämpfte auf der Seite der Republikaner gegen Franco (Franco – Francisco?) und musste Spanien nach dessen Sieg verlassen. Einen großen Teil seiner Erziehung genoss er, acht Jahre lang, als Zögling eines Jesuitischen Kollegs – er wusste auch hier, wovon er sprach. Das Resultat: »Wir waren überzeugte Atheisten, aber wir interessierten uns für Religion« (Interview mit Buñuel, DVD Bonusmaterial).

Die zweite Ebene ist die der sexuellen Devianz, der sexuellen Perversion, die Buñuel eng mit der Psychologie der Herrschenden verknüpft. Und Perversion bedeutet für ihn einerseits Pathologie von Beziehungen, namentlich die Notwendigkeit der Beziehungsregulation, der Kontrolle über Nähe und Distanz, Autonomie und Abhängigkeit mithilfe von Ritualen, über deren Einhaltung man bestimmen und so unbedingt die Macht behalten kann. Besonders sexuelle Kontakte zweier Menschen, die sich einander hingeben wollen und sollen, können extreme Ängste vor Selbstauflösung und Vereinnahmung durch den anderen auslösen, die aber durch das perverse Ritual in Schach gehalten werden. Der Preis jedoch ist das Aufgeben der authentischen Individualität der Beteiligten, die sich entpersönlicht zu Ding-Objekten (Khan 1968) machen oder machen lassen. Unbelebte Objekte, auf die sich sexuelle Bedürfnisse richten, sind natürlich noch leichter zu beherrschen und zu kontrollieren: nackte Füße, mental abgetrennt von ihren Besitzern, oder schließlich nur noch der Schuh als fetischisiertes Objekt der Begierde. Auch hier wusste Buñuel, wovon er sprach: »Marquis de Sade has influenced me psychologically. He was my great moral discovery in my wife ..., sorry, in my life, a fundamental aspect in my ideology« (Buñuel im Interview, Bonusmaterial DVD). Der Versprecher ist natürlich wunderbar. Buñuels Ehe dauerte sehr lange Jahre, bis zu seinem Tod. Zum Film sagt er, Sadismus sei schon ein Thema, aber nicht im sexuellen, eher im moralischen Sinne (ebd.).

Die Verbindung von Perversion und Faschismus liegt in der Gemeinsamkeit der Notwendigkeit, das (menschliche) Objekt zu ent-individualisieren, zu entmenschlichen, zum Nicht-Menschen zu erklären, um es so zu beherrschen, schließlich vernichten zu können, sich obendrein im – selbst angemaßten – Recht zu fühlen. Die Bereiche von Im-Recht-Sein, von Schuldzuweisung an das Opfer, schließlich meinen, es vernichten zu dürfen, spielen im Film ja eine große Rolle.

Die Dynamik der paranoiden Eifersucht ist weiter oben bereits immer wieder erläutert worden. Francisco, ein gestandener Mann mittleren Alters, hat bisher nie eine intime Beziehung zu einer Frau gehabt. Man muss annehmen, dass er Nähe und Abhängigkeit gefürchtet hat; gegenseitige Bezogenheit und Auseinandersetzungsfähigkeit standen ihm nicht zur Verfügung. Der Film zeigt seine Fähigkeit zum Wechsel vom perversen Objekt des Schuhs bzw. Fußes zum ganzen menschlichen Objekt, wenn sein Blick zu Glorias Gesicht wandert – aber es ist doch eher ein Idol, eine Sehnsuchtsbild, das er begehrt, als dass er sich auf eine reife Beziehung einlassen kann. Die Eifersucht flammt gerade in den Momenten auf, in denen die gleichwohl ersehnte (sexuelle) Nähe möglich ist, und schafft wieder großen Abstand. Die »Urszene« der Hochzeitsnacht zeigt pars pro toto das Beziehungsschicksal: Nähert sich das begehrte Objekt, wachsen Vernichtungsangst und Abwehraggression, es entsteht Abstand, der wiederum das Begehren möglich macht, stärker als zuvor. Dadurch entsteht nun noch größere Angst und Aggression – bis zur völligen Vernichtung oft aller Beteiligten (gibt es Tote, erscheint die Dynamik als »Familiendrama« in den Medien). Wenn der Film auch in keiner Weise als Satire oder Komödie konzipiert ist, hat er doch sehr komische Momente, die wohl dadurch ihre Wirkung beziehen, dass die extreme Rollenverteilung von eifersüchtigem Macho, der dann aber auch wieder seine ganze Schwäche zeigt, und leidender, duldender, letztlich identifizierter Frau eine alltägliche Beziehungs- bzw. Ehedynamik, wenn auch ins Extreme gesteigert, wiedergibt, in der wir uns alle erkennen.

Man erfährt wenig über die Familie Franciscos: Der Großvater wurde empfindlich gekränkt durch die Enteignung, der Vater baute sich ein übertrieben grandioses Haus, vielleicht als Kompensation der Schmach, über die Mutter wird nichts bekannt. Sie müsste bemächtigend gewesen sein, ihren Sohn wiederum zum Objekt eigener Selbstergänzung und Selbsterhöhung verwendet haben – das würde ein Licht auf Franciscos Konflikt zwischen

Begehren und Vernichtungsangst werfen. Zum Schluss des Films spottet Buñuel sozusagen zwischen den Zeilen bzw. durch das Filmbild kommuniziert: Francisco begibt sich, zur Ruhe gekommen, nicht ganz geradlinig, vielmehr den Weg zum großen schwarzen Klostertor entlang schwankend, in den Schoß der Mutter Kirche.

Perverse Liebe

Belle de Jour

von Luis Buñuel

Nach zweijähriger Ehe ist die Liebe Séverines zu Pierre, dem Chirurgen, nicht erloschen, wohl aber jedes sexuelle Begehren. In einem Urlaub treffen sie Husson, der für Séverine eine ebenso gefährliche wie faszinierende sexuell-sinnliche Welt verkörpert, die sie zunehmend als einen Teil ihres Selbst anerkennen muss. Es eröffnet sich ihr die Möglichkeit, diesen Anteil in einem Tagesbordell – streng abgespalten von ihrer bürgerlichen Welt und überhaupt von Beziehung, deshalb pervers zu nennen – konkret auszuleben, »wonach es sie verlangte: zerbrochen, unterworfen, erbarmungslos gebändigt zu werden, damit ihr Körper tiefe Lust erfuhr« (Kessel 1929, S. 123). Der Freier, der das vermag, ist Marcel. Er entwickelt jedoch eine ungestüm-fordernde Liebe zu Séverine, mit der er in ihr abgespaltenes bürgerliches Leben einzudringen sucht. Eine Fusion ihrer beiden Welten droht auch, als Husson im Bordell erscheint; voll Angst bittet Séverine Marcel, ein Treffen Pierres mit Husson zu verhindern. Marcels Schuss trifft nicht diesen, sondern Pierre. Nun, da er gelähmt und dadurch seine Sexualität erloschen ist (»Dein Mann ist zur Hälfte hin«, wird in Kessels Roman, S. 218, gesagt), kann sie ihn ganz lieben und Marcel und seine Welt aufgeben. Die im Roman »Prélude« genannte Szene des sexuellen Missbrauchs des Kindes Séverine wird von Buñuel als traumartige Erinnerung in den Film eingebaut.[13]

Buñuel zielt mit diesem wunderschönen Film auf eine bürgerliche Doppelmoral, die verlogen die Ideologie der Ehe als Institution legitimierter Sexualität säuberlich trennt von der Realität weitverbeiteter Prostitution. Diese Spaltung vollziehen in der Regel die Männer – Ehemänner einerseits, Bordellbesucher andererseits. Buñuels Kunstgriff ist nun aber, dass er diese Spaltung am Beispiel

13 Zusammenfassung von Mathias Hirsch

einer (Ehe-) Frau aufzeigt – sonst sind die Frauen, die Prostituierten also, einheitlich moralisch minderwertig, an den Rand der Gesellschaft oder über diesen hinaus geschoben. Hier ist es eine Frau, die käufliche Sexualität und bürgerliche Ehebeziehung gespalten lebt – hier erscheint die psychologische Ebene des Films –, aber die Verbindung zur Männerwelt als Welt der Täter fehlt keineswegs: Der subtil mitgeteilte sexuelle Missbrauch des Kindes damals durch einen Mann hat die Protagonistin so gemacht.

Belle de Jour ist ein Film über die Spaltung von Persönlichkeitsanteilen: Gespalten sind das Gute und das Böse – Dr. Jekyll und Mr. Hyde – das Gesunde und das Kranke, Liebe und Sexualität, die Gegenwart und die Vergangenheit. Der Doppelgänger, ein Alter-Ego, ist ein in der Romantik bevorzugtes Motiv. Die Begegnung mit dem verborgenen Teil des Ichs, bei Séverine die abgespaltene Sexualität, die »Wiederkehr des Verdrängten« (Freud 1919h, S. 263), erzeugt das Gefühl des Unheimlichen, wie Freud es erkannt hat. »Das Unheimliche des Erlebens kommt zustande, wenn *verdrängte* infantile Komplexe durch einen Eindruck wiederbelebt werden« (Hervorhebung Original). Das »Doppelgängertum« ist Freud (1919h, S. 246) zufolge gekennzeichnet durch »das Auftreten von Personen, die wegen ihrer gleichen Erscheinung für jemanden gehalten werden müssen [...]. Durch Überspringen seelischer Vorgänge von einer dieser Personen auf die andere [... erfolgt] die Identifikation mit einer anderen Person, sodass man an seinem Ich irre wird oder das fremde Ich an die Stelle des eigenen versetzt, also Ich-Verdoppelung, Ich-Teilung, Ich-Vertauschung.« Mit Otto Rank (1914) versteht Freud den Sinn und die Funktion der Verdoppelung in der »Abwehr gegen die Vernichtung« (ebd., S. 247), und es ist interessant, dass er als die herausragenden Gefahren die Kastrationsangst (ebd., S. 245), also die Vernichtung durch den Vater (zu ergänzen: die kastrierende Mutter), und die Angst vor dem »Leben im Mutterleib« (ebd., S. 257), also vor dem Verschlungen-Werden durch das Mütterliche, das Weibliche, bezeichnet.

»Es kommt oft vor, dass neurotische Männer erklären, das weibliche Genitale sei ihnen etwas Unheimliches« (ebd., S. 258f.). Das sei der »Eingang zur alten Heimat des Menschenkindes« (ebd.); aber der Anblick des weiblichen Genitales sei auch der Beweis für die Möglichkeit der Kastration (Freud 1940e, S. 61), die daraus entstehende Angst wird mit einer Ich-Spaltung bewältigt, mit deren Hilfe sowohl die Gefahr anerkannt wird, gleichzeitig aber auch die Triebbefriedigung erhalten bleibt: In der Phantasie schafft sich der Knabe einen Fetisch, Freud zufolge einen weiblichen Penis, einen Penis der Mutter, und verleugnet so mit einem Teil seines Ichs die Realität. Das ist die Grundlage der psychoanalytischen Konzepte der sexuellen Perversion, und sexuelle Perversion ist ebenso eine Domäne der Männer wie die Hysterie die der Frauen ist. Heute versteht man sexuelle Perversion weniger auf dem Hintergrund der Kastrationsdrohung, sondern eher als Abwehr von zu bedrohlicher mütterlicher oder weiblicher Nähe, die mit Verschlungen-Werden und Identitätsauflösung assoziiert wird – wie Freud es schon hat anklingen lassen. Die Beziehungslosigkeit und das Ritual, das man beherrscht, sind Bedingungen für Sexualität mit dem unbelebten oder auch belebten Objekt bei der Perversion. Im Film finden wir ja eine wunderschöne Karikatur männlicher Perversion: Das »Opfer«, der Professor (ein Freier), bestimmt die Regeln selbst, nach denen die Domina auf ihm herumtrampeln soll, und protestiert empört, wenn sie einmal vom vereinbarten Szenario abweicht.

Was hat das alles nun mit Buñuels Film zu tun, in dessen Mittelpunkt unübersehbar eine Frau steht? Auch hier geht es um eine in dem Sinne perverse Sexualität, als sie mit Aggression und vor allem *Beziehungslosigkeit* verbunden ist. Sexualität und Beziehung, und sei sie noch so von Liebe bestimmt, wie die Eheleute Séverine und Pierre nicht müde werden, sich gegenseitig zu beteuern, scheinen inkompatibel. Es stehen sich zwei Welten gegenüber: die einer liebevollen asexuellen Ehebeziehung und die der beziehungslosen, aggressiven Sexualität, der Lust und körperlichen Leidenschaft. Das sind die inneren Welten der Protagonistin, getrennt von einer nur dünnen Zwischenwand, wie es im dem Film zugrunde liegenden Roman von Joseph Kessel (1929, S. 64) heißt, einer Zwischenwand, »die ihr scheinbares [d.h. äußeres, M.H.] Wesen von einer Unterwelt trennte, in deren Tiefen blinde, allmächtige Lemuren hausten«. Séverine lebt diese ihre beiden inneren Welten zunehmend in der Realität aus, sodass sie auch dort gespalten erscheinen und auch unbedingt sorgfältig getrennt bleiben müssen. Wann immer sie sich nähern oder Verbindungen sich abzeichnen, entsteht eine überwältigende Angst, die man als Angst sowohl vor Ich-Auflösung als auch vor völligem Objektverlust verstehen muss.

Im Film sind die getrennten Welten die der perfekt erscheinenden bürgerlichen Ehe zweier junger, schöner, wohlhabender Menschen, die, wie sie sagen, sich immer mehr (zu ergänzen: immer noch) lieben; der einzige Wermutstropfen scheint zu sein, dass der eine von den beiden, die Frau, die körperliche Sexualität, die der andere, der Mann, haben will, nicht zulassen kann. Die andere, zunehmend Realität werdende Welt ist die der beziehungslosen Sexualität, verbunden mit brutaler, sadomasochistischer Gewalt, und diese ist für die Protagonistin offenbar die Bedingung für – bisher kaum geahnte – körperlich-sexuelle Lust.

Ein erster Bote aus der noch unbekannten »schwarzen« Unterwelt ist Husson, der in die saubere, »weiße« Welt des Ski-Urlaubs eindringt und bei Séverine Angst und Abwehr erzeugt. Mehr spielerisch-naiv, aber doch irgendwie wissend, verkündet die Freundin Renée die Möglichkeit der Realisierung solcher Bestrebungen. Die entstehende Verwirrung und Angst bei Séverine ist die vor dem eigenen verborgenen Selbst, wie es im Roman von Joseph Kessel (1929) drastisch gezeigt wird: Das eigene Spiegelbild ist das einer entsetzlich fremden Doppelgängerin.

> »Im ersten Schreck glaubte sie, eine Fremde zu erblicken. Allmählich aber merkte sie, dass diese Frau [...] sie umfasste, mit ihr verschmolz. Sie war von grausamer Eindringlichkeit. Auf diesen kreideweißen Wangen, auf dieser gewölbten, nackten Stirn über den hohlen Augen [...] lag ein solcher Ausdruck von Bestialität und Entsetzen, dass Séverine den Anblick nicht [...] länger ertragen konnte. Sie rannte zu der Tür [...], um einen möglichst großen Abstand zwischen sich und ihre Doppelgängerin zu bringen« (Kessel 1929, S. 52).

Im Film übrigens scheinen mir die gegensätzlichen Welten durch die Kleidung Séverines markiert zu werden: Im Skiurlaub und auf dem Tennisplatz ganz in Weiß gekleidet (als Ausdruck der »reinen« äußeren Welt), erscheint sie auf dem Weg zum Etablissement, das ihre dunkle Seite repräsentiert, in schwarzem Mantel und mit schwarzer Kappe. Erst im weiteren Verlauf wird auch einmal das Schwarz im bürgerlichen Heim getragen; gegen Ende kommen beide Welten zu ihrem Recht, ausgedrückt wohl mit dem schwarzen Kleid Séverines, unter dem ein weißer Kragen und weiße Manschetten hervorragen; sie sieht aus wie eine frühreife Schülerin. Auch in einer der zahlreichen Traum-Phantasien erscheint der Schwarz-Weiß-Gegensatz: Pierre und Husson, Gegenspieler in der Realität, kochen einträchtig ihre Suppe und bewerfen die weißgekleidete Séverine mit schwarzem Dreck. In der Nekrophilie-Phantasie – Séverine spielt auf Wunsch eines Freiers eine nur mit einem Schleier bekleidete Tote – trinkt sie die weiße Milch, und ihr Schleier ist schwarz. Überhaupt scheinen mir die Phantasien Séverines die beiden Welten, die »weiße« und die »schwarze«, vereinigen zu wollen, als hätte sie ein Bedürfnis danach, wie bedrohlich die Vereinigung in der Realität auch ist. Schon in der phantasierten Eingangsszene, die mit so zärtlicher Liebe der Ehegatten beginnt, ist es Pierre *selbst,* der sie auspeitschen lässt und sie eben den brutalen Männern anheimgibt, nach denen sie sich sehnt. Die Vereinigung der beiden Welten drückt der eine der brutalen Lakaien lakonisch mit drei Wörtern aus: »Maul halten, Madame!« In einer anderen Phantasie treibt sie es (in Gegenwart Pierres) mit Husson, dem Boten der »schwarzen Welt«, unter dem Tisch mithilfe eines abgebrochenen Flaschenhalses – Sinnbild der Aggression, die mit der Sexualität verbunden ist.

Freuds Modell der Ich-Spaltung aus Abwehr der Kastrationsangst, die in sexuelle Perversion mündet (die Penislosigkeit der Mutter, der Frau, wird gleichzeitig anerkannt und verleugnet durch die Schaffung eines Fetischs), kann für die Entwicklung der weiblichen Perversion nicht so leicht herangezogen werden. Heute denken wir auch bei der männlichen Perversion nicht mehr zuerst an die gefürchtete Kastration durch den Vater, sondern an eine übermächtige, auch real übergriffige Mutterfigur, die die frühe Beziehung zu ihrem Sohn überdies subtil sexualisiert haben dürfte. Was steckt nun hinter der Notwendigkeit für Séverine, die Welten der Liebe und der Sexualität derartig getrennt zu halten? Buñuel versteckt den Schlüssel geschickt genau an der Stelle, an der erstmalig eine Vereinigung der Welten droht: Husson, der Bote der »schwarzen Welt«, dringt ein in die »weiße«, indem er Rosen schickt. Séverine zerbricht die Vase, in der die Rosen stehen, anscheinend mehr absichtlich als durch Fehlleistung, wie sie gleich anschließend das Parfumfläschchen fallen lässt: Dieses erscheint mir die »weiße« Bürgerwelt zu repräsentieren, wie die Rosen die »schwarze«. Und gleich darauf erscheint für wenige Sekunden im Film die Erinnerung, ein »Flashback«[14], an eine Missbrauchsszene: Ein derber, offenbar fremder Mann aus einer anderen Welt als der der Familie, im Roman ein Mechaniker, vergreift sich an dem erstarrenden Kind, das Séverine einmal war. Im Roman Kessels enthält diese Szene einen Ablauf von Angst, anfänglicher Abwehr gegen den Übergriff, Erstarrung unter der sexuellen Erregung, Ohnmächtig-Werden und Amnesie; diese Szene ist in einem von Kessel sogenannten »Vorspiel« zum Roman untergebracht, worauf im Roman selbst aber in keiner Weise mehr Bezug genommen wird. In Séverine ist also ein traumatisches Introjekt (Hirsch 1997, 2004a) am Werke, das sie im Wiederholungszwang die Urszene des Missbrauchs, in dem ja schließlich Gewalt und Sexualität zusammenfallen, immer wieder aufsuchen lässt.

Hier haben wir einen anderen Hintergrund der Notwendigkeit, Sexualität und Beziehung auseinanderzuhalten. Der gewaltsame sexuelle Übergriff zwingt das Kind, sich zu spalten in einen zerstörten und in einen lebendigen, noch liebesfähigen Selbst-Anteil und zwingt es auch, sich mithilfe dieser Spaltung die lebensnotwendigen guten Beziehungen, also die kindgerechten Liebesbeziehungen, zu erhalten (vgl. Ferenczi 1933). Eine Kontamination mit der sexuell-destruktiven Welt würde diese Welt der Liebe zerstören; schon hier müssen »weiße« und »schwarze« Welt hermetisch getrennt bleiben. Auch im Film muss Séverine die Welten getrennt halten, um die Liebe zu Pierre vor der Zerstörung zu bewahren. Andererseits wird die destruktive

14 Der filmtechnische Ausdruck »Rückblende« lautet im Englischen »flashback«, und dieses Wort wird (auch im Deutschen) für schlagartig einsetzende Erinnerungen an traumatisierende Situationen verwendet.

Seite immer wieder selbst aufgesucht oder hergestellt, um sich dadurch eine phantasierte Macht des Selbst-Gewollten, Selbst-Bewirkten zu verschaffen, eine masochistische Macht und einen rückwirkenden Triumph über den Täter von damals. Die Wiederholung der traumatischen Situation ist auch insofern ein Selbstheilungsversuch, als in ihr stets auch die Hoffnung enthalten ist, der Täter oder seine Nachfolger mögen sich doch endlich einmal als wirklich liebend, dem Kind gerecht werdend erweisen, eine Hoffnung, die natürlich nie in Erfüllung gehen wird (vgl. Hirsch 1997, S. 126f.).

Vom Aspekt der phantasierten Macht her gesehen sind bestimmte Formen der Prostitution als weibliche Perversion zu verstehen. Die Bedingung ist: Keine Beziehung, also keine Liebe, die abhängig machte und Macht und Kontrolle verlieren ließe. Mit einem Teil ihres Selbst triumphiert die Prostituierte über den bedürftigen Freier, den sie verachtet, so sehr sie auch real ausgebeutet wird; die andere, die destruktiv-brutale Seite wird durch den Zuhälter repräsentiert, dessen Opfer sie ist. Die zweite Bedingung für die in diesem Sinne perverse Sexualität: Die ursprüngliche traumatische Gewalt muss enthalten sein; insofern sträubt sich Séverine wohl nicht nur gegen Adolphe, den Bonbonfabrikanten, weil er der erste ist, dem sie zur Verfügung stehen soll, sondern auch, weil er zu sehr ein, allerdings spöttisch karikierter, allzu gutmütiger Vertreter der Bürgerwelt ist. Der gänzlich Fremde erst, dessen Sprache niemand versteht, ein vierschrötiger Vertreter einer fremden asiatischen Welt mit seiner »Geisha-card« und dem obskuren Insektenkasten, Zeichen von unbekannter perverser Brutalität, verhilft zur höchsten Lust, und die besorgte Zimmerfrau, die Mitgefühl mit der scheinbar vergewaltigten Séverine äußert, bekommt zu hören: »Was verstehst du denn davon?!«

Auch Marcel erfüllt anfangs die notwendigen Bedingungen. Brutal genug behandelt er Séverine als unpersönliche Ware, die er begutachtet und fast wegen eines kleinen Fehlers, eines Leberflecks, wieder zurückgehen lässt. Auch Marcel kann die Spaltung nicht begreifen, die Séverine benötigt, er ist erstaunt, dass es da eine andere Seite, nun aber die bürgerliche, gibt: »Belle de Jour – und was machst du nachts?« fragt er. Er versteht nicht, warum Séverine verschwunden war; »Wo warst du?!«, fragt er – »Das hat nichts miteinander zu tun«, versucht sie die Spaltung aufrechtzuerhalten. Nun versucht er, sie mit der Gewalt, die Séverine braucht, zu dem Ding-Objekt zu machen, das ihm bedingungslos zu Willen ist – und versagt, weil er liebt: »Du hast mir gefehlt.« Die Spaltung wird nun paradoxerweise von dieser Seite her bedroht; sie ergreift die Flucht vor seiner Liebe, seinem Bedürfnis nach Beziehung, aber Marcel dringt in ihre Welt ein, die Katastrophe ist nicht aufzuhalten. Vorher noch erscheint plötzlich Husson in der »schwarzen« Welt des Etablissements, nun umgekehrt wie ein Abgesandter der »weißen«, bürgerlichen. Séverine befürchtet von ihm, er könnte die Spaltung aufheben: »Sagen Sie Pierre nichts!«

Die Fusion der beiden Welten führt zur Katastrophe: Marcel stirbt, weil er sich untreu geworden ist; mit ihm könnte für Séverine auch rückwirkend der Missbrauchstäter ihrer Kindheit symbolisch erledigt sein. Ihr Ehemann ist nun wirklich völlig kastriert – im Roman teilt der Chefarzt Séverine Pierres Zustand mit: »Aber vom Becken ab ist alles abgestorben.« Séverine antwortet: »Danke, Herr Doktor.« (Kessel 1929, S. 215) Nun kann sie ihn lieben wie ein Kind, asexuell lieben und bemuttern, wie sie selbst wohl, im Roman klingt es jedenfalls an, zu wenig mütterliche Liebe bekommen haben mag.

Die individuelle Dynamik des missbrauchten Kindes wird natürlich zum gefundenen Fressen für Buñuel, dem Bürgerschreck, die er zur Kritik an der und zum Spott über die Institution der Ehe und überhaupt über das bürgerliche Leben und seiner Verlogenheit verwendet. Buñuel nimmt nicht die in der menschlichen Natur enthaltene tragische Schwierigkeit oder letztliche Unmöglichkeit, triebhafte, leidenschaftliche Sexualität mit langdauernden Beziehungen zu verbinden, aufs Korn, sondern die Verlogenheit einer Gesellschaft, die vorgibt, eine solche Integration zu schaffen, gleichzeitig aber heimlich in der Welt »verkehrt«, die sie projektiv zur unmoralischen, nicht diskutabel »schlechten« macht. Die Traumszene, in der Pierre und Husson in inniger männlicher Solidarität die weißgekleidete Séverine mit Dreck bewerfen und sie als Hure beschimpfen, scheint mir ein verdichtetes Bild für Buñuels Botschaft zu sein: Zur Hure hat die partriarchalische Männergesellschaft sie ja erst durch Missbrauch und Vergewaltigung gemacht, um die großen phantasmatischen Gefahren in den Griff zu bekommen, die von der Frau ausgehen: Kastration und Verschlungenwerden. Und nicht nur zur Hure, sondern auch andererseits zu der madonnenhaften Ikone von asexueller Hausfrau und Mutter, deren höchste Aufgabe die Bearbeitung eines Stickrahmens sein soll, wie es Buñuel gegen Ende des Films noch in der zweiten Hälfte des 20. Jahrhunderts als Metapher für diese Rollenzuschreibung spöttisch verwendet. Insofern verstehe ich Séverines »schwarze« Seite und deren Ausleben auch als Protest, als Rebellion gegen diese Identitätszuschreibung eines Anhängsels eines bürgerlichen Gatten, der in der Männerwelt der Wirtschaft und Wissenschaft große Taten vollbringt, während sie in eine bedeutungslose Häuslichkeit eingesperrt bleibt. Ein solches Leben entspricht auch einer Vergewaltigung, und so bekommt Séverines Schritt in die »schwarze« Welt einen emanzipatorischen Zug. Nach Pierres »Kastration« kann sie ihn endlich vorbehaltlos lieben – das kann man auch als Bild für die Vermeidung verbotener ödipal-inzestuöser Liebe eines Kindes verstehen. Roman und Film zeigen eine spöttisch-gewaltsame Lösung des Problems der prinzipiellen Unvereinbarkeit von Leidenschaft und dauerhafter Beziehung in unserer Gesellschaft. Wie für manche Paare Kinder der Grund sind, auf sexuelle Leidenschaft zugunsten einer familiären Dauerhaftigkeit mehr oder weniger zu verzichten, wird Pierre zum Kind gemacht, das so mütterlich geliebt und umsorgt werden kann.

Der Nachtportier

von Liliana Cavani

Wien 1957, im Hotel zur Oper. Max, der Nachtportier, wird von der »Gräfin« in ihr Zimmer gerufen; er geht barsch mit ihr um, sie duzen sich, hatten wohl einmal eine Affäre, sie deutet einen Wunsch an. »Also das Übliche ...«, sagt Max. Er geht und weckt einen jungen Angestellten, Adolf, der der Gräfin nun zu Willen sein soll. Eine ganze Abendgesellschaft trifft ein, die einen jungen Mann und eine junge Frau begleitet. Die Augen von Max und der jungen Frau, Lucia, begegnen sich, sie erkennen einander. Ihr Ehemann, Atherton, ist ein berühmter Dirigent; als Gastdirigent dirigiert er die *Zauberflöte* an der Volksoper.

Schnitt: In der Uniform eines SS-Offiziers filmt Max deportierte Häftlinge, das 15-jährige Mädchen Lucia ist unter ihnen; einmal wird erwähnt, dass ihr Vater Sozialist gewesen sei, es handelt sich offenbar um politische Häftlinge. – Schnitt: Als Atherton vom Zimmer aus Mineralwasser bestellt, ist Lucia alarmiert – jetzt erinnert sie sich, wie Max damals kalt und gnadenlos die Kamera auf ihren nackten Körper richtete. Max bringt das Wasser, Lucia bleibt im Bad. (Man möchte hier schon weinen, möchte den Film nicht mehr weitersehen, voller Ahnungen.)

Wieder eine Rückblende, ein Flashback: Mädchen auf einem großen Kettenkarussell, es werden Schüsse auf sie abgegeben, man hört Schreie, Max filmt. – Eine andere Szene: Die Häftlinge nackt, eine medizinische Untersuchung, Max erforscht wie ein Arzt mit zwei Fingern den Mundraum Lucias. – Klaus kommt ins Hotel, als Stammgast bekommt er sein gewohntes Zimmer. Max sehe so merkwürdig aus, ob er Sorgen wegen Donnerstag habe; für ihn sei doch alles klar, schließlich gäbe es keine Zeugen; der »Professor« habe gesagt, er sei ein besonders leichter Fall. – Jetzt denkt *er* an die Musterung nackter Häftlinge, die er damals gefilmt hat; Lucia ist dabei.

Lucia wacht auf. – Flashback: Mit Max in einem großen Baderaum allein, sie ist nackt, er, in voller Uniform, schießt mehrmals auf sie, sie huscht voller Todesangst hin und her, er trifft eine Fensterscheibe, Glas splittert überall herum. – Wieder im Hotel: Max löscht das Licht der Hotelhalle, schon zum zweiten Mal, als ob er die Vergangenheit und die Erinnerung an sie auslöschen möchte. Die Vergangenheit ist aber in der Gegenwart, sie ist in den Köpfen sowohl der Täter als auch der Opfer, als Erinnerungsszenen taucht sie in beiden immer wieder auf. Max trägt seine Portieruniform genauso korrekt wie damals die SS-Uniform.

Der »Professor« und Klaus und die anderen diskutieren in einer konspirativen Sitzung die Akte von Max, ob er ein kleiner Fisch sei oder nach ihm gesucht würde. Er habe sich zu gern als Arzt ausgegeben und als solcher »sensationelle Studien« und Filmaufnahmen gemacht. Klaus ist überzeugt, dass kein einziger seiner »Patienten« überlebt habe. Er reicht ein Foto herum, auf dem Lucia abgebildet ist, und fragt, ob dem »Professor« jemand auf dem Foto bekannt sei. Mario, ein ehemaliger Häftling, wisse vielleicht etwas, man habe ihn damals verschont, weil er ein so guter Koch gewesen sei. – Max hat Dienst und wird auf ein Zimmer gerufen, er geht nach oben. Noch ein bizarrer Gast, Bert, fordert ihn auf, er solle die Scheinwerfer auf ihn richten; Bert tanzt zur Ballettmusik des Furientanzes aus *Don Juan* von Christoph Willibald Gluck. – Wieder ein Flashback: Bert tanzt fast nackt zur selben Musik in einer großen Lagerhalle vor den SS-Schergen. (Man möchte wieder weinen, besonders angesichts der Musik, die unschuldig beide extrem entgegengesetzte Welten vereint: die des Lagers und die des scheinbar wieder intakten bürgerlichen Wiens der Nachkriegszeit.) Auch zwischen Max und Bert gibt es eine perverse Beziehung. Max ist erst einmal der Unterlegene. Indem er in diesem perversen Ritual die Scheinwerfer auf den tanzenden Narziss richtet, hat er eine dienende Rolle, aber wenn er Bert auf dessen Wunsch ein Schlafmittel injiziert, ist er wieder der überlegene Macher: »Wunderbar machst du das, du tust einem nie weh …«, sagt Bert. Er würde Max gerne als Leibwächter haben, aber: »Im Grunde würdest du niemandem den Arsch wischen!« Der Zuschauer erlebt eine verwirrende Kollusion von Täter und Opfer damals, »Herr« und »Knecht« heute.

Die ehemaligen Häftlinge haben offenbar wegen besonderer Umstände oder Fähigkeiten überlebt: Mario wegen seiner Kochkunst, Bert konnte tanzen. Beide sind in einer merkwürdigen Zwischenstellung von Opfern und Mitwissern bzw. Mittätern. Lucia hat wohl wegen der Beziehung zu Max überlebt; man denkt an das Mädchenorchester von Auschwitz, an die Mädchen, die den KZ-Terror überlebt hatten, weil sie ein Musikinstrument spielen konnten.

Der Dirigent Atherton liest im Hotelzimmer die Kritiken seiner Opernpremiere. Lucia ist abwesend, nervös. »Ich will meine Ruhe, weiter nichts! Ich will gehen, weg hier, raus hier!« Raus wie aus dem Lager, denkt der Zuschauer. Der Ehemann zuerst: »Liebling, was ist los, bist du übergeschnappt?« Er könne doch nicht weg, er müsse in die Oper. Dann aber versteht er: Sie möchte weg aus dieser Stadt, aus diesem Land. Er tröstet sie, nur noch ein paar Tage, morgen Frankfurt, dann Berlin, dann Hamburg, dann sei Schluss hier ... Sie lacht etwas übertrieben, es klopft – »Lass ihn nicht rein!« Aber ein anderer Portier bringt die Zeitungen, es ist nicht Max.

Max und Klaus sind auf der Straße, auffällig korrekt in dunkle Mäntel gekleidet, beide tragen Krawatten und Lederhandschuhe – wieder eine Parallele zu ihren damaligen SS-Uniformen. Klaus macht Max auf den Koch Mario aufmerksam, ein Überlebender, der ein Zeuge sein könnte. Max sucht Mario auf, er will mit ihm über seinen Fall sprechen, um ihn so schnell wie möglich abzuschließen, über den Prozess; vielleicht werde jemand angezeigt, Mario sei schließlich ein Kollaborateur gewesen – Max wolle Klarheit haben. Mario bemerkt, Klaus sei da gewesen und habe sich nach einem Mädchen erkundigt. Aber was man denn wolle, er, Mario, gehe bestimmt nicht zur Polizei: »Das sind alles Sachen, die sind längst vergessen.« Klaus habe ihm ein Foto gezeigt, er habe niemanden erkannt. Max dankt Mario; er werde nie jemandem sagen, wie Mario damals seine Haut gerettet habe. Max verabredet sich mit Mario zum Angeln, um alles noch einmal in Ruhe zu besprechen. (Man denkt hier schon, um ihn zum Schweigen zu bringen.)

Eine Aufführung der *Zauberflöte*. Max sitzt in der Reihe hinter Lucia. Man hört von der Bühne aus dem Duett »Bei Männern, welche Liebe fühlen, fehlt auch ein gutes Herze nicht ...« (Stellt die so gewählte Musik die Frage nach der Qualität der Liebe Max' und Lucias, wie pervers oder wie authentisch ihre Beziehung sei?) Papageno singt: »Die süßen Triebe mitzufühlen, ist dann der Weiber erste Pflicht. Wir wollen uns der Liebe freu'n, wir leben durch die Lieb' allein ...« (Angesichts der nun folgenden Szenen sind diese Worte bitterer Zynismus.) – Wieder ein Flashback: Schlafsaal, zwei männliche Häftlinge haben Sex. Max erscheint, bekleidet mit einem Arztkittel und der Uniformmütze, er holt Lucia aus dem Bett. – Schnitt: Von der Bühne: »Wie stark ist nicht dein Zauberton, weil, holde Flöte, durch dein Spielen selbst wilde Tiere Freude fühlen ... « – Flashback: Lucia ist an den Händen mit einer Kette gefesselt (vgl. Kettenkarussell, Kette, auch später noch eine Kette). Max, in Uniform, schiebt langsam zwei Finger in ihren Mund wie bei der Untersuchung der Zähne vorher; einfach eine kalte Erniedrigung. – Wieder in der Oper, Lucia dreht sich um (von der Bühne hören wir: »Vielleicht sah er Pamina schon ...«) – Max ist gegangen (»... führt mich der Ton zu ihr ...«).

Lucia hatte sich offenbar entschieden, in Wien zu bleiben, Atherton muss aber los, der Wagen wartet, sie zögert, er: »Du würdest wohl am liebsten mit mir kommen, aber was wird dann aus deinem Einkaufsbummel ... Oder nimm doch die Abendmaschine ...« – Sie: »Nein, ich bin dumm ...« Sie bleibt. – Schnitt: Man sieht Max mit seinem Angelzeug nach Hause kommen, er geht schlafen, ist aber unruhig, denn er muss daran denken, wie er soeben Mario in einem See ertränkt hat. – Schnitt: Lucia, allein in Wien, besichtigt die »Mozart-Erinnerungsräume«, dann allein in einer Bar, sie denkt wieder an die Zauberflöte, an den Zauberton, der die wilden Tiere zähmt. – Flashback: Max, in Uniform, spielt den Gynäkologen, spreizt ihre Schenkel. Er küsst langsam eine schwärende Wunde an ihrem Oberarm. – Dann ist sie in einem Antiquitätenladen, sieht sich die *alten Dinge* an, findet ein rosa Kleid. Sie denkt daran, wie Max ihr im Lager ein ähnliches langsam anzieht.

Wieder im Hotel: Max bereitet eine Sitzung vor. Lucia geht durch das Hotel, vielleicht sucht sie ihn. Da hört sie Männer aus dem Sitzungsraum, die darüber verhandeln, wie sie einer Verfolgung entgehen können. Alle Beweise gegen Max müsse man sorgfältig ansehen, besonders seine Exekutionsbefehle. Klaus ist sich unsicher, ob nicht auch andere die Dokumente und das Bildmaterial besitzen, das er beschaffen konnte. Der »Professor« doziert: »Wir wollen gemeinsam unser persönliches Leben bis in die tiefsten Tiefen durchforschen, ohne Vorbehalt, um festzustellen, ob wir nicht bereits selbst Opfer geworden sind, unter einem Schuldkomplex leiden. Wenn das so ist, müssen wir uns davon befreien. Ein Schuldkomplex ist eine Störung der Psyche, eine Neurose.« Klaus wendet ein: »Die Vergangenheit besteht für uns aber nun mal nicht aus Schatten, sie besteht aus Augen, die uns anstarren können, und aus Fingern, die auf uns zeigen!« Mario könnte Zeugen nennen, er sollte doch dabei sein, wo er denn sei? Max wendet ein, wozu man noch Zeugen brauche, wozu das alles noch einmal aufrollen, man könne die Zeugen doch einfach in Ruhe lassen. (Er will offenbar Lucia schützen, wie er wohl auch ihretwegen Mario ermordet hat.) Der »Professor«: Das sei nun einmal sein Beruf, Max habe der Gruppenanalyse (sic!) schließlich zugestimmt. Max: Das Einzige, was passiere, gehe in einem selbst vor sich. Der »Professor«: »Es gibt aber Veränderungen. Wir haben alle Angst gehabt, jetzt haben wir sie nicht mehr; die Prozesse haben eine therapeutische Wirkung.« Diese »Prozesse« der Nazi-Genossen gegen jeweils einen von ihnen sollen ihn von seinem »Schuldkomplex« befreien, indem er selbst alles vorbehaltlos sage und sich die Vorwürfe von (überlebenden) Zeugen anhöre. Danach solle er die Dokumente, die gegen ihn sprechen, erhalten und selbst verbrennen. Das Ganze soll der Schuldentlastung dienen. Klaus will alle Zeugen aufspüren, er finde sie, und sorge dann dafür, dass sie für immer verstummen. (Eine Perversion: Nach dem Krieg sollten doch eigentlich die

Täter aufgespürt werden.) Der »Professor« möchte die Zeugen vorladen. Nur wenn diese tatsächlich Beschuldigungen äußerten, »wissen wir, wie schuldig wir wirklich sind«.

Lucia meldet ein Ferngespräch an, um ihren Mann zu erreichen. – Sie erinnert sich, mit Max damals im Lager in einem Zimmer gewesen zu sein. – Max annulliert das Ferngespräch. Anscheinend reißt sich Lucia zusammen, sie packt ihre Sachen, ruft den Nachtportier an, wo denn ihr Gespräch sei?! – Dann zögert sie wieder wie bei ihrem Entschluss, ihren Mann allein fahren zu lassen. Nun dringt Max in ihr Zimmer ein: »Warum bist du hier?! Um mich zu denunzieren?« Er schlägt sie brutal, wirft sie zu Boden, dann birgt er sein Gesicht an ihrem Körper. Sie will zur offenen Tür, er schließt sie, sie schreit: »Lass mich raus, du Schwein! Ich will raus!« Sie kämpfen, sie bricht zusammen, die Körper berühren sich. »Komm her, komm zu mir«, sagt *sie* nun. Er: »Du Hure, du! – Nein …« – »Komm, ich befehl' es dir!« – »Nein«, er lacht irre, sie zieht ihn zu sich heran. »Nein, es ist doch viel zu lange her …«, sagt er. »Küss mich!« – »Ich will nicht, ich kann nicht, was soll ich tun …« Dann sind beide zärtlich, er: »Ich liebe dich so …« Sie küssen sich heftig, er hat offenbar einen Orgasmus, sie lächelt selig. Sie fängt wieder an, ihn zu küssen, sie lacht irre. Er dann: »Mein kleines Mädchen …«, das Mädchen, das sie damals war, mit 15 im Lager.

Max wird in der Halle vermisst, Klaus sucht ihn und wird misstrauisch. Der alte Hotelangestellte verrät ihm, er sei zur Frau des Dirigenten gerufen worden. Max ordnet seine Kleidung, deckt Lucia zärtlich zu und löscht das Licht – ein drittes Mal. Ein Selbstgespräch: »Wenn alles verloren scheint, geschieht etwas – oder nehmen nur Hirngespinste Gestalt an … Es ist ein Phantom, mit einem Körper und einer Stimme, wie ein Teil von mir selbst …« Das Phantom der Naziverbrechen ist in ihm und in seinem Opfer, in dem er es außerhalb seines Selbst wiederfindet. – Die Trauerfeier für Mario: Der Sarg in der Kapelle wird endlos langsam versenkt, in eine Gruft, eine Eisenklappe schließt sich über ihm – und über der Vergangenheit?

Lucia will abreisen, als ob sie sich von etwas befreit hätte, aber man ahnt, dass es so nicht enden kann. Völlig ausgeglichener, fast heiterer Stimmung gibt sie ein Telegramm auf: »Kann leider auch nicht nach Berlin kommen, treffen uns in New York, mach Dir keine Sorgen, es ist alles in Ordnung.« Sie fährt mit dem Taxi davon. Noch könnte sie alles hinter sich lassen, dann sieht man sie eine Wohnungstür aufschließen: die Wohnung von Max! Er schläft, sie setzt sich auf sein Bett, legt sich zu ihm. – Schnitt: Er ist jetzt angekleidet, sie räumt ihre Kleider in seinen Schrank, hält das rosa Kleid vor ihren Körper: Eine Reinszenierung der Lagerszene, in der er ihr das Kleid überzieht, aber jetzt ist *sie* die Akteurin, die überlegene Spielerin. Als ob sie die Wiederholung inszenierte, um das Trauma von damals zu reparieren, die Szene von damals, in der sie Opfer war, auszulöschen. Max kniet vor ihr – ein Flashback: Damals kniete sie vor ihm. Jetzt füttert er sie mit einem Löffel, seine Finger berühren ihre Lippen, doch nun ist *sie* aktiv und saugt an seinen Fingern, die damals kalt ihren Mundraum untersuchten. Im selben Sinne: Damals zwang er sie zu oralem Verkehr, jetzt ergreift *sie* die Initiative. Aber man ahnt, es kann nicht gut enden, denn die Hoffnung auf Bewältigung, die im Wiederholungszwang enthalten ist (auch die Hoffnung, das traumatische Objekt würde sich wie durch ein Wunder in ein gutes, liebendes verwandeln), wird eben nie erfüllt!

Max vertraut sich der »Gräfin«, Erika, an, die wie alle Akteure im Hotel zu der mafiosen Nazi-Gruppe gehört. Max: »Ich hab' sie wiedergetroffen, mein kleines Mädchen, ich hab' sie wieder, und kein anderer wird ihr je etwas tun!« (Kein anderer, er aber schon?) Erika mahnt, er solle sie lieber zum Schweigen bringen, aber: »Sie war mein kleines Mädchen, sie war so jung ...« – »Was für eine romantische Geschichte«, wirft Erika ein – nein, das sei überhaupt nicht romantisch, vielmehr eine biblische Geschichte, wenn auch keine schöne. Die Geschichte erscheint als eine Szene in einem SS-Casino: Lucia als Diseuse, mit Uniformmütze und Uniformhosen bekleidet, mit nackten Brüsten, sie singt: »Wenn ich mir was wünschen dürfte, möcht' ich etwas glücklich sein, denn wenn ich gar zu glücklich wäre, hätt' ich Heimweh nach dem Traurigsein ...« Max lässt für sie einen Karton bringen; das ist die Belohnung, das Honorar für ihr Lied, voll mit Lebensmitteln, denkt man. Das denkt auch Lucia und lächelt; Max kichert. Der Karton enthält jedoch einen menschlichen Kopf; Johannes sei der Capo gewesen, der sie doch immer gequält habe; sie hatte sich bei Max beklagt, ob er ihn nicht versetzen könne. Da sei ihm die Geschichte von Salome eingefallen (Johannes). Er habe nicht widerstehen können. Schließlich habe er ihr doch gegeben, was sie wünschte, aber sie habe es wohl missverstanden.

Wieder in Max' Wohnung: Ein »Liebesspiel«. Er zieht ihr einen Schuh an, sie stößt ihn vor die Brust, sodass er hinschlägt. Sie entkommt lachend ins Bad, schließt ab, zerschlägt eine Flasche auf dem Steinfußboden, schließt wieder auf, und er tritt barfuß in die Scherben. Eine Reinszenierung (der Szene im Baderaum damals) und eine Täter-Opfer-Umkehr. Sie lächelt maliziös, greift unter seinen Fuß, er tritt ihre Hand in die Scherben. – Schnitt: Im KZ in einem Zimmer, sie auf ihm, küsst ihn zärtlich. (Das bedeutet: Schon damals war Lucia nicht nur Opfer, sondern auch Mittäterin.) – Schnitt: Beide waschen sich das Blut ab.

Wieder in der Wohnung von Max, auf dem Nachttisch die Schallplatten mit Wagners Walküre. Er muss zum Dienst; bevor er geht, fesselt er sie mit einer Kette – die Kette wieder als Symbol der Abhängigkeit, der Hörigkeit. Sie fragt erstaunt, was das solle. – »Damit sie dich hier nicht wegholen …« Sie lacht, er aggressiv: »Es gibt nichts zu lachen! Die machen ernst.« Max wird nun immer mehr zum Verfolgten, zum Opfer. Lucia, die doch real längst frei ist, lässt sich anketten. Wäre ihre Liebe dazu da, sie aus Abhängigkeiten und Verstrickungen zu befreien (wie letztlich die Liebe den Adoleszenten aus der Familie löst), müssten jetzt beide die Flucht ergreifen, um sich von den Resten der Vergangenheit, die sie verfolgen, zu befreien. Das Gegenteil ist der Fall: Sie verbarrikadieren sich, ketten sich nur noch mehr aneinander und bleiben dadurch ihren Verfolgern verbunden, die mit ihnen spielen und nur abwarten müssen, bis sie sie in ihrer Gewalt haben.

Der »Professor« dringt in die Wohnung ein, er wolle Lucia kennenlernen. Max sei scheu geworden. Lucia: Kein Wunder, niemand von ihnen hätte sich geändert, und Max habe sie alle zum ersten Mal richtig erkannt (als ob Max nun geläutert wäre …). Der »Professor« widerspricht, alle seien durch ihren »Prozess« verändert, sie seien jetzt sauber. (Ein perverses Denken: Max hat sich anscheinend real ohne Prozess geändert, die anderen sind unverändert; der Professor meint aber, Max habe sich nicht verändert, die anderen aber durch ihren »Prozess«.) Der »Professor« hält ihr vor, sie sei gestört, sonst wäre sie nicht in seiner Wohnung und würde nicht in der »Vergangenheit rumwühlen …« – »Max ist mehr als nur Vergangenheit!«, entgegnet sie. Der »Professor« versucht, sie zu überreden, sie solle im »Prozess« von Max aussagen, an Gewalt sei man nicht interessiert. – Lucia: Sie wisse, was danach mit den Zeugen passiert. (Wieder die Perversion: Lucia ist doch eigentlich frei, aber angekettet. Und prompt sagt der Professor: »Wenn Ihnen die Kette zu schwer wird, rufen Sie mich an …«) Sie versucht noch einmal, sich zu befreien, das Schloss ihrer Kette zu öffnen. Max kommt zurück, er fragt, ob sie hier gewesen seien. Sie antwortet nicht, er schlägt heftig zu: »Was hat er dich gefragt und was hast du gesagt?« – »Ich habe ihn rausgeschmissen.« – »Aber warum willst du dann von mir weg?« – »Es tut nur weh …« Er gibt ihr die Schlüssel für das Schloss. – »Ich liebe dich …«

Die Nazi-Mafia dringt noch einmal auf ihn ein, er solle Lucia aufgeben, Bert sagt: »Wir alle wollen leben wie jeder auch, jeder von uns hat inzwischen einen anderen Beruf, sogar Ehrenämter.« Max entgegnet, er habe sich entschieden, zu leben »wie die letzte Fledermaus«, wenn es hell sei, würde er vor Scham im Boden versinken. Ein hundertprozentiger Nazi setzt dagegen: Er sei *stolz*, Sieg Heil! Max kommt in seine Wohnung, er bringt einen *Karton* mit. Diesmal enthält er die Lebensmittel, die man damals im Kasino erwartet hätte; sie raucht seine Pfeife. Er habe seine Arbeit hingeschmissen, wolle sie niemals mehr allein lassen, das Haus nicht mehr verlassen, es sei auch besser, nicht mehr aus dem Fenster zu sehen. – »Wie lange?«, fragt Lucia – Das könne ganz schnell zu Ende sein, sie brauche nur zur Polizei zu gehen. Man begreift, in einer Folie à deux stellen beide nun die Lagersituation wieder her. Da war er (oder waren es gar beide?) in Sicherheit, nämlich in einer geschlossenen Wahnwelt.

Als sich Max auf dem Balkon zeigt, wird auf ihn geschossen; die wenigen Lebensmittel müssen rationiert werden. Er hatte noch einmal Hilfe von einem Dritten zu holen versucht, einem Kollegen, der aber aus Angst nicht hineingezogen werden will. Lucia will gierig das letzte Marmeladenglas mit den Fingern leeren, Max erwischt sie, das Glas fällt zu Boden, sie wühlt in den Scherben – wieder sind es Scherben, in denen sie wühlt wie in ihrer Vergangenheit. Er versucht, sie abzuhalten, sie wehrt sich, wütend drückt er ihr die Scherbe ins Gesicht, Marmelade und Blut vermischen sich in einem Kuss. Sie haben Sex, sie ist oben, sie ist die Aktive.

Die Gräfin, Erika, versucht, Max am Telefon noch einmal umzustimmen, er fast im Wahn: »Mein kleines Mädchen wartet auf mich ...« Sie ist geschwächt: »Hunger«, flüstert sie, wie im Lager, die beiden sind völlig isoliert, von der Nachbarin ist keine Hilfe zu erwarten, der alte Kollege schneidet Telefon- und Stromkabel durch, es ist dunkel in der Wohnung; Max betätigt – ein letztes Mal – den Schalter, nun kann er nichts mehr bewirken. Dann geht er zu ihr, kleidet sie an (wie damals), sie gehen auf die Straße, sie ist geschwächt, er stützt sie. Man denkt, es ist die Gegenwart, aber es ist das KZ; er ist in voller Uniform und begleitet sie in ihrem rosa Kleid zu einem Auto. Sie ist abgemagert, aber inzwischen ist sie heute genauso dünn wie damals, man kann in der Dunkelheit kaum die Vergangenheit von der Gegenwart unterscheiden. Das Auto fährt los, aber jetzt ist es ein Auto in der Gegenwart, sie werden verfolgt, im Morgengrauen verlassen sie das Auto auf einer Brücke, beide werden von hinten erschossen.

Mit dem *Nachtportier* entfachte Liliana Cavani 1974 einen Skandal – in Italien und in den USA wurde der Film vorübergehend von der Zensur verboten, Kritiker äußerten völlig entgegengesetzte Beurteilungen. Die *New York Times* betrachtete es als ein »Stück Müll«; es ginge um etwas, das man nicht berühren, sondern besser bleiben lassen sollte (DVD Bonusmaterial, Interview L. Cavani). Roger Ebert schrieb in der *Chicago Sun Times* (10.02.1975): »[...] so anstößig wie schmierig, ein verabscheuungswürdiger Versuch, uns durch die Ausschlachtung der Erinnerung an Verfolgung und Leiden angenehm zu erregen. Ich sehe ihn [den Film], als sei ich der Ausbeuter dieses Themas; er enthält weder wirkliche Einsicht noch wahres Verständnis.« Ein anderer Kritiker dagegen (Chanel4.com/film/reviews):

»Cavani zeigt anschaulich den Horror der Lager in ein paar grausigen Sequenzen und ist gleichermaßen in der Lage, Schrecken in ruhigeren Szenen zu vermitteln [...]. Noch beunruhigender im Kontext des Films sind die geschickt eingefangenen Momente von Zärtlichkeit und friedvoller Liebe [...]. Es steckt Wahrheit in [des Films] düsterer Erforschung der menschlichen Natur. Er argumentiert, dass die Zerstörung der Konzentrationslager nicht das Ende des Wahnsinns und der Grausamkeit dieser Zeit bedeutete und ganz sicher nicht die Narben der Opfer geheilt hat. So gesehen, ist der ›Nachtportier‹ eine intensive Erinnerung an unangenehme, aber unvermeidliche Wahrheiten.«

Stiglegger (1999) zählt den Film zu den »höchst ambitionierten, aus ihrer Zeit heraus durchaus politisch und philosophisch inspirierten Produktionen« (www.ikonenmagazin.de/artikel/sadiconazista.htm, S. 1). Er unterscheidet ihn von »sensationsbetonten exploitativen Nachziehern, die das vermeintliche Erfolgsrezept der prominenten Vorgängerfilme in meist softpornografischem Kontext auflösen« (ebd., S. 2). So gegensätzlich wie die Kritiken ist auch der Zuschauer gespalten, wenn er sowohl die Filmhandlung als auch die Filmgestaltung reflektiert, nachdem die Reaktion beim ersten Sehen eher eindeutig sein dürfte, und zwar entweder positiv zustimmend, auch ergriffen von den menschenmöglichen Abgründen von Destruktion und Liebe, oder aber gänzlich ablehnend. Die Reflexion erzeugt im Zuschauer durch die Identifikation erst mit dem Opfer, dann auch mit dem Täter (Max), der nicht mehr so eindeutig negativ sadistisch erscheint, eine affektiv und kognitiv positive Einstellung: Ein Mitleiden mit dem jugendlichen Opfer des KZ-Terrors entsteht, und langsam wächst die Erkenntnis, dass das Opfer durch Identifikation mit dem Aggressor nach und nach bereits im Lager positive, nämlich Liebesgefühle dem Täter gegenüber entwickelt hatte. Es ist diese Art der Identifikation mit dem Aggressor, deren Erstbeschreibung wir Ferenczi (1933) verdanken, eine verschmelzende Opfer-Identifikation, durch die das Opfer sich die Intentionen, Einstellungen, sogar eben die Handlungsweisen, die das Opfer zum Opfer machten, zu eigen macht. Das ist der Mechanismus, der dem *Stockholm-Syndrom* zugrunde liegt (vgl. Hirsch 1997, S. 295): Nachdem die RAF-Terroristen die deutsche Botschaft in Stockholm besetzt hatten, entwickelte sich in den Geiseln langsam ein Interesse an ihren Motiven, die Terroristen erhielten auch Zustimmung und Sympathie. Auch beim sexuellen Missbrauch in der Familie gibt es das tragische Moment, dass das schon längst emotional deprivierte Opferkind den Missbrauch *auch* will, da es die einzig denkbare Form emotionaler Zuwendung bedeutet.

Wie weit die Identifikation mit dem Aggressor auf einer intrapsychischen

Ebene mit dem entsprechenden Introjekt gehen kann, hat Bettelheim (1979, S. 89f.) eindrücklich beschrieben:

> »Die Art und Weise, wie diese Gefangenen von den alten Häftlingen manchmal tagelang misshandelt und langsam umgebracht wurden, diese Methode stammte von der Gestapo [...]. Die alten Gefangenen akzeptierten auch Wert- und Zielvorstellungen der Nazis, und sie taten dies selbst dann, wenn es ihren eigenen Interessen zuwiderlief [...]. Die Befriedigung, die manche alten Gefangenen bei der Tatsache empfanden, dass sie bei dem [...] Appell [...] wirklich mustergültig stramm gestanden hatten, lässt sich nur durch die Tatsache erklären, dass sie die Wertvorstellungen der SS ganz und gar als ihre eigenen verinnerlicht hatten. Sie hatten versucht, Teile von alten SS-Uniformen zu erwerben, [...] ahmten sogar die Freizeitbetätigungen der SS nach.«

Ähnlich berichtet Améry (1966, S. 25):

> »Unweigerlich stellte sich nach einer gewissen Zeit etwas ein, das mehr war als nur Resignation und das wir als Akzeptierung nicht nur der SS-Logik, sondern auch des SS-Wertsystems bezeichnen dürfen [...]. Der Intellektuelle aber, der nach dem Zusammenbrechen des ersten inneren Widerstandes erkannt hatte, dass sehr wohl sein könne, was nicht sein darf, der die SS-Logik als stündlich sich erweisende Wirklichkeit erfuhr, ging nun im Denken ein paar verhängnisvolle Schritte weiter. Hatten jene, die ihn zu vernichten sich anschickten, nicht vielleicht Recht gegen ihn, aufgrund des unbestreitbaren Faktums, dass sie die Stärkeren waren?«

In der Auseinandersetzung mit der Folter, der er unterworfen war, schreibt Améry (ebd., S. 53):

> »Ich habe auch nicht vergessen, dass es Momente gab, wo ich der folternden Souveränität, die sie über mich ausübten, eine Art von schmählicher Verehrung entgegenbrachte. Denn ist nicht, wer einen Menschen so ganz zum Körper und zu wimmernder Todesbeute machen darf, ein Gott oder zumindest ein Halbgott?«

Keilson (1959, S. 113) beschreibt dichterisch die Einheit von Täter und Opfer (aufgrund von Identifikation, wie ich meine):

> »Ohne Unterlass erniedrigte ich mich, und dies mit einer beinahe selbstmörderischen Freude am Erniedrigtsein. Jedes Mal, wenn mich sein Schlag traf, dachte ich, dass es so sein müsse und dass es an mir liege. In allem, was er tat, schien mir ein Recht zu liegen und eine Berechtigung, die für mich ihre besondere

> Bedeutung beweisen konnte. Aber wer bricht die Gemeinschaft, die insgeheim zwischen Verfolgern und Verfolgten aufgerichtet ist?«

»Zwischen Unterdrückern und Unterdrückten bestehen keine Grenzen mehr«, so drücken es Amigorena und Vignar (1977, S. 614) aus.

Wenn auch derartige furchtbare Unterwerfungsvorgänge aus dem Zwang zu überleben zu verstehen sind, aus der Notwendigkeit, sich ein narzisstisch gewährendes Objekt im Folterer zu schaffen, denn niemand sonst steht zur Verfügung (Eissler 1968; Amati 1990), so macht die Identifikation schuldig, durch Billigung und eventuell durch Mittäterschaft. Man möchte nicht denken, dass es eine derartige Unterwerfung gab, dass es Sexualität zwischen Häftlingen und ihren Schergen gab, noch weniger, dass sie aus Überlebensnot auch von den Opfern gewollt war und dass etwas wie Liebe daraus entstehen könnte. Ähnlich tragisch auch das Phänomen der Kapos (s. o. Bettelheim), die sich eine Überlebenschance ausrechneten, indem sie sich durch die imitierende Identifikation mit dem Täter deren Methoden zu eigen machten und die Mitgefangenen oft grausamer behandelten als die Schergen selbst.

Die andere Form der Einstellung zum Film, die Aversion, entwickelt sich nach und nach aus der Skepsis, wie weit die in der Rückblende vorgestellten Szenen der perversen Verwendung der Häftlinge durch die Schergen, zentral natürlich durch Max und die Behandlung seines »Objekts«, die unfassbar entsetzliche Realität des KZ-Terrors realistisch darstellen bzw. inwieweit sie sie durch Stilisierung und Ästhetisierung unzulässig verharmlosen. Gerade die Darstellungen sexualisierter Gewalt im Film erscheinen merkwürdig unrealistisch, ähnlich wie auch der Traum (wenn er nicht ein Albtraum ist) in der Lage ist, schreckliche oder auch peinlichste Szenen zu produzieren, ohne dass der adäquate Affekt mitgeliefert würde. Sogar die entsetzliche Szene, in der auf die Mädchen geschossen wird, die ja aus dem Kettenkarussell nicht entkommen können, gewissermaßen angekettet sind, macht einen Eindruck von Unwirklichkeit und Affektlosigkeit. Auch das Entsetzen über den sexuellen Missbrauch der gefangenen Lucia durch ihren Schergen wird nicht dargestellt, weder in den mehr oder weniger perversen Handlungen (Max legt sich die Rolle des Arztes zu und veranstaltet »Doktorspiele«) noch in den Szenen, die sich dem Charakter einer durchschnittlichen Liebesbeziehung nähern. Auch wenn Max auf die nackte Lucia schießt und sie von einer Ecke des Baderaums in die andere jagt, wirkt dies eher wie eine Ballettperformance, als dass die nackte Todesangst vermittelt würde. Vielleicht aber dient diese Form der Stilisierung nicht der Verharmlosung, sondern soll die Affektlosigkeit *des Täters* darstellen, sodass der Zuschauer in einer komplementären

Identifikation in der Gegenübertragung (Racker 1959) die Affektlosigkeit des Täter entsetzt an sich selbst feststellen muss.

Die Kasino-Szene wirkt ebenfalls unrealistisch und ästhetisiert, als hätte Lucia Kontrolle über die Aktion bzw. sogar Macht über die uniformierten Männer, die an ihren Lippen hängen. Zynischerweise trägt Lucia, während sie ihr Chanson vorträgt, eine SS-Uniform bzw. Teile davon – ihr Oberkörper bleibt nackt –, als hätte sie die Macht eines Uniformträgers. »In Cavanis *Nachtportier* wird der SS-Uniform […] ein spezieller Travestiecharakter zu eigen, der wiederum den sexuellen Aspekt dieses speziellen Designs bestätigt« (Stiglegger in ikonenmagazin.de, S. 7). Bettelheim hat ja auf die Begierde mancher Häftlinge hingewiesen, mit der sie sich Uniformteile und Embleme ihrer Schergen als Zeichen der Macht aneignen wollten. Sonst aber ist die Uniform das Attribut der Macht der Herrschenden, auch gerade im Zusammenhang mit sadomasochistischer Sexualität:

> »Dass militärische Uniformen bisweilen zu einem sexuellen Fetisch erhoben werden, ist bekannt […]. Valerie Steele in ihrem Buch ›Fetish‹ (1996): ›Military uniforms are probably the most popular prototype for the fetishist uniform because they signify hierarchy (some command, others obey)‹ […]. Vor allem die schwarze SS-Uniform stellt den ambitionierten Versuch dar, exzentrischen Schick, elitäre Eleganz und Todessymbolik zu vereinen« (Stiglegger ebd., S. 6).

Stiglegger zitiert Susan Sonntag: »Susan Sonntag vermutet, die SS-Uniform bietet sich vor allen anderen an, da die SS ihren Herrschaftsanspruch ins Dramatische überhöhte, indem sie sich gewissen ästhetischen Regeln unterwarf: ›SS-uniforms were stylish, well-cut, with a touch (but not too much) of eccentricity‹« (ebd., S. 7).

Das aversive (Gegenübertragungs-)Gefühl der stilisierenden Darstellung im *Nachtportier* erweckt den Verdacht einer Tendenz der Verharmlosung der Nazi-Greuel, verbunden mit dem Verdacht ihrer Verwendung für plumpe softpornografische Zwecke. In seinen Untersuchungen zur »Sadiconazista« zieht Stiglegger (1999) aber eine eindeutige Grenze zwischen derartigen Erzeugnissen und dem *Nachtportier*: »Diese Filme sind der Versuch, vorhergehende Filmszenarien wie *Der Nachtportier* auf ihre sadomasochistische Fabel zu reduzieren« (ebd., S. 5). Wenn der Film also keinen dokumentarischen Charakter beansprucht und auch die illegitime Verwendung der Nazi-Greuel für pornografische Zwecke ausgeschlossen werden kann, muss er im Sinne eines Kunstwerks (diese Qualität bescheinigte ihm schließlich auch die italienische Justiz) ganz andere, menschlich-psychologische Dimensionen enthalten und dem Zuschauer vermitteln. Die zentrale Aussage ist in meiner Vorstellung, dass die traumatische Vergangenheit in der Psyche weiterlebt, sowohl in der des Opfers als auch in der des Täters. Traumatische Erfahrungen werden vom Opfer verinnerlicht, introjiziert, wie es Ferenczi (1933) als Erster beschrieben hat. Es resultiert ein fremdkörperartiges Gebilde, das traumatische Introjekt (vgl. Hirsch 1995, 1997), das wie ein feindliches Über-Ich Schuldgefühle und Selbstwerterniedrigung erzeugt sowie Symptome und Verhaltensmodifikationen verursacht. Zwei Formen der Identifikation mit dem Introjekt sind denkbar (Hirsch 1996): entweder »weiblich«-masochistisch, das Opfer unterwirft sich identifikatorisch dem Willen und der Einstellung des Täters, bleibt oft lebenslang Opfer (man kann auch sagen: Opfer-Identifikation), oder das Opfer zieht es vor, in einer »männlich«-sadistischen Identifikation den Täter zu imitieren, ihm nachzueifern, um wieder neue Opfer zu schaffen (Täter-Identifikation). Das traumatische Introjekt führt vor allem auch zum Wiederholungszwang, dem Zwang, das traumatische Geschehen – wie einen wiederkehrenden Albtraum – zu reinszenieren. Man kann sich Sinn und Zweck des Wiederholungszwangs so vorstellen:

1. als Wendung vom Passiven ins Aktive;
2. als der immer wieder scheiternde Versuch einer Reparation des Traumas;
3. insbesondere enthält, in Beziehungsdimensionen gedacht, der Wiederholungszwang die Hoffnung, das traumatische Objekt würde sich wie durch ein Wunder in ein liebendes, gutes verwandeln und so retrograd das Trauma reparieren.

Das scheint mir der Kern der Botschaft des Filmes zu sein: Die latent noch existierende, extrem abhängige Beziehung des Opfers zum Täter, eine Art Hörigkeit, lässt Lucia die Beziehung zum Täter (Max) wieder aufnehmen. Die Restitution des (Täter-)Objekts, um das Trauma zu bewältigen, aber wird nicht nur als Motiv, als Intention dargestellt, der ganze Film handelt von seiner *Realisierung*. Es ist, als könne Lucia bei aller Ambivalenz und allem Zögern der Chance nicht widerstehen, die sich bietet, nun in ihrer sexualisierten Täter-Opfer-Beziehung die Mächtige, die überlegene Spielerin zu sein. Gleich zu Anfang: *Sie* entscheidet sich dafür zu bleiben, sich in das geschlossene System hineinzubegeben (in das Hotel, in dem fast alle Täter, Kollaborateure und Lucia als Opfer eingeschlossen sind und das dramaturgisch mit dem Lager gleichgesetzt wird). Die erste Begegnung von Lucia und Max im Hotelzimmer (nachdem sich bis dahin nur ihre Blicke kreuzten) zeigt diesen Wandel vom Opfer zur aktiv Handelnden, vom damaligen Täter zum Objekt *ihres* Handelns: In dieser Schlüsselszene wandelt sich die Aggression in eine Beziehung zärtlich Liebender; der ehemalige kalt-sadistische Herrscher ist in der Lage, sowohl seine Schwäche (»Nein, ich kann nicht ...«) als auch seine Liebe einzugestehen, nachdem er eben noch brutal (»Du Hure!«) zugeschlagen hat. Und während sie anfangs noch fliehen will (»Lass mich raus, du Schwein, ich will raus!«), um nicht wieder Opfer zu werden, ist sie nun die Überlegene: »Komm her, komm zu mir ... Küss mich ...«. Und als ihre Umarmung eskaliert, liegt sie oben und bringt ihn zu einem verfrühten rudimentären Orgasmus, entmachtet ihn so aufs Empfindlichste. Wenn er nun sagt: »Mein kleines Mädchen« und damit vielleicht eine Hoffnung ausdrückt, wieder die Macht über sie zu gewinnen (das ist der Kern der Pädophilie: Macht über ein Kind, das stets beherrschbar bleibt und das als nicht-weiblich keine Angst vor Vereinnahmung, Fusion und Entindividualisierung macht, die in der Beziehung zu reifen Frauen entstehen würde), so ist der »Gräfin« zuzustimmen: »Jetzt aber nicht mehr ...« Jetzt ist sie kein kleines Mädchen mehr. Noch einige weitere Szenen zeigen die veränderten Machtverhältnisse an: Zog er ihr damals das rosa Kleid über, kauft sie sich jetzt selbst eines und hält es vor ihren Körper; zwang er sie damals, vor ihm zu knien und ihn oral zu befriedigen, ergreift sie nun selbst die Initiative; drang er damals subtil gewaltsam mit seinen Fingern in ihren Mund ein, saugt sie jetzt aktiv an ihnen. Auch die Szenen mit dem zersplitterten Glas (damals im Baderaum war sie sein Opfer, völlig ausgeliefert, auf Leben und Tod): Heute lässt sie *ihn* in die Scherben treten, *sein* Blut fließt. Allerdings gibt es ganz zum Schluss, als man nicht mehr unterscheiden kann, wer Opfer und wer Täter ist, einen Rückfall: Er drückt ihr das zerbrochene Marmeladenglas ins Gesicht, sodass wieder ihr Blut fließt.

Insofern zeigt der Film nicht die Realität, sondern die Erfüllung der phantasmatischen Hoffnung des Opfers, nachträglich die Macht über das Geschehen zu gewinnen. Und auch die Erfüllung eines Wunsches, den hier sowohl Täter als auch Opfer hegen, nämlich dass sich aus einer kalt-perversen, sadomasochistischen Beziehung eine Beziehung zweier Liebender entwickeln möge. Wobei man anmerken muss, dass sadomasochistische sexuelle Aktivität auf der *einvernehmlichen* Verteilung der entsprechenden Rollen beruht, sodass es weder Täter noch Opfer gibt und niemand zu Schaden kommt. Insofern ist sadistische Sexualität zwischen Folterer und Gefoltertem allein die Perversion des Täters.

Man kann nur schwer an die Folgen traumatisierenden Handelns *für den Täter* denken; einerseits liegt die Identifikation mit dem Opfer viel näher und fällt viel leichter (alle Menschen bzw. Kinder sind in gewisser Weise einmal Opfer gewesen, aber ein potenzieller Täter zu sein, gesteht man sich nicht leicht ein), andererseits verschließen sich Täter paranoid, halten an ihren Überzeugungen fest. Sie werden sich insbesondere nicht in eine aufdeckende analytische Therapie begeben, es sei denn, sie haben einen identifikatorischen Zugang zu sich selbst als Opfer, das sie ja auch einmal gewesen sind (Hirsch 2003c). Erdheim (2005) hat sich an dieses heikle Thema gewagt und stellt in den Mittelpunkt seiner Überlegungen die Einsamkeit und Beziehungslosigkeit des Mächtigen, ausgehend von einem Freud-Zitat (1921c, S. 327): »Sein [des Führers] Wille bedurfte nicht der Bekräftigung durch den anderer [...]. Er liebte niemand außer sich, und die anderen nur, in soweit sie seinen Bedürfnissen dienten.« Erdheim (ebd., S. 12) fährt fort:

> »Wer an der Macht ist, der ist von seinem Narzissmus absorbiert, und dieser Narzissmus ist bekanntlich sehr verletzlich. Die Macht hat [...] zwei teils entgegengesetzte Wirkungen: Erstens stimuliert und verstärkt sie den Narzissmus des Machthabers, und zweitens schützt sie ihn davor, narzisstisch verletzt zu werden. Je mehr Macht nun jemand akkumuliert, desto verletzlicher [...] wird er [...]: Weil man verletzlich wird, muss man seine Macht ausbauen; und dieses Mehr an Macht verstärkt wiederum die Verletzbarkeit, [...] der Machthaber kommt somit nie ans Ziel – seine Verletzbarkeit wächst und wächst [...]. Eine vorübergehende Entlastung von diesem Dilemma, die aber zugleich eine fatale Steigerung desselben bedeutet, bietet die Flucht in den Wahn, die Flucht in die Paranoia und in die Phantasie des Weltuntergangs.«

Die Paranoia (im Gegensatz zum Weltuntergang) enthält immerhin noch eine reparative Phantasie, nämlich die der doch noch möglichen Beziehungen zu anderen: »Die paranoiden Prozesse, die den Machthaber erfassen, seine Ängste vor den überall lauernden Feinden, [...] stellen den verzweifelten Versuch dar, doch noch einen emotionalen Bezug zur Welt zu finden« (ebd., S. 15).

Die Paranoia spielt im *Nachtportier* natürlich eine große Rolle, die Mitglieder der mafiosen Gruppe der Nazi-Täter wittern ständig Verfolgung, diese Angst ist allerdings ziemlich realistisch, da sie ja auch real dingfest gemacht werden könnten. Die Verfolger, die Max fürchten muss, sind nun allerdings nicht die Vertreter des wiedereingesetzen demokratischen Rechts, sondern seine Gesinnungsgenossen, von denen und von ihren Überzeugungen er sich zunehmend entfernt – er ist ja auch ein atypischer Nazi-Täter, er ist in der Lage, sich zu schämen, und vor Scham zieht er sich »wie eine Fledermaus« ins nächtliche Hotel zurück, während die anderen immer noch *stolz* sind auf ihre Taten und ihr Täter-Sein. Jenes Schicksal teilt er übrigens mit den Helden einer bestimmten Spezies von Kriminalfilmen, die nach Verbüßung einer Haftstrafe ein korrektes Leben führen wollen, sich also (von den Kumpanen weg) entwickelt haben und deshalb nun zum Objekt der Verfolgung durch diese werden.

Nun zu dieser »Täter-Gruppe«, die von einem der ihren, dem »Professor«, geleitet wird, der offenbar zum psychiatrischen Berufsfeld gehört (»Das ist nun mal mein Beruf ...«). Natürlich gibt es solche Gruppen, »Seilschaften« also, denn sie schützen die Täter vor Vereinsamung, Paranoia und realer Verfolgung und dienen der gemeinsamen Verleugnung von Schuld. Völlig unrealistisch erscheint es aber, dass die Mitglieder solcher Gruppen sich wie im Film reinigenden »Prozessen« unterziehen. Der »Professor« erläutert ihren Sinn so, dass die Konfrontation mit ihren überlebenden Opfern, nun »Zeugen« genannt, und damit auch mit ihrer *Schuld* eine Befreiung oder Läuterung von ihr bewirke, auch indem man anschließend die Beweisstücke vernichtet. (Klaus dagegen weiß, wie er sich gegen Schuldvorwürfe »verteidigt«, er eliminiert die »Zeugen« einfach.) Reale Schuld kann nicht in einer »Gruppenanalyse« durch die Erforschung bis in die »tiefsten Tiefen« bewältigt oder gar aufgehoben werden, analytische Psychotherapie ist der Ort der Bearbeitung und Auflösung unrealistischer Schuld*gefühle*. Nimmt man an, das Vorhaben einer solchen Gruppe sei von den Filmautoren realistisch gemeint, kann man nur den Kopf schütteln über das Maß an Ignoranz gegenüber einer wirklichen Täter-Dynamik. Denn diese ist gänzlich bestimmt von Verleugnung jeder realer Schuld, und auch ein Schuldgefühl tritt nicht auf, ebenso Scham (Max ist da eine Ausnahme, wie wir gesehen haben). Die Taten werden gerechtfertigt gegen jede Evidenz, auch gegen die Auffassung der Gesamtheit der urteilenden Menschen (so kann aus der Paranoia Realität werden).

Sieht man die abstruse Konstruktion dieser »Prozesse« aber als *Metapher*, so kann man die Sehnsucht der Täter, sich von der Notwendigkeit der ständigen *Verleugnung* ihrer Schuld zu befreien, in die Gemeinschaft der Menschen unbelastet zurückzukehren, erkennen – diese Sehnsucht wird von Bert am ehesten und eindrucksvollsten vertreten. Aber das Mittel ihrer »Prozesse« ist untauglich, da die Täter selbstgerecht unter sich bleiben; die Rückkehr in die menschliche Gemeinschaft setzte öffentliche Schuldanerkennung und tatsächliche Reue voraus, wodurch nicht einmal die Schuld verringert, aber Verzeihung erbeten und Versöhnung erreicht werden können. Das ist aber kaum denkbar, wenn Verbrechen wie die der Nazi-Deutschen vorliegen; ihre extreme Dimension schließt eine Wiedereingliederung aus.

Immer wieder im Laufe der Filmhandlung ahnt man ein böses Ende, wenn auch das Opfer hier und da über den Täter triumphiert, so die Möglichkeit der Überwindung des Traumas suggeriert wird und der Täter eine (allerdings ganz unwahrscheinliche) Entwicklung zum beziehungsfähigen, liebenden Partner nimmt. Max' Entwicklung ist übrigens nicht geradlinig – immerhin mordet er wieder, und merkwürdigerweise hat das keinerlei Konsequenzen für die sich entwickelnde Beziehung zu Lucia und für die eigene Persönlichkeitsentwicklung. Der Mord ist einfach irrelevant, wohl deshalb, weil Max ihn nötig fand, um Lucia vor der Denunziation durch Mario und dadurch vor dem sicheren Tod zu schützen – vielleicht auch als Metapher oder Zeichen für Max' Verwandlung zu verstehen: Er mordet jetzt für einen guten Zweck.

Kritisch ist auch ein weiteres Detail zu sehen: Lucia geht ihren Weg der Verwandlung nach anfänglichem Zögern geradlinig, insbesondere unbeeinträchtigt von irgendeinem Schuldgefühl, das sie hindern könnte, jetzt die Macht zu übernehmen. Aber *jedes* Opfer schwerer Traumatisierung leidet unter massivem Schuldgefühl, hervorgerufen eben durch das traumatische Introjekt, jenem Über-Ich-artigen Gebilde, das sich auf der Seite des Täters befindet, sein Werk sozusagen fortsetzt, und das Selbstwertgefühl des Opfers zerstört (vgl. Hirsch 1997). Davon ist bei der Heldin aber gar nichts zu sehen, und so wird man der Realität Traumatisierter nicht gerecht.

Trotz aller Entwicklung der Protagonisten, ihrer wachsenden Liebe zueinander und auch der reparativen Umkehr der Machtverhältnisse ist das Unheil nicht aufzuhalten, die Vergangenheit behält ihre Macht. Es ist, als wäre das Aufbegehren der Helden gegen die Gewalt der Vergangenheit trotz aller Ansätze zum Scheitern verurteilt. Und das stellt der Film realitätsgerecht dar; ganz sicher wissen wir von den Opfern schwerer Traumatisierung, dass sie ihrer Vergangenheit nicht entkommen können, da sie sie ja verinnerlicht haben. Die Ursache von Angst, Selbstunsicherheit, Selbstzweifeln und Somatisierung, besonders auch von Schuldgefühl und Scham tragen sie in sich, die Verfolger von damals ruhen nicht. Das Introjekt Überlebender des Nazi-Terrors treibt sie häufig zu einem späten Suizid: Primo Levi, Bruno Bettelheim, Paul Celan und Jean Améry ging es so. Eher schon kann man sich abgebrühte Täter vorstellen, die lebenslang den Kraftakt der Verleugnung der Realität ihrer übermäßigen Schuld durchhalten, wenn es auch unter ihnen solche gibt, die an Einsamkeit und Paranoia zerbrechen und auch sie ihrem Leben selbst ein Ende setzen.

Max und Lucia begeben sich nach und nach in eine Wahnwelt im Sinne einer Folie à deux. Max kettet Lucia an, als er das Haus verlässt, mit der absurden Begründung, dass sie von den Verfolgern so nicht entführt werden könne. Die Kette ist also Symbol der Verkettung ihrer Schicksale – und anders als im Lager ist Lucia völlig konform mit dieser Maßnahme. Kein Gedanke an Flucht; sie denkt nicht daran – sie hätte längst zu ihrem Mann zurückkehren können –, beide denken später nicht daran, sich ihren Verfolgern durch Flucht zu entziehen. Sie schaffen sich selbst eine Lager-Situation im Wiederholungszwang, in der sie gefangen sind, keine Nahrung mehr haben, hungern müssen wie im Lager – mit dem entscheidenden Unterschied, dass sie nun beide *gleichwertige* Gefangene sind; die Wächter sind draußen, und als sie ihr »Lager« verlassen, werden sie wie Flüchtlinge hinterrücks erschossen. Das ist das Bild für die Botschaft des Films, beide, Täter und Opfer, können ihrer Vergangenheit, dem »Lager«, nicht entkommen.

Selbstliebe

Aguirre, der Zorn Gottes

von Werner Herzog

Aguirre erzählt von der Realisierung des Unrealisierbaren. Der Film begleitet die große spanische Expedition ins Innere des Amazonasbeckens, Anno Domini 1560. Unter Führung des Konquistadoren Gonzalo Pizarro bricht eine buntscheckige Truppe mit Lamas, Marienbildern, Edelfräulein in Sänften, Dutzenden in Ketten gelegter Indios und einer Horde ruhmgieriger und goldgeiler Fußsoldaten auf. Als ein Spähtrupp auf die Suche nach dem Land aus Gold ausgeschickt wird, ist Don Lope de Aguirre, der wie getrieben dreinschauende, blonde böse Geist dabei und putscht schon bald gegen den Anführer Pedro de Ursua. Den fetten Ritter Fernando de Guzmán lässt er zum Kaiser proklamieren: Das Kommando wird zu einer Aneinanderreihung von Absurditäten. Der »Prozess« gegen Ursua, der nicht sterben will oder kann und schließlich wie ein Stück Vieh an einem Baum aufgeknüpft wird, der mit großer Geste begangene Verrat an König Philipp II. von Spanien und die feierliche Inbesitznahme des sich ringsum ausbreitenden Sumpfs durch den »Kaiser« Fernando I. sind eine Beleidigung jeder Vernunft und bilden einen denkbar erbärmlichen Kontrast zur misslichen Lage, in der sich die Männer (und zwei Damen) bald befinden. Nichts geht, wie es sollte, alles ist qualvoll und zugleich grotesk-sinnlos. Selbst der Tagebuch schreibende Mönch Gaspar de Carvajal, der als Franziskaner eigentlich Anwalt der Armen sein sollte, erliegt den niederen Trieben der Gier und degeneriert wie der ganze Rest zum Fanatiker, der einen Indio abschlachtet, weil der nicht versteht, warum das Wort Gottes aus der Bibel nicht zu hören ist, wenn er sie an sein Ohr hält. Das ungeheure Menschheitsverbrechen, das in spanischem, europäischem, christlichem Namen an den Ureinwohnern Südamerikas geschehen ist, bekommt hier Gesichter – gewöhnliche, ansehnliche, abstoßende, menschliche und bestialische. Getrieben von einem Wahnsinnigen, der seine Mannschaft in einem Delirium aus Fieber, Hunger und tödlichen Indianerangriffen langsam vor die Hunde gehen lässt. Aguirre, der Getriebene, nennt sich selbst »Zorn Gottes«. Das bekommen seine Gefolgsleute bitter zu spüren: »Wenn ich, Aguirre, will, dass die Vögel tot von den Bäumen fallen, dann fallen die Vögel tot von den Bäumen herunter. Ich bin der Zorn Gottes. Die Erde, über die ich gehe, sieht mich und bebt.«[15]

Die Psychoanalyse ist die Wissenschaft vom Unbewussten, von unbewussten Motivationen, Konflikten, Beziehungserfahrungen. Dieser Film bebildert aber nicht so sehr das Unbewusste, also verdeckte Motive und Konflikte der Handelnden, aus denen vielleicht ein bestimmtes Verhalten oder eine bestimmte Pathologie resultiert; in seinem Zentrum steht vielmehr die Darstellung einer bestimmten pathologischen Persönlichkeit: die einer narzisstischen, paranoiden Persönlichkeitsstörung, wie wir sie häufig in charismatischen Führern von Institutionen oder auch Staaten bzw. Nationen finden. Narzisstische Persönlichkeiten fühlen sich häufig getrieben, Machtpositionen zu erreichen (mit allen Mitteln),

> »da sie sich davon Prestige und Bewunderung versprechen [...]. Problematisch ist, dass die narzisstisch gestörte Persönlichkeit in der Machtposition weniger das Erreichen bestimmter sachlicher Ziele, die Bewältigung von inhaltlichen Aufgaben oder die Verwirklichung von Idealen anstrebt, sondern sie sucht in der Macht über andere die Befriedigung ihres Bedürfnisses nach Bewunderung oder Ehrfurcht« (Wirth 2002, S. 74).

Und gegen Ende des Films sagt es Aguirre selbst: Es geht ihm um viel mehr als um Gold, nämlich um Macht und Ruhm. Der Psychoanalytiker Kernberg, dessen große Leistung vor über 30 Jahren die Systematisierung der vielfältigen Erscheinungen des Borderline-Syndroms war, charakterisiert die narzisstische Persönlichkeit durch ihre übermäßige Grandiosität und Selbstbezogenheit, man kann auch sagen Selbstliebe, verbunden mit einem Mangel an Einfühlungsvermögen für andere. Wenn aber äußere Befriedigung ausbleibt, wenn die angestrebten Ziele nicht oder nur schwer zu erreichen sind (und das ist ja im Film der Fall), entwickelt der Narziss paranoide Züge, er sucht die Ursache des Unglücks außerhalb seiner selbst und seiner Gruppe, denn etwas Negatives an sich selbst zu erkennen, würde sein grandioses Selbstbild zusammenfallen lassen. Natürlich richtet sich die Paranoia auch in die Gruppe hinein; ständig werden Abtrünnige, Widersacher und Feinde gewittert, aber auch benötigt, um das labile Selbstgleichgewicht aufrechtzuerhalten. Die gnadenlose Ver-

15 Zusammenfassung von F. Vollmer (www.filmszene.de/gold/aguirre)

folgung vermeintlicher Widersacher dient auch der Einschüchterung und der Gleichschaltung der anderen Gefolgsleute.

Wenn man eine Unterscheidung treffen will, legt die paranoide Persönlichkeit nicht so sehr Wert auf Liebe und Bewunderung, es geht ihr allein um Macht, während die narzisstische Persönlichkeit angewiesen ist auf ständige übermäßige narzisstische Zufuhr, die zu erlangen sie sich von ihrer herausgehobenen, einzigartigen Machtposition verspricht. Beide Persönlichkeitstypen werden aber immer gemischt in Erscheinung treten. Im Film wird die destruktive Entwicklung dieser Persönlichkeit gezeigt: Während anfangs die Ziele und Aufgaben der Gruppe noch realistisch erscheinen, führt der immer deutlicher werdende Misserfolg des Unternehmens zur Notwendigkeit immer mehr grandioser Vorstellungen, die sich immer weiter von der Realität entfernen, bis der Führer einer solchen, längst außerhalb der Realität lebenden Gruppe sich gottähnliche Eigenschaften zuschreiben muss aus Unfähigkeit, die Realität anzuerkennen. Die Gruppendynamik ist geprägt von paranoider Angst vor kritischen Mitarbeitern und Rivalität und Neid auf erfolgreiche Mitarbeiter. Diese gehen in die schweigende Opposition, die andern werden abhängige Bewunderer, die durch ihre Kritiklosigkeit jedoch die Selbstwahrnehmung des Führers untergraben. Während Anfangs ein »charismatischer Schub die Effektivität der Gruppe erhöht, wird aber bald die meiste Energie darauf verwendet, das emotionale Gleichgewicht des Chefs zu erhalten bzw. wiederherzustellen« (Kernberg 1985, S. 299ff.).

Diese gruppendynamischen Verhältnisse bebildert Werner Herzog durch seine Geschichte aus dem gerade von den spanischen Conquistadores eroberten Peru, vom Auszug einer Expedition unter Leitung Pizarros selbst, das sagenumwobene *El Dorado*, das Goldland der Inkas zu finden. Die Geschichte wurde durch das Tagebuch eines beteiligten Mönchs mit Namen Carvajal überliefert, sie steht natürlich für die Eroberung Südamerikas durch die christlichen Europäer insgesamt (Schoepp 2007, S. VI). Darüber hinaus kann man sie und damit den Film auch als Metapher für den Antagonismus von Mensch (Kultur oder Zivilisation) und Natur verstehen – nichts hindert den Menschen daran, die Natur zu erobern, zu zerstören und an ihre Stelle die Werte zu setzen, die er als die höchsten betrachtet und um die es im Film ja auch geht.

Als die Expedition keinerlei Erfolg vorweisen kann, wird eine kleinere Abordnung ausgesandt, die Lage zu erkunden. Eine geschlossene Gruppe unter einer legitimen Führung beginnt die beschwerliche Expedition. Es ist alles dabei, was benötigt wird: Nahrungsmittel, Waffen, der Klerus ist vertreten, sogar zwei Frauen sind in der Begleitung. Don Pedro de Ursua, der legitime Führer, hat einen Stellvertreter, Don Lope de Aguirre. Beide treten sofort in eine gegensätzliche Position. Interessanterweise ist Aguirre anfangs defätistisch *gegen* das Projekt: »Den Fluss kommt niemand herunter!«, während Don Pedro zuversichtlich dagegensetzt: »Doch, es geht! Jetzt geht es bergauf.« Aguirre dagegen: »Es geht bergab!« Die zunehmenden Schwierigkeiten werden erst einmal mit der Unfähigkeit der »Sklaven«, der Indios also, begründet. Zum ersten offenen Konflikt kommt es in der Krise, als ein Floß verloren geht. Don Pedro vertritt die Realität von Recht und Moral, er will die Leute retten, Aguirre versucht ihn schon jetzt abzusetzen: »Du bist verrückt!« – »Befehle gebe immer noch ich«, entgegnet Don Pedro. Aguirre wartet auf die nächste Gelegenheit. Wäre Don Pedro so paranoid wie Aguirre, hätte er ihn beim ersten Widerstand getötet. Das Floß ist in Schwierigkeiten, im Strudel, es dreht sich im Kreis: Das ist das Bild für die Aussichtslosigkeit der ganzen Expedition. Gegen Ende schreibt der Mönch in sein Tagebuch: »Das Fieber greift um sich, keine Tinte mehr, wir treiben im Kreis ...«

Wieder kommt es zum Konflikt zwischen legitimem Führer und dem Rebellen: Don Pedro will ein christliches Begräbnis für die auf dem verlorenen Floß von Indios getöteten Männer, Aguirre greift zu illegitimer Gewalt, schießt das Floß zusammen, es gibt kein Begräbnis. Don Pedro beruft sich auf die kastilische Krone, gegen die Aguirre nicht rebellieren werde. Seine Gefährtin Inés hält dagegen: »Wir sind nicht in Kastilien ...« Hier ist die Gelegenheit, den Unterschied der beiden Antagonisten in Bezug auf ihre Frauen zu beschreiben: Inés ist ein wirkliches Gegenüber für Don Pedro; wenn auch nicht mit Macht ausgestattet, beobachtet und beurteilt sie das Geschehen gerade auch in seiner unaufhaltsamen Destruktivität, wie eine Kassandra. Die 15-jährige Tochter Aguirres, Flores, dagegen ist fast stumm, ohne eigene Identität ist sie ganz das Produkt des narzisstischen Vaters, und deshalb ist sie der einzige Mensch, dem er sich auch empathisch, einfühlsam und liebevoll widmen kann (in einer Szene zeigt er ihr spielerisch-liebevoll ein Faultierbaby), weil sie eine narzisstische Erweiterung seines Selbst bedeutet, noch dazu in jugendlicher Schönheit, und ohne eigene Identität kein Gegenüber für ihn darstellt.

Zum zweiten offenen Konflikt kommt es, als Don Pedro vernünftigerweise die Expedition abbrechen will. Das ist die Gelegenheit zur offenen Rebellion. Aguirre beruft sich auf Cortés, der mit Erfolg trotz gegenteiligen Befehls Mexiko erobert habe, wiegelt die Gruppe auf und legt Don Pedro in Ketten. War Aguirre anfangs, als es noch nicht seine Sache war, noch pessimistisch, ist er als selbsternannter Anführer nun fanatisch für die Durchsetzung des Ziels, El Dorado zu erobern. Widerstand wird im Keim erstickt; als jemand die Stimme gegen ihn erhebt, macht er kurzen Prozess: »Hinrichten!« Egal, was jetzt passieren wird: »Hauptsache näher an El Dorado ...« Das bedeutet, dass das utopische Ziel El Dorado verwendet wird, um die Machtergreifung zu rechtfertigen, ähnlich wie ein Diktator einen Krieg gegen einen Außenfeind anzettelt, um seinen Machtmissbrauch zu rechtfertigen. Interessanterweise will Aguirre nicht auch formal der Höchste sein, als solcher geliebt und verehrt etc. werden, sondern setzt die lächerliche Figur Guzman als »Kaiser von El Dorado« ein, dem er all die lächerlichen äußeren Huldigungen zuteil werden lässt, während er die wirkliche Macht innehat. Aguirre lässt sich Kernbergs Unterscheidung zufolge somit eher zu den paranoiden als zu den narzisstischen Persönlichkeitsstörungen rechnen.

Aber auch ein solcher mit Gewalt eigenmächtig ernannter Führer kann auf den Schein von Recht und Gesetz wohl nicht verzichten. Er verschafft sich durch ein schriftliches Manifest eine künstliche Legitimität als Rebell gegen den kastilischen König, zusammen mit der Installation Guzmans als »Kaiser von El Dorado«. (Eine historische Parallele findet sich vielleicht im selbsternannten Kaiser von Brasilien, Dom Pedro I., dem Sohn des portugiesischen Königs, der gegen das Mutterland revoltierte und sich so über den Vater erhob, ein Kaiser über den König.) Auch ein Scheinprozess soll Don Pedro des Verrats schuldig sprechen: Das ist ein Fall von Projektion, der eigentliche Verräter ist ja Aguirre selbst. Don Pedro schweigt zu diesen falschen Anschuldigungen, wie Jesus Christus vor Pilatus im Matthäus-Evangelium.

Die ständige ungreifbare Bedrohung aus dem Unbekannten des Urwalds kann man als Zeichen sozusagen übernatürlichen, göttlichen Unmuts über die Verbrechen der Menschen verstehen, wie im antiken Drama die Seuchen und Plagen, die anzeigen, dass die Gewalt in der Gemeinschaft sich krisenhaft zuspitzt (ähnlich die unbegreifbare Naturgewalt in Hitchcocks *Die Vögel*, angedeutet auch in Molls *Lemming*; vgl. die entsprechenden Kapitel in diesem Buch). Nachdem Kassandra-Inés ihm prophezeit hatte, Gott werde ihn strafen, verliert Aguirre die Kontrolle. In einem Ausbruch von narzisstischer Wut schreit er das Pferd an (das Pferd als Zeichen der Macht, aber absurderweise auf dem Floß und im Urwald gar nicht zu gebrauchen, außer, wie man hört, um die Indios zu erschrecken) – das ist ein Bild für die selbstdestruktive Demontage der Macht Aguirres durch ihn selbst. Karikaturhaft zeichnet Werner Herzog die Krise: Das Pferd wird nervös, das Pulverfass droht zu explodieren, der Kaiser landet im Wasser. Das Unheil, das aus dem Urwald kommt, wird durch zielloses, hilfloses Schießen beantwortet. Aguirre befiehlt »Musik für die Männer« (die Flötentöne sind an dieser Stelle aber nur gehaucht, fast lautlos und kraftlos), ähnlich wie die Lustspielfilme der Nazis die Bevölkerung im katastrophalen Weltkrieg besänftigen sollten. Später wird das Pferd wie ein Sündenbock in unkontrollierter Wut vom Floß getrieben und zurückgelassen. Wenn sowohl der gefangen genommene, dann entflohene oppositionelle Armando als auch Inés nach dem Tod ihres Gefährten Don Pedro allein in den Urwald gehen, liegt der Gedanke nahe, dass beide es vorziehen, in der unwirtlichen Natur ein Ende zu finden, als Opfer dieser Art von Zivilisation zu bleiben.

Wieweit die Paranoia längst die Macht ergriffen hat, zeigt sich in der Begegnung mit einem in friedlicher Absicht gekommenen Indio-Paar, das die Weißen als Göttersöhne verehren möchte: Unfähig, zwischen Freund und Feind zu unterscheiden, werden sie misstrauisch empfangen und ihr goldenes Amulett als Beweis verstanden, dass sie ihnen die Existenz El Dorados verheimlichen wollen. Auch der Mönch ist unfähig, sich in die Naturkinder einzufühlen, und versteht ihre naive Auffassung, Gottes Wort in der Bibel auch *hören* zu müssen, wenn es sich darin befindet, als Gotteslästerung.

Aguirre nähert sich langsam einem vollständigen psychotischen Realitätsverlust: »Ich bin der große Verräter!« Er phantasiert, dass die Erde beben würde, wenn er als Zorn Gottes marschiere, er verspricht seinen Gefolgsleuten unerhörten Reichtum, den Deserteuren den Tod, und wenn der Mönch, jetzt endlich ernüchtert (bisher hat auch er die illegitime Macht unterstützt, wenn es denn der Verbreitung des Wortes Gottes diene), zu bedenken gibt, El Dorado sei nichts als eine Illusion (ironischerweise tatsächlich eine erfundene Sage der Inkas, um die Spanier auf eine falsche Fährte zu setzen…), dann ist auch er zu beseitigen. Dann hat Aguirre einen lichten Moment: Er gibt zu, es gehe ihm nicht ums Gold, vielmehr um Macht und Ruhm. Wie eine Fata Morgana hängt ein Segelschiff in einem Urwaldbaum (im Film *Fitzcarraldo* von Werner Herzog schafft es Kinski tatsächlich, ein veritables Schiff über einen Urwald-Berg zu befördern …), er will damit Trinidad und Mexiko erobern, während die Makaken, die kleinen Affen, auf dem Floß herumwuseln als Zeichen des unheimlich voranschreitenden Untergangs wie die Ratten in *Nosferatu*, dem Vampirfilm, ebenfalls von Werner Herzog. Der Höhepunkt des Wahns: »Ich, der Zorn Gottes, werde meine eigene Tochter heiraten und mit ihr die reinste Dynastie gründen, die je die Erde gesehen hat … Zusammen werden wir über diesen ganzen Kontinent herrschen. Wir halten durch, ich bin der Zorn Gottes, wer sonst ist mit mir …« Aber es ist keiner mehr da, die Tochter tot, Aguirre nur noch zusammen mit der Sonne und den Affen …

Inzestuöse Liebe

Das Fest

von Thomas Vinterberg

Der wohlhabende Hotelier Helge Klingenfeldt gibt in seinem Landhotel ein Fest zu seinem 60. Geburtstag. Eingeladen sind Freunde und Verwandte, darunter auch seine drei Kinder Christian, Helene und Michael. Das vierte Kind, Linda, hatte vor Kurzem im Bad eines Zimmers des Hotels Suizid begangen. Christian, der in Frankreich lebt, ist ein erfolgreicher Restaurantbesitzer, Helene studiert Anthropologie und Michael, der kurz zuvor nicht zur Beerdigung seiner verstorbenen Schwester erschienen war, hat mit seiner Ehefrau Mette drei Kinder. Als alle Gäste angereist sind und sich in ihre Zimmer zurückgezogen haben, findet Helene in ihrem Zimmer den Abschiedsbrief ihrer Schwester, liest ihn und bricht in Tränen aus. Zwei Stunden später wird zu Tisch gerufen. Während des feierlichen Essens bringt Christian zu Ehren seines Vaters einen Toast aus, in dem er seinen Vater vor allen Gästen beschuldigt, ihn und seine Zwillingsschwester Linda in frühen Kinderjahren sexuell missbraucht zu haben. Die Anwesenden wollen ihm nicht glauben. Das Essen geht weiter, als wäre nichts geschehen. Helenes Freund, der Afrikaner Gbatokai, kommt an und wird Opfer einiger rassistischer Bemerkungen der Gäste, vor allem von Michael. Christian hält eine zweite Rede, in der er seinen Vater bezichtigt, Lindas Tod verschuldet zu haben. Seine Mutter fordert Christian auf, sich zu entschuldigen, was ihn zu der Entgegnung veranlasst, seine Mutter habe vom sexuellen Missbrauch gewusst. Er wird daraufhin als Lügner tätlich angegriffen, hinausgeworfen und an einen Baum im Wald gefesselt. Das Fest geht mit Tanz und Gesang weiter. Nach einigen Stunden kann sich Christian befreien und gelangt in den Festsaal, als seine Schwester Helene den Abschiedsbrief von Linda vorliest, aus dem hervorgeht, sie habe sich aufgrund von Depressionen und den wiederkehrenden Träumen als Opfer des Missbrauchs durch ihren Vater umgebracht. Nun sind auch die letzten Zweifel unter den Gästen an der Schuld von Helge beseitigt. Michael, bisher auf der Seite des Vaters, schlägt ihn zusammen. Am Frühstückstisch räumt der Vater seine Schuld an der Zerstörung der Familie ein, bekennt, er liebe seine drei Kinder weiterhin, wird jedoch aufgefordert, den Tisch und die dort versammelte Familie zu verlassen.[16]

Ein Familienoberhaupt, der Vater, soll gefeiert werden, vier Kinder hat er gezeugt, als Hotelier eine gewisse mittlere Bedeutung erlangt. Zu seinem 60. Geburtstag sind die Familie, viele Freunde und Bekannte geladen, das zwischenzeitlich geschlossene Hotel wird revitalisiert, in der Küche, im Souterrain, arbeitet die alte Mannschaft mit gewohnter Präzision. Die Kinder kommen an. Christian, der Älteste, der Brave, kommt zu Fuß. Er hat Lust, nach Hause zu kommen, aber da gäbe es noch ein Problem, er würde das klären. Die erwartete Idylle wird bereits überschattet. Ein Gefühl des Unheimlichen schleicht sich ein, wenn der Bruder Michael mit seiner Familie – er ist der Einzige, der den Eltern Enkelkinder »geschenkt« hat, wie später dankbar erwähnt wird – aggressiv und chaotisch mit Frau und Kindern umgeht, sie kurzerhand aus dem Wagen schmeißt, um mit dem Bruder allein zu sein. Michael scheint das schwarze Schaf zu sein, er repräsentiert anscheinend das Negative in der Familie. Seine Übergriffigkeit gegen die Schwester Helene, entgegen ihrem mehrfachen *Nein*, hat einen unangenehmen sexuellen Beigeschmack. Der kürzliche Tod der Schwester Linda, der Zwillingsschwester Christians, wird erwähnt; es war ein »wunderschönes Begräbnis«.

Trotzdem scheint anfangs alles klar: Michael, das schwarze Schaf, ist gar nicht eingeladen, Christian, dem Braven, muss der Vater, der ihn beiseite nimmt, etwas Wichtiges sagen: Er soll nach Hause kommen, soll das Werk des Vaters fortführen – hier begeht der Vater eine subtile Grenzverletzung: Ob er denn nicht endlich ein Mädchen habe, er solle doch mit irgendeinem erstbesten Mädchen eine Familie gründen. Und: Er soll der Festgesellschaft etwas über die tote Schwester sagen, er selbst könne es einfach nicht.

Im Mittelpunkt des Films stehen die Geschwister und ihre Entwicklung (vgl. Sohni 2001). Er handelt von ihrer identifikatorischen Verstrickung in das merkwürdig Kranke, das in dieser so normal erscheinenden Familie zu stecken scheint, und von ihrer Entwicklung aus diesen Bindungen heraus. Alle Geschwister scheinen irgendwie nicht frei zu sein. Christian, der scheinbar Erfolgreiche, hat keine Frau, ist anscheinend in sexuellen Kontakten völlig gehemmt. Seine Freundin Pia weist er immer wieder zurück, allzu sehr scheint sie die geliebte tote Schwester zu repräsentieren, was auch gespenstisch genug durch ihr endloses Untertauchen in eben einer solchen Badewanne

16 Zusammenfassung aus: http://de.wikipedia.org/wiki/Das_Fest_(Film)

dokumentiert wird, in der die Schwester Linda sich umbrachte. Michael dagegen schockiert durch seine übergriffige Aggressivität, seine plumpen Schuldzuweisungen an seine Frau Mette, seine unpersönlich gewaltsame Sexualität mit ihr, später auch durch seine offen rassistischen Ausschreitungen. Michael ist aber nicht nur der gewalttätige Chaot, der Macht ausübt, sondern gleichzeitig der kleine Junge, der noch immer vor dem Vater zittert und seine Autorität fürchtet.

Die Schwester Helene scheint noch die geringsten Schwierigkeiten zu haben, wenn sie auch, zumindest in den Augen der Mutter, nicht das Richtige studiert, nachdem sie lange durch die Welt gezogen ist, und ihre Beziehungen scheinen nicht allzu lange zu dauern, wenn auch die zu ihrem jetzigen Partner, der verspätet eintrifft, einen sehr liebevollen Eindruck macht – vielleicht, weil sie einer anti-inzestuösen Partnerwahl entspricht; sie hat einen Mann gewählt, der wegen seiner dunklen Hautfarbe bestimmt nicht dem Vater entsprechen kann. Die tote Schwester Linda ist anfangs gar nicht greifbar; ihr Tod trägt zur Atmosphäre des Unheimlichen bei, irgendwie ist sie doch da, es wird nach ihr, nach ihren Zeichen gesucht, aber das sozusagen subversiv. Denn auf der offiziellen Ebene wird ihr Tod *verleugnet*, das Fest wird schließlich trotz ihres kürzlichen Selbstmords gefeiert.

Ein erstes Gegengewicht zu der Atmosphäre dumpfer, unheimlich-unklarer Pathologie der Geschwister bildet Pia, die so herzlich und freundlich auf den bedrückten Christian zugeht und seine Zurückweisungen erträgt. Eine andere außerfamiliäre Figur, Lars, der ängstliche, schüchterne Empfangschef, steht Helene zur Seite, als sie sich auf die Suche nach einem Zeichen der toten Schwester begibt – allein kann sie es nicht, d. h., sie kann sich ohne die Hilfe von Menschen außerhalb der Familie nicht an die Aufdeckung des Familiengeheimnisses machen. Diese Aufdeckung erfolgt nun gerade durch den scheinbar am besten an das Familiensystem Angepassten. Christian erfüllt sich den Traum vieler Inzestopfer, bei einer größeren Familienfeierlichkeit ans Glas zu klopfen und endlich das furchtbare Geheimnis des sexuellen Missbrauchs öffentlich zu machen. Christian kann aber die Form einer ehrenden Rede, einer Hommage, nicht verlassen; ich glaube auch nicht, dass er zu diesem Zeitpunkt zu Ironie und Sarkasmus fähig ist. Die Diskrepanz zwischen einerseits eingehaltener Form und bewahrter Contenance und andererseits dem schockierenden Inhalt, der Vater habe Linda und ihn sexuell missbraucht, wann immer er badete – und er war ein »reinlicher Mann, so oft, wie er badete« –, steht wie unwirklich im Raum (Linda ging in der Badewanne in den Tod). Es entsteht ein betretenes Schweigen, Blicke werden getauscht, jemand beginnt zu applaudieren, das wird gleich unterbunden. Die Festgesellschaft und die Familie gehen wieder zur Tagesordnung über, das Gesagte wird nicht etwa verdrängt, es ist durchaus bekannt und bewusst, wird aber derart verleugnet, als wäre es überhaupt nicht gesagt worden. Es wird nichts *vergessen*, denn auch der Vater sagt in seiner Rede, er erinnere sich »sehr deutlich an alles, was sie erlebt haben«, also auch an den Missbrauch.

Das Inzestopfer befindet sich in einem furchtbaren Dilemma: Einerseits sträubt sich alles in dem Kind gegen den Missbrauch, und es will ihm ein Ende machen. Andererseits braucht es die Eltern lebensnotwendig, ist auf eine genügend gute Vorstellung von ihnen angewiesen. Deshalb die Ferenczi'sche (1933) Art der Identifikation mit dem Aggressor, die den Täter ent-schuldet und sein Böses als traumatisches Introjekt im Opfer entstehen lässt (vgl. Hirsch 1987, 1997). Ferenczi hatte eine unterwerfende Identifikation, die dem Täter Recht gibt und das Opfer oft lebenslang Opfer bleiben lässt, entworfen – ganz anders als Anna Freud (1936), die eine imitierende Identifikation beschrieb, in der das Opfer den Täter und seine Gewalt nachahmt und sie wiederum gegen Schwächere richtet (vgl. Hirsch 1996). Auch noch als Erwachsene(r) ist das Opfer aufgrund der unterwerfenden Identifikation in diesem Sinne loyal und durch massives Schuldgefühl an den Täter (bzw. die Familie) gebunden (vgl. Hirsch 1997). Das Bestreben, das Familiengeheimnis auch noch im späteren Alter aufzudecken, entspricht dem Wunsch, symbolisch den Missbrauch zu beenden, öffentlich die Schuldverhältnisse zurechtzurücken und damit eine Anerkennung der Realität des Geschehens bestätigt zu bekommen. Das entspricht einem Trennungsbestreben, Trennung vom Täter und seinen Komplizen, besonders aber Trennung von der Opferidentität. An der Realisierung gehindert wird dieser Wunsch in aller Regel durch die Schuldgefühle, die Loyalität und die auch dem Kind bewusste konkrete Gefahr, dass der Täter (Vater) ins Gefängnis kommt und die Familie auseinanderbricht. Darüber hinaus kann man zwei Hauptgruppen der Motive, den Inzest aufzudecken, unterscheiden: In der einen versuchen die (inzwischen erwachsenen) Opfer, die Eltern zu verändern, endlich ein Bekenntnis der wahren Schuldverhältnisse von ihnen zu bekommen. Es ist auch ein Versuch, eine Art von Wiedervereinigung mit besseren Eltern zu erreichen. Ein solches Bestreben muss natürlich regelmäßig scheitern, die Eltern verändern sich nicht, die Abhängigkeit von ihnen bleibt bestehen. In der anderen Gruppe sind die Motive, den Inzest aufzudecken, viel mehr emanzipatorisch: Die Opfer wollen eine Grenze ziehen, um sich von den vielfältigen identifikatorischen, insbesondere Schuldgefühl-Verstrickungen mit dem Inzestsystem zu befreien, gleichgültig oder jedenfalls sekundär, ob die Eltern es verstehen und sich ändern. Denn die Opfer wollen sich für sich selbst endlich einmal abgrenzen und deshalb die Wahrheit den Tätern und auch einer gewissen Öffentlichkeit ins Gesicht sagen, um sich dann besser dem eigenen Leben widmen zu können.

Im Film verlässt Christian durch die Aufdeckung das prekäre Gleichgewicht, zu dem er nach größeren psychischen Schwierigkeiten in der Vergangenheit, die zu einem Aufenthalt in der Nervenklinik geführt hatten, gefunden hat und das das Bewahren des Familiengeheimnisses zur Bedingung hatte. Eine solche Veränderung muss einen Grund haben, es muss etwas hinzugekommen sein. Ich denke, er kann wegen des Selbstmords der Schwester nicht mehr schweigen, denn das Schweigen enthält die allgemeine Übereinkunft, dass die Opfer die Schlechten, die Falschen und für ihre Pathologie verantwortlich sind. Das kann er nun nicht mehr auf der Schwester sitzen lassen; sein Hauptmotiv für das Aufdecken ist der Versuch der Rehabilitation der Schwester. Und dementsprechend findet man in der Praxis und in der Literatur (Hirsch 1987, S. 153), dass das ältere Geschwister, das selbst sexuell missbraucht worden war, den eigenen Missbrauch nicht mitteilen konnte, den Missbrauch an dem jüngeren Geschwister nun aber durch Aufdecken beendet. Christian versucht sich also zu einem emanzipatorischen Aufbruch durchzuringen – und im Film sieht man besonders an seinem Mienenspiel ständig, wie er ringt. Das Bestreben, den Inzest aufzudecken, ist in aller Regel und auch hier im Film nicht durch die aufgrund von Identifikation gegen den Täter gerichtete Aggression begründet und erfolgt deshalb auch nicht aus dem Motiv der Rache, sondern vielmehr aus dem Bedürfnis nach Abgrenzung und weil eine Kollusion des Verschweigens nicht mehr aufrechterhalten werden kann.

Christian will nach seiner Rede gehen, er scheint verwirrt und resigniert. Er kann seine Anschuldigung nicht konsequent aufrechterhalten, er ist hin- und hergerissen zwischen Aufbegehren und Resignation, sodass der Vater ihn subtil beschuldigen kann: Wie er sich denn fühle nach diesem Angriff, er müsse sich doch schlecht fühlen. Und Christian entschuldigt sich, ihm ginge es zurzeit nicht gut, er übertreibe sicher, vielleicht sei er einer falschen Erinnerung erlegen. Er macht einen Rückzieher, denn er ist zu diesem Zeitpunkt noch in seiner Opfer-Identifikation gefangen, er entschuldigt sich, sieht sich selbst wieder als den Falschen, den Zerstörer. Der Vater versucht, Christian das Problem zuzuschieben: Schon als Kind sei er schwierig gewesen, hinterhältig anderen Kindern gegenüber. Der Vater könnte der Festgesellschaft von Christians psychischen Schwierigkeiten, auch von einem Aufenthalt in der Nervenklinik erzählen, dass er erfolglos bei Frauen, nicht Manns genug sei etc. Christian habe die Schwester, die in so großen Schwierigkeiten gewesen sei, dass sie sich schließlich umgebracht habe, im Stich gelassen, nun bewerfe er die Familie mit Dreck, die immer nur sein Bestes wollte! Diese Art Zynismus des Inzesttäters bringt es fertig, dem Opfer eben die Schuld an den Folgen des Missbrauchs zuzuschieben, die doch der Täter zu verantworten hat.

An dieser Stelle ist für meine Begriffe ein Wendepunkt in der Entwicklung des Films: Die Außenwelt, die Gegenwelt der Gesunden, der Nicht-Traumatisierten, greift ein. Sie ist in der Küche, im Souterrain lokalisiert, vielleicht als Ort gedacht, an dem wohlmeinende Geister das Schicksal der Menschen in die Hand nehmen, während diese noch ihr kaum begriffenes Unheil hilflos zu bewältigen suchen. »Die Küche und das von Kim geführte Küchenpersonal werden (wie im Märchen) als unterirdische Gegenwelt zur sterilen Festgesellschaft in Szene gesetzt« (Sohni 2001, S. 463). Kim, der Koch, Christians Jugendfreund, hindert ihn daran zu gehen, denn auf diesen Tag habe er schon lange gewartet. Die ganze Küchenmannschaft solidarisiert sich mit den Opfern, ohne dass diese es wissen, und bestimmt zu diesem Zeitpunkt noch gegen ihren Willen. Durch das Einsammeln und Verstecken der Autoschlüssel aller Gäste (ein Taxi ist nicht zu bekommen) stellen sie eine Würgeengel-Situation her, wie in dem Film von Buñuel *Der Würgeengel* (1962), in dem eine bürgerliche Festgesellschaft von einer unsichtbaren Macht gehindert den Raum nicht verlassen kann, sodass mit der Zeit ihre Korruptheit, die Verlogenheit, die Süchte, die Perversionen ans Tageslicht kommen. In *Das Fest* kann die illustre Gesellschaft ähnlich das Haus nicht verlassen und ist gezwungen, sich dem Aufdeckungsprozess zu stellen. Ganz im Sinne Buñuels fließt der Alkohol jetzt in Strömen, die verborgenen Perversionen der ehrenwerten Gesellschaft treten zutage, hier ein lesbisches Agieren, dort eine schwachsinnige Rede, alle stimmen lauthals in ein faschistisches Lied ein, das auf den farbigen Freund Helenes abzielt. *Das Gemeinwesen ist krank.*

In seiner zweiten Rede scheint es Christian anfangs wiedergutmachen zu wollen, die Mutter lächelt zufrieden, aber viel klarer kommt er nun zur Sache: Er möchte »auf den Mann, der meine Schwester umgebracht hat, auf einen Mörder« trinken. Nun ist Christian in den Augen der anderen vollends zum Repräsentanten des Bösen geworden, des Pathologischen, auch in den Augen der Geschwister, alle sind sich einig: »Er ist krank im Kopf, Mutter«, sagt Michael. »Er ist krank«, sagt Helene, sie will nicht ernst nehmen, was Christian gesagt hat, er sei verrückt. Und natürlich auch der Vater: »Er ist nicht gesund.« Christian wird ausgegrenzt, die Tür hinter ihm geschlossen, aber er dringt wieder ein. Wieder klopft er ans Glas und formuliert entschlossen das Ungeheuerliche: Die Mutter habe es gewusst, sie habe es gesehen, aber nichts unternommen.

Die Mutter scheint mir als Hauptvertreterin der Verleugnung dargestellt zu sein – und so ist es auch in der typischen Inzest-Familie, für die die Mutter als »silent partner« bezeichnet wird, die vom Missbrauch weiß, aber darüber hinwegsieht, an die das Kind sich nicht wenden kann, denn sie würde ihm nicht glauben, das Ungeheure verharmlosen, dem Kind die Schuld zuweisen.

Sie verleugnet aus übergroßer Trennungsangst, aus Angst vor dem Auseinanderbrechen des Familienzusammenhalts (vgl. Hirsch 1987). Es gibt Beispiele im Film, wie die Mutter mit der Wirklichkeit umgeht: Völlig fassadär überspielt sie ihre Ablehnung des Freundes von Helene, die ihr im Gesicht geschrieben steht, mit floskelhaften Formulierungen, kaum korrigierbar in ihrer Meinung, sie müsse ihn schon einmal gesehen haben, als könnte sie seine Existenz dann leichter ertragen. Die Mutter lacht völlig läppisch über den »Toastmaster« nach der zweiten Rede Christians, in der er den Vater immerhin eines Mordes beschuldigt hat. In ihrer Rede verleugnet die Mutter auch den Tod der Tochter, wenn sie Worte richtet an »meine drei Kinder, die heute hier anwesend sind«, als wäre das vierte nur zufällig verhindert. Sie findet auch phantastisch, was aus den Kindern wurde, obwohl das, was sie aufzählt, nun wirklich nicht herausragend ist. Sohni (2001, S. 460) kommentiert das so: »›Gutgemeint natürlich‹ mäht sie sie mit ihren Worten wie mit einer Maschinengewehrsalve nieder.« Zwar haben die Eltern Michael früh in ein Internat gegeben, aber die Mutter wendet das subtil gegen das Kind: »Von dir, Michael, haben wir nicht viel gehabt ...«, als ob das Kind für die Eltern dazusein hätte; wenigstens »Enkelkinder hast du uns (!) geschenkt ...« Obwohl der Inzest gerade aufgedeckt wurde, dankt sie ihrem Mann, der ihr alles gegeben habe, »mit seinem großem Appetit aufs Leben und seiner unendlichen Fürsorge«, das muss zynisch klingen in den Ohren der Opfer. Was Christian betrifft, ist sie jedoch sehr geschickt in der Art, wie sie ihn pathologisiert und damit wiederum im Stich lässt, den realen Inzest in den Bereich der Phantasie des Opfers weist: »Du hattest schon immer an dir selbst genug ..., konntest phantastische Geschichten erzählen ... und hattest schon als Kind Probleme, Phantasie und Wirklichkeit zu unterscheiden!«

Christian wird nun gewaltsam ausgegrenzt, es entstehen bei Michael ungeheure Aggressionen, mit denen er das Böse, Pathologische der Familie, das er nun in Christian lokalisiert, ausgrenzen und erledigen will, der Sündenbock wird in den Wald gejagt und buchstäblich an einen Baum gebunden, als könnte dadurch die Familie gerettet werden. Für Michael trifft eher zu, was Sohni (2001) über die Geschwister sagt: Er wiederholt die Gewalt der Elterngeneration und wendet sie nach außen, gegen Schwächere. In seiner sekundären Identifikation mit dem Missbrauchstäter – er ist seinerseits gewaltsam sexuell übergriffig und rassistisch – versucht er, durch imitierende Identifikation noch am besten wegzukommen. Folgerichtig macht der Vater nun Michael, den bisherigen missratenen Sohn, zu seinem Nachfolger; obwohl er weniger geeignet nicht sein kann, soll er Mitglied einer Loge, eines Männerbundes also, werden, damit (endlich) einmal etwas aus ihm werde, er müsse aber dafür sorgen helfen, dass das Fest ordentlich über die Bühne ginge. Eine

Hand wäscht die andere, die Förderung Michaels ist an die Bedingung des komplizenhaften Schweigens über das Familiengeheimnis gebunden.

Helene hat inzwischen den Abschiedsbrief gefunden, der ihren Weg von der Unkenntnis bzw. Verleugnung des Familiengeheimnisses zur Aufdeckung und zum Akzeptieren-Müssen der ganzen Wahrheit repräsentiert. Mithilfe von Lars hat sie ihn gefunden, ist jedoch unfähig, ihn ganz zu lesen, und versteckt ihn in einem Tablettenröhrchen, damit ihn niemand findet, versucht also, das Ungeheuerliche noch einmal zu unterdrücken. Sie reagiert aber somatisch mit Übelkeit und Kopfschmerzen, und wieder ist es eine Vertreterin der Gegenwelt, Pia, die sie losschickt (unbewusst: beauftragt), um das Verdrängte zurückzubringen: Pia findet nicht die benötigten Kopfschmerztabletten, sondern den Abschiedsbrief. Die andere Figur der Gegenwelt, die Helene hilft, ihren Weg aus der Ahnungslosigkeit zur Wahrheit zu gehen, ist ihr Freund Gbatokai, der wegen der Sprachschwierigkeiten scheinbar keine Ahnung hat, aber atmosphärisch – »I feel it« – alles mitbekommt und begreift, welches Drama sich da abspielt. Er ermutigt Helene, zur Aufdeckung beizutragen, sodass sie schließlich den Abschiedsbrief vor der Festgesellschaft verlesen kann: Linda schildert darin ihre große Verbundenheit und Liebe den Geschwistern – und nur diesen – gegenüber und teilt mit, dass ihr der Vater noch immer ständig in ihren Träumen, es müssen Albträume sein, nachstellte, sie es nicht mehr aushielte und die Konsequenz zöge, die sie schon viel früher hätte ziehen sollen.

Was der Vorwurf des Inzests und des Mordes durch Christian nicht erreichte, schafft nun der Abschiedsbrief: Das Verlesen des Briefes bewirkt eine tiefe Betroffenheit, die Stimmung wendet sich gegen den Vater, der die Situation offenbar nicht begreifen kann, sie zu überspielen versucht: »Danke, das war ein schöner Brief«, und noch anstoßen will. Keiner folgt ihm, jetzt verliert er die Fassung, die Fassade fällt zusammen, voller Wut entfährt ihm: »So etwas habe ich noch nie erlebt ... Wieso glotzt ihr so?!« Auf die Frage Christians, *warum* denn der Missbrauch, bricht die Verleugnung zusammen: »Ihr wart nicht mehr wert!«, sodass der menschenverachtende, narzisstische Egoismus, mit dem er sozusagen über Kinderleichen gegangen war, zutage tritt.

Der Film erzählt die Geschichte der Entwicklung eines Missbrauchsopfers und seiner Geschwister sowie den Zusammenbruch einer pseudointakten Inzestfamilie. Der perverse Auswuchs der patriarchalischen Familienstruktur ist die Inzestfamilie, in der die Tochter – in diesem Film auch der Sohn – real sexuell missbraucht wird, deren Dynamik aber latent durchaus unseren Familien strukturell immanent ist. Hier wird ein Kind nicht nur den sexuellen Bedürfnissen des Vaters geopfert, weit darüber hinausgehend sorgt seine Opferung für eine Stabilisierung des Familienzusammenhalts, für eine Rettung also des »kranken Gemeinwesens«. Denn das prototypische Muster einer solchen Familie ist das einer »paranoiden Festungsfamilie« (Hirsch 1987), alle Familienmitglieder haben wenig Außenkontakt und leiden unter massiven, vielleicht unbewussten Trennungsängsten. (Auch wenn im Film zum *Fest* so viele Menschen geladen wurden, zu denen vielfältige Kontakte zu bestehen scheinen, dürfen wir doch vermuten, dass diese völlig hohl sind – nicht umsonst hat der Vater die Identität eines Hoteliers, was als symbolische Mitteilung für berufsmäßig unverbindlich-flüchtig gestaltete Beziehungen gelten darf, und die ganze Festgesellschaft entpuppt sich ja nach und nach als beziehungsunfähig.) Im Film will der Vater die Familie bei sich haben, Christian (in der Szene am Anfang) soll nach Hause kommen, Michael in die Loge aufgenommen werden.

In einer solchen Familie lehnt die Mutter, mit ihrer weiblichen Identität schon längst hadernd, das Kind relativ ab; so ungenügend angenommen, erleidet dieses eine Art »Muttertrauma«, ist emotional vernachlässigt und wendet sich suchend an den Vater, der ihm die verdiente Liebe und Anerkennung verspricht, um es nun seinerseits schamlos für seine sexuellen Bedürfnisse auszubeuten. Indem er das tut, braucht er, da die Ehebeziehung erkaltet ist, sich nicht an Frauen außerhalb der Familie zu wenden (wovor er zudem große Angst hätte), und die Mutter, die ebenso große Trennungsangst hat, übersieht das inzestuöse Agieren – wenn sie das Kind wie in krassen Fällen ihm nicht direkt auf den Schoß setzt oder ins Bett legt –, kann sie sich doch so seines Bleibens sicher sein. In der Identifikation mit dem Missbrauch, und zwar in einer sich selbst aufgebenden Opferidentifikation (Ferenczi 1933; Hirsch 1987), stimmt das Kind dieser extremen Rollenumkehr zu, ein Schuldgefühl entwickelnd, das der Schuld der Eltern entspricht (Hirsch 1997). Im Film ist es Christian, der diesen Identifikationstyp verkörpert, während Michael, wenn auch anscheinend kein direktes Inzestopfer, in einer sekundären Identifikation der Gewalttätigkeit des Vaters nacheifert. Es sind die anderen, die Vertreter der außerfamiliären Gegenwelt, die die Entwicklung der Geschwister, und das bedeutet Trennung, triangulierend ermöglichen. Pia sagt einmal zu Christian: »Wir sind noch da.« Michelle bezeichnet die sekundäre Identifikation mit dem Täter, wenn sie Michael vorwirft: »Du bist genauso krank wie dein Vater!« Gbatokai unterstützt nicht nur Helene, sondern stellt sich den Aggressionen Michaels, mischt sich ein: »Where is your brother, Michael?«

Christians Weg der Veränderung erspart ihm nicht nur nicht das Erleiden von extremen Aggressionen, die aufbrechen und deren Opfer er wird, sondern macht es erforderlich, dass er sich die Beziehung zur toten Schwester noch einmal vergegenwärtigt, die offenbar einen inzestuösen Charakter hatte. Das wäre kein Wunder, denn das Inzestopfer sucht sich emotionale Wärme und Akzeptanz genau durch die Mittel der Sexualität, deren Opfer es gewesen war. Wie in *Wälsungenblut* bei Thomas Mann (1921) ist die Geschwisterliebe auch ein kräftiges Mittel, gegen eine korrupte und bigotte Bürgerwelt aufzubegehren. Und die Verwandlung Christians, auch die Lösung von Linda, zeigt sich dadurch, dass er in der folgenden Nacht offenbar doch den Weg zur Sexualität mit Pia gefunden hat.

Am schwersten hat es Michael, da er mit dem Täter-Vater identifiziert ist. Außer sich vor Wut schlägt er auf den Vater ein, als wolle er den Inzestvater töten, um den guten zu retten, denn er fleht in seiner Verzweiflung fast: »Vater, Vater ... leg dich dahin, Mann, ich will keinen Scheiß mehr hören ... Die Familie ist jetzt total kaputt!« Seine Verzweiflung kann man verstehen, hat er doch wohl am wenigsten von der Familie gehabt, so früh schon weggegeben. Auch da noch sieht der Vater nur sich selbst als Opfer: »Ihr bringt mich um!« Noch einmal erliegt Michael der Identifikation, wenn er, außer sich, schon die Hose öffnet, um auf den am Boden liegenden Vater zu urinieren, wovon er gerade noch abgehalten werden kann, und zwar folgerichtig von Christian, der sich schon weiter aus seiner ganz anderen Identifikation gelöst hat.

Am nächsten Morgen das Frühstück: Die Kinder sind aufgeräumt, fast fröhlich, wirken wie befreit. Christian bittet Pia, mit ihm nach Paris zu kommen, und sie willigt ein. Die Eltern erscheinen; sie versuchen, die Form zu wahren, die Stimmung kühlt sofort ab. Ein Enkelkind sitzt bald auf dem Schoß seines Großvaters, Michael ist wachsam und holt es sofort zurück. Wieder klopft jemand ans Glas: der Vater. Sehr wirklichkeitsgetreu wird hier filmisch die haarsträubende Fähigkeit des Inzesttäters gezeigt, noch in der Bekennung der eigenen Schuld zwischen den Zeilen einen verbitterten Vorwurf, wie man mit ihm umgehe, dass eigentlich er das Opfer sei, unterzubringen: Er würde sie nicht wiedersehen, wenn sie nun gingen. Er wisse, dass es unverzeihlich sei, was er ihnen angetan habe, aber er habe sie geliebt, er liebe sie noch, was immer sie nun machten. Als gäbe es noch Vater und Sohn im alten Sinne, sagt er zu Christian, subtil verleugnend: »Du hast gut gekämpft, mein Junge, ja!« Nun ist Michael in der Lage, dieses Doppelspiel ironisch aufzugreifen: »Gute Rede, Papa, aber du musst jetzt gehen, damit wir essen können.« Der Vater muss gehen (nicht einmal die Mutter geht mit ihm), damit die Kinder leben können.

Die Geschwisterbeziehungen sind in Inzestfamilien schwer kontaminiert mit der subtilen ausbeuterischen Gewalt, die von den Eltern ausgeht. Die Identifikation der Geschwister mit dem Aggressor, auch wenn sie nicht direkt Opfer des sexuellen Missbrauchs geworden waren, nimmt oft brutale Formen an: Wiederholung des Missbrauchs durch ältere (männliche) Geschwister, extreme Aggressionen und Schuldzuweisungen gegen das Opfer, wenn es Anstalten macht, den Inzest aufzudecken, als würde das Opfer die Familie zerstören, die im Kern doch längst aufgehört hat zu existieren (Hirsch 1987, S. 152f.). Davon ist im Film einiges wiedergegeben. Allenfalls findet sich solidarische Unterstützung besonders älterer (weiblicher) Geschwister ihren wiederum vom Inzest bedrohten jüngeren gegenüber.

Für mich sind die Geschwisterbeziehungen im Film anfangs die von Kindern, die nolens volens und weitgehend unbewusst den Familienstil mitgestalten müssen, eine oberflächlich intakt erscheinende Idylle, und die sich gegenseitig gar nicht als Individuen, besonders nicht in ihrem individuellen Leiden, erkennen können. Der Tod der Schwester zwingt sie zu einer Entwicklung aus dieser Unbewusstheit, und das ist eine nicht nur aufgrund von Verdrängung, sondern besonders aufgrund von Verleugnung (sogar Michael, der so lange weg war, wusste vom Missbrauch). Der Film zeigt ihre Entwicklung aus dieser kindlichen Form der Geschwisterbeziehungen heraus. Mit der Trennung aus der Familie trennen sie sich auch voneinander, wendet jeder sich folgerichtig seinem eigenen Leben zu. Der Pseudo-Zusammenhalt der Familie ist zerstört, der Vater geht allein, die Mutter bleibt stumm auf ihrem Stuhl sitzen, jedes der Geschwister geht – verändert allerdings – mit seinem Partner, also je einem Vertreter der außerfamiliären Welt, eigene Wege. Eine Versöhnung ist nicht zu erkennen, sie wäre auch nur denkbar durch eine noch tiefer gehende Auseinandersetzung aller, auch besonders beider Eltern, die zu einer Einsicht in das ungeheuerliche Geschehen des Missbrauchs der eigenen Kinder, einer Schuldanerkennung und wirklichen Reue führen müsste, aber dazu sind die Eltern in keiner Weise in der Lage. So bleibt als maximal denkbares Ziel für das Opfer, zu einem relativen inneren Frieden zu kommen, der aus der Loslösung vom familiären System und dem Verzicht auf den Wunsch, die Eltern mögen irgendeine Änderung, eine Anerkennung der Wirklichkeit und Respekt der Persönlichkeit ihres Kindes zustande bringen, resultiert. In dieser Loslösung kann auch eine Einsicht enthalten sein, dass die Täter selbst einmal Opfer und deshalb keineswegs stark und frei genug waren, um zu vermeiden, ihre Kinder wieder zu Opfern zu machen. Hinweise gibt es im Film, z. B. kann die Szene, in der der Großvater väterlicherseits bei aller Demenz doch imstande ist, eine beschämende, frivole Anekdote über das Kind zu erzählen, das einmal ein Missbrauchsvater werden sollte, als ein Hinweis verstanden werden, dass dieser selbst ein Opfer einer sexualisierten Familiendynamik gewesen sein könnte.

In der klinischen Arbeit mit Missbrauchsopfern ist es ein großer Unterschied, ob jemand ohne jeden Affekt die bloße Information gibt: »Ich bin von meinem Vater sexuell missbraucht worden«, oder ob diese Information mit den entsprechenden Affekten von extremer Angst, lauerndem Wahn (Realitätsverlust) und Aggression verknüpft ist. Im ersten Fall nimmt man sie fast achselzuckend zur Kenntnis, weil das Bewusstsein der Existenz familiären sexuellen Missbrauchs alltäglich geworden ist und weil vor allem die Affekte noch völlig abgespalten sind und keinerlei Verbindung zu dieser Information haben. Deshalb bleibt auch die Gegenübertragungsreaktion auf diese Mitteilung kalt und ohne Gefühle. Der Film dagegen erreicht durch seine besonderen filmischen Mittel (insbesondere durch die ausschließliche Verwendung der Handkamera und jegliche Vermeidung von künstlichem Licht entsprechend den Regeln der sogenannten »Dogma«-Gruppe, die 1995 von dänischen Filmemachern gegründet wurde, entsteht ein eindringlicher Semi-Dokumentarstil) beim Zuschauer und auch beim vielleicht professionell deformierten Traumatherapeuten eine direkte emotionale Beteiligung, eine Identifikation mit den erst verschütteten Affekten der Geschwister, aber auch ihrer großen Isolation, ihrem »Der-Welt-abhanden-gekommen-Sein« (Friedrich Rückert). In diesem Sinn hat mich die Frage Pias an Christian am meisten berührt: »Wo bist du denn, lieber Christian …?« Wie man von der Übermittlung der unfassbaren Realität des Nazi-Terrors gesagt hat, dass man dazu die Kunst, die Literatur, den Roman brauche, die in einem gewissen Sinn eher Wirklichkeit vermitteln könnten als Tatsachenberichte (Laub/Podell 1995), scheint es mir auch für die Darstellung der Realität der Inzestfamilie zuzutreffen, und der Film *Das Fest* ist ein herausragendes Beispiel dafür.

La fleur du mal – Die Blume des Bösen

von Claude Chabrol

Die Familie Charpin-Vasseur, drei Generationen einer Familie, die auf eine merkwürdige Weise miteinander verflochten sind: die alte Micheline Charpin, genannt Tante Line, immer freundlich, offen und fröhlich, ihre Nichte Anne, eine engagierte Lokalpolitikerin, die für das Amt des Bürgermeisters kandidiert, deren Mann Gérard, ein angesehener Apotheker, und die beiden erwachsenen Kinder François und Michèle, die aus Annes und Gérards jeweils ersten Ehen stammen. In einer Kleinstadt nahe Bordeaux leben sie nach François' Rückkehr aus den USA wieder vereint unter dem Dach des herrschaftlichen Familienanwesens. In dieser scheinbar idyllischen Fassade sind aber erste Risse erkennbar: Gérard ist über das politische Engagement seiner Frau alles andere als erfreut und zeigt offenkundiges Interesse an jüngeren Frauen. Auch sein Verhältnis zu François ist nicht besonders herzlich. Umso inniger und leidenschaftlicher ist die Beziehung zwischen den beiden Stiefgeschwistern, die sich schon als kleine Kinder ineinander verliebt hatten. Lediglich Tante Line wird von allen geliebt und ist stets für die Sorgen und Nöte aller da. Der Wahlkampf ist in vollem Gange. Anne ist mit ihrem ständigen Schatten, dem ebenso ehrgeizigen wie servilen Parteifreund Matthieu, unterwegs auf Wählerfang, als ein anonymes Flugblatt in der Stadt verteilt wird, das ungeheuerliche Verdächtigungen gegen die Familie Charpin-Vasseur erhebt. Annes Großvater hätte als Kollaborateur der Nazis nicht einmal davor zurückgeschreckt, seinen eigenen Sohn, den Bruder Tante Lines, zu denunzieren und so in den Tod zu schicken, weil dieser sich der Résistance angeschlossen hatte. An dem gewaltsamen Tod des Großvaters sei Line nicht unschuldig, obwohl ihr nie nachgewiesen werden konnte, dass sie ihren Vater tatsächlich umgebracht hätte. Und auch ein dritter, bisher ungeklärter Todesfall sei keineswegs so zufällig gewesen: der Autounfall, bei dem Gérards erste Frau und Annes erster Mann gleichzeitig umgekommen sind. Wer steckt hinter diesem anonymen Pamphlet? Ist es ein politischer Gegner von Anne, der mit allen Mitteln verhindern möchte, dass sie Bürgermeisterin wird? Oder gar Gérard, der von Anfang an gegen Annes Kandidatur war? Sind die Anschuldigungen wahr? Welches düstere Geheimnis trägt Tante Line seit vielen Jahrzehnten mit sich?[17]

Ich möchte meinen Filmkommentar mit dem Blick des Zuschauers beginnen, mit der Wirkung des Films auf ihn also. Im Vorspann sehen wir das Haus einer bürgerlichen Familie, die Kamera führt uns durch das Interieur, das Treppenhaus, zeigt uns das Esszimmer, führt uns in den ersten Stock, wir finden verschlossene Türen und offene. Die Kamerafahrt endet bei einer Leiche, nicht im Keller, sondern im Schlafzimmer. Offensichtlich hat Chabrol hier Hitchcock zitiert, und zwar mit einer modifizierten Form des Werbetrailers zu Hitchcocks Film *Psycho*. In einem Essay zu Gregor Schneiders Installation *Totes Haus ur* im Deutschen Pavillon der Biennale Venedig 2001 lässt sich Elisabeth Bronfen (2001) erst einmal von Hitchcock durch das Haus des Grauens führen, das Haus des Verbrechens, um das es im Film *Psycho* geht, und zwar durch den Werbetrailer, in dem Hitchcock den zukünftigen Zuschauern des Films die Räumlichkeiten des Tatorts, aber nur diese, demonstriert und sie damit in eine unheimliche Stimmung versetzt: Die Räumlichkeiten sind durchschnittlich vertraut und bergen doch ein entsetzliches Geheimnis (natürlich will man alles erfahren und unbedingt den Film sehen). Das Sichtbare ist nicht das Reale. »Wenn die Orte und die in ihnen befindlichen Gegenstände nicht das sind, was das Auge sieht, kann man der eigenen Wahrnehmung dann überhaupt noch trauen?«, fragt Elisabeth Bronfen (2001, S. 37). Bei Hitchcock finden wir im Trailer noch keine Leiche wie bei Chabrol, aber auch hier wollen wir nach diesem Vorspann *alles* wissen.

Das Haus der Familie ist der Ort des Familienrituals: der Aperitif, das gemeinsame Essen, die Höflichkeiten, die unüberhörbaren Bosheiten und Anspielungen. Einmal rückt ein Vogelkäfig ins Zentrum des Bildes: Das Haus, die Familie als Käfig. *Diesem* Haus entflieht François, der Sohn des Hauses, nach Amerika für drei Jahre, in dieses allerdings kehrt er auch zurück. Michèle vermutet: »Du bist fortgegangen, weil du Angst hattest vor dem, wozu du imstande wärst.« Das suggeriert einen Bruder-Schwester-Inzest, denn sie sind zwar Cousins, wie man am Anfang des Films denkt, aber doch zusammen aufgewachsen. François fragt Michèle: »Erstickst du hier nicht?« Er wollte weg, »weil er um so mehr erstickte, je mehr er sie liebte«. Das ist

17 Zusammenfassung aus: www.digitalvd.de

der Ausdruck des Inzestkonflikts, denn die inzestuöse Liebe führt nicht aus dem Haus, sondern bindet ans Haus.

Es ist also ein Haus des Inzests, d.h. des Nicht-getrennt-Seins, das François verlassen hatte. Die Schwester, Michèle, schreitet bei seiner Rückkehr wie eine verführerische Göttin die Treppe herunter. Dürfen die beiden das, sich dem geschwisterlichen Inzest, dem der eine doch entfliehen wollte, hingeben, denkt man. Im Elternhaus selbst geht das nicht, wohl aber im Landhaus – das Haus der Familie steht dem Landhaus, dem Ferienhaus am Meer, gegenüber. In unserer Kultur stehen wir dem Haus äußerst ambivalent gegenüber: Es repräsentiert als Objekt der Sehnsucht Unabhängigkeit, Autonomie, »Es-geschafft-haben«, aber andererseits bedeutet es Festgelegt-Sein, Unfreiheit, »Das-war-es-nun«, es macht uns eine Angst, die eigentlich eine Todesangst ist: In diesem Steingehäuse werde ich sterben (vgl. Hirsch 2006a). Chabrol verteilt die Ambivalenz auf die beiden Häuser: das Familienhaus als inzestuöser Käfig, das Landhaus als Ort der Lebensfreude und befreiten Sexualität. Tante Line entlastet das Über-Ich: Sie selbst sei da sehr glücklich gewesen und wünsche es auch den Kindern. Die versprachen, das Landhaus zu reinigen, aber: »So schmutzig ist es gar nicht …« – das Landhaus – der Inzest. Die Kinder hätten es prima saubergemacht, sagt Tante Line später. Das Landhaus steht für Freiheit, Liebe, das ungebundene Leben. Tante Line sagt in diesem Zusammenhang: »Warum sollte man Menschen nicht das tun lassen, was sie möchten?« Das ist natürlich eine naive Frage, denn zwei basale Gesetze regeln das Zusammenleben der Menschen, die man nicht übertreten darf, wie man vielleicht möchte: Das Verbot zu töten und das Inzestverbot. Und das sind auch die beiden Bereiche, die sich in diesem Film aus vielen, vielen Andeutungen unter Aufrechterhaltung ständiger Spannung nach und nach herauskristallisieren.

Da aber das Landhaus der Ort des Lebens und der Liebe ist, reagiert der Vater, Gérard, empfindlich auf den Aufenthalt der Jugendlichen dort. Man ahnt: *Er* beansprucht den Besitz aller Frauen der Familie, auch den seiner Stieftochter Michèle. So agiert er auch ständig aggressiv gegen die Selbstverwirklichung seiner Frau in der Politik, während er als monarchischer Herrscher über sein Apotheken-Imperium selbstverständlich alle Frauen dort zu besitzen verlangt. Chabrol stammt aus einer alten Apothekerfamilie. Seine erste Frau Agnès »stammte aus reichem Hause, und wir haben im Grunde nichts anderes gemacht, als dekadente Partys zu veranstalten. Als sie dann auch noch ihre Oma beerbte, wussten wir gar nicht mehr, wohin mit dem Geld.« Chabrol beschloss daraufhin 1957, eine Filmarbeit zu machen, *»um wenigstens einen Teil der Kohle auszugeben«*. Chabrol bedauerte den unerwarteten Erfolg des Filmes, denn damit sah er sich *»gezwungen«*, mit dem Filmen weiterzumachen (wikipedia.org/wiki/chabrol).

Gérard, ein wahrer Laios, rivalisiert unverhohlen mit seinem Sohn und gönnt ihm die altersentsprechende Frau, Michèle, nicht. Insofern wiederholt er transgenerational die Dynamik des Großvaters von Anne, Pierre, der seinen Sohn, übrigens mit demselben Vornamen François, während der Besatzung durch die Deutschen denunzierte und ihn damit seinem sicheren Tod auslieferte. (Tante Line erinnert sich, wie Pierre wütend zu seinem Sohn, der in der Résistance kämpfte, während er selbst mit den Nazis kollaborierte, sagte: »Du dreckiges Miststück, denkst du, ich lasse meine Familie entehren?!«) Dementsprechend liebt François den Vater nicht, er findet ihn scheinheilig, verlogen, genusssüchtig. Und auch Michèle kann Gérard nicht leiden, man ahnt warum ... Das wäre Stiefvater-Stieftochter-Inzest, der schon längst in der Luft liegt. Tante Line findet Gérard ebenfalls widerlich und nennt ihn »das Schwein«. Anne, seine Frau, ist von allen anscheinend die unschuldigste, lässt sich nicht aus der Ruhe bringen und verfolgt ihre eigenen Pläne: beruflich, indem sie ihre Karriere verfolgt, und privat durch die sich entwickelnde intime Beziehung zu ihrem Assistenten.

Ich denke, ein psychoanalytischer Kommentar zu diesem Film würde sich fast erübrigen, wenn man nur die verwirrenden Familienzusammenhänge schlüssig darzustellen in der Lage wäre. Man spricht ja auch von der die Familiendynamik enthüllenden *Familienaufstellung*. (Chabrol konnte die Psychoanalytikerin Caroline Eliacheff [*Das Kind, das eine Katze sein wollte*, 1993] als Drehbuchautorin gewinnen.) Ich bezweifle, dass der durchschnittliche Zuschauer nach einmaligem Ansehen des Films die Verhältnisse ganz begreifen kann. Unversehens bin ich allerdings inzwischen längst auf die inhaltliche Ebene ausgewichen, auf der ich mich anscheinend sicherer fühle als auf der der Filmwirkung. Ich möchte aber dennoch auf Chabrols Stilmittel etwas eingehen, um ein Licht darauf zu werfen, wie er mit Metaphern und Anspielungen unausgesprochen dem Zuschauer Ahnungen einer lange verborgenen Wirklichkeit eingibt. Neben der metaphorischen Verwendung der Bilder von Haus und Landhaus spottet er offenbar über den Kontrast von bürgerlichem Hausbesitz und den *Sozialwohnungen*, um die sich die in der Politik engagierten Bürgerlichen höchst eigennützig kümmern, nämlich um Stimmen der Wähler zu bekommen.

Die Autos spielen eine große Rolle in dem Film, um ihre Besitzer zu charakterisieren: Der schwarze schwedische Volvo Gérards ist das Gefährt des Bösewichts; kein Franzose wird sich mit einem solchen fremden Fahrzeug identifizieren wollen. Der kleine französische Twingo ist *das* studentische Fahrzeug; Michèle leiht es selbstverständlich François, die Mutter aber bekommt es nicht, die jugendlichen Kinder sind mit dem kleinen Auto auf und davon. Der biedere Renault des »Kofferträgers« und Chauffeurs Matthieu repräsentiert das satte Bürgertum und bekommt prompt einen Kratzer ab, als man sich in den sozialen Brennpunkt wagt. Vor dem Wahllokal steht ein kleiner Polo: Es geht ja doch nur um Kommunalwahlen. Tante Lines 2CV repräsentiert die Vergangenheit, ein »Schrotthaufen«, wie Gérard verächtlich sagt. Aber Respekt: »Er fährt sehr gut!«, verteidigt ihn Line.

Tante Line steht offenbar im Zentrum der transgenerationalen Familiengeheimnisse mit den verschiedenen Verbrechen. Mir ist aufgefallen, dass Chabrol – als augenzwinkernder französischer Hitchcock sozusagen – mit Andeutungen Ahnungen erzeugt und Spannungen aufrechterhält. Einige Beispiele: Gleich am Anfang fragt François den Vater am Flughafen: »Darfst du hier parken?«, nämlich da, wo eigentlich nur Behinderte parken dürfen. Der Sonnyboy-Vater nimmt sich das natürlich heraus, wie er auch sein Apotheken-Labor halblegal errichtet hat: Man erkennt seine grenzüberschreitende Doppelbödigkeit an solchen Andeutungen. Gérard will François nicht gleich nach seiner Ankunft über Amerika befragen: »Das *Verhör* wird später stattfinden«, scherzt er. Aber warum eigentlich *Verhör*, was hat denn François verbrochen? Tante Line ist eine Meisterin der Andeutungen: »Hier gibt's nur Geheimnisse, das weißt du ...« – »Jeder hat seine Schwächen ...«, sagt Michèle. Und wieder Tante Line: »Wir leben doch seit Jahren wie Heuchler«, was dann Chabrol, der Bürgerschreck, gleich als das Wesen der Zivilisation entlarvt. Sogar beim gemeinsamen Scrabble-Spiel im Landhaus: Tante Line gewinnt, indem sie ein Wort erfindet: »Verbergt-Euch.« Einmal sagt François zu Line: »Du bist ein Engel ...« – »Weit gefehlt«, deutet sie das Gegenteil an. All diese Hinweise zeigen auf Verbrechen, Mord und Totschlag in Vergangenheit und Zukunft. Aber auch der Inzest wird atmosphärisch mit denselben Mittel angekündigt: Michèles jugendlich-verführerische Erscheinung habe ich schon erwähnt; einmal sagt sie: »Es geht alles für mich ...« Der Stiefvater-Stieftochter-Inzest liegt in der Luft: Gérard nennt sie einmal »umwerfend und begabt«, er beklagt sich, von ihr noch nicht geküsst worden zu sein im Gegensatz zu François. Lug und Trug, Verlogenheit, Doppelbödigkeit, Macht und Sexualität hinter der bürgerlichen Fassade also in Hülle und Fülle.

Aber wo ist das eigentliche Verbrechen, wie hängt alles zusammen? Durch das denunzierende Pamphlet, das die Chancen, gewählt zu werden, für Anne zerstören sollte (und heimlich von Gérard verfasst wurde, der die politische Karriere seiner Frau verhindern will) und das nur ein Eingeweihter verfassen konnte, erfährt man einiges: Der Nazi-Kollaborateur, Pierre Charpin, hatte drei Kinder: Tante Line, ihren von ihr heftig inzestuös geliebten Bruder François und die Mutter von Anne. Annes Mutter heiratete einen Vasseur – beide starben bei einem Unfall 1958. Anne heiratete einen Vasseur, den Bruder von Gérard; dieser Bruder hatte damals mit der ersten Frau Gérards ein

Verhältnis, beide so Liierte starben bei einem Unfall 1981; danach heirateten die jeweils Hinterbliebenen, Anne und Gérard. Anne hatte mit dem Bruder von Gérard eine Tochter, Michèle; Gérard hatte mit seiner ersten Frau einen Sohn, François. Sie müssten also Cousins sein. Wenn aber Gérards Bruder, Annes Ehemann, schon lange ein Verhältnis mit der ersten Frau Gérards und somit sowohl François als auch Michèle gezeugt hätte, wären beide Halbgeschwister.

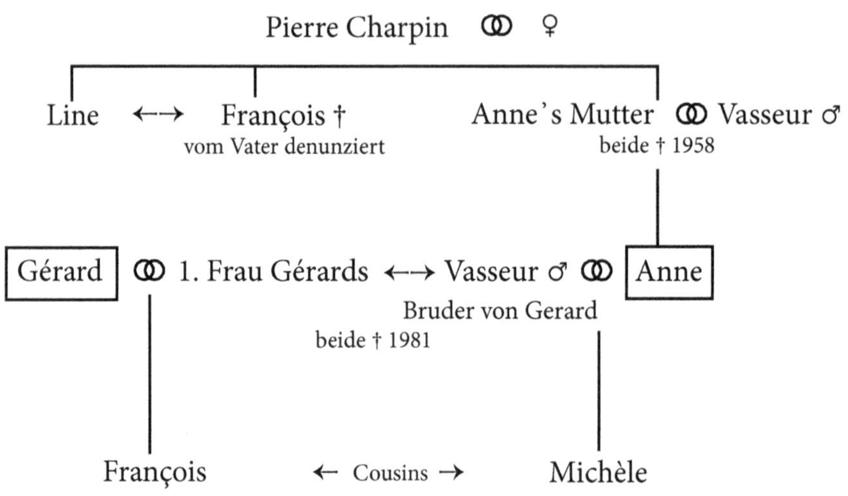

←→ illegitime Beziehungen

Abb. 1: Michèle und François sind Cousins

Alternativ:

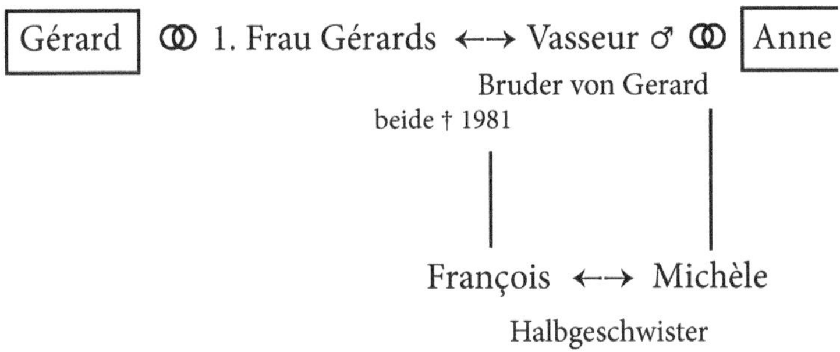

←→ illegitime Beziehungen

Abb. 2: Michèle und François sind Halbgeschwister

Die Familiendynamik erhält also Dimensionen des antiken Dramas: Am Anfang steht Pierres Schuld des Sohnesmords (durch die Denunziation); Tante Line lädt Schuld auf sich durch den Bruder-Schwester-Inzest, besonders aber durch den Vater-Mord, denn sie ermordet ihn, um den Tod ihres geliebten Bruders François zu rächen. (Allerdings scheint sie inzwischen recht lebenslustig und nicht besonders schuldbewusst zu sein.) Die Schuld des Vaters Pierre strafen die Götter vielleicht in der zweiten Generation: durch den Unfalltod von Annes Eltern. Inzest und Tod wiederholen sich in der dritten Generation: Annes erster Mann hat Sex mit der Frau seines Bruders, sie zeugen ein außereheliches Kind. Auch heute würden wir sagen, dass sich Eltern an ihren Kindern schuldig machen, wenn sie ihnen nicht sagen, wer ihre Eltern sind, genau wie auch Ödipus nicht erfuhr, dass jene ihn adoptiert hatten, die er für seine Eltern hielt, sodass er sie verließ, damit das Orakel sich nicht erfülle, um nun aber gerade dadurch den leiblichen Vater zu erschlagen und die leibliche Mutter zu heiraten. Die Verbrechen hören auch in der dritten Generation nicht auf: Gérard rivalisiert mit seinem Sohn um Michèle, er verrät seine Frau, verfolgt die Stieftochter (seine Nichte?) in inzestuös-sexueller Absicht, wofür er schließlich mit dem Tode bestraft wird: Als sich Michèle gegen sein sexuelles Drängen wehrt, kommt er zu Tode – die Leiche im Schlafzimmer.

Der Witz scheint mir zu sein, dass strikt unterschieden wird zwischen (männlichen) »Schweinen«, die unsere ganze Verachtung verdienen, und (weiblichen) Mörderinnen, die unsere Sympathie behalten: Tante Line lebt ganz gut, findet anscheinend eine Möglichkeit, sich selbst (eigenmächtig) von ihrer Schuld zu entlasten, indem sie die Tat Michèles (Gérard totgeschlagen zu haben) auf sich nimmt. Beide Frauen prusten los, als der Leichnam die Treppe hinunterzurutschen droht, und es gibt auch grünes Licht für die – nun wissen wir es: inzestuöse – Sexualität der Jugend: Cousin und Cousine oder nicht, Halbgeschwister oder nicht. Die eigentlichen Verbrechen liegen in der Verlogenheit der Vertreter der satten Bürgerschicht, die Chabrol aufs Korn nimmt, während die großen Menschheitsverbrechen – Inzest und Mord – augenzwinkernd gestattet sind.

Liebe in der Therapie

Spellbound – Ich kämpfe um dich

von Alfred Hitchcock

Dr. Constanze Petersen ist Ärztin in einer Irrenanstalt. Der Leiter der Anstalt, Dr. Murchinson, ist pensioniert worden, und man erwartet die Ankunft seines Nachfolgers, Dr. Edwardes. Constanze verliebt sich in ihren neuen Chef, bemerkt aber bald, dass er in Wahrheit ein Geisteskranker ist, der sich für Dr. Edwardes hält. Als er sich seiner Amnesie bewusst wird, glaubt er, den wirklichen Dr. Edwardes getötet zu haben und flieht aus der Klinik. Constanze findet ihn und versteckt ihn bei ihrem alten Professor, Dr. Brulow, der die Träume des Kranken analysiert und seinen Schuldkomplex zutage fördert. Der falsche Edwardes hat sich immer für schuldig am Tode seines kleinen Bruders gehalten, der passierte, als sie noch Kinder waren. Dr. Edwardes ist auf ähnliche Weise umgekommen, wurde aber tatsächlich ermordet, und zwar von dem pensionierten Leiter der Klinik, Dr. Murchinson, der zum Schluss demaskiert wird.[18]

Ein Spielfilm erzählt nie die Wirklichkeit. Hitchcock macht einen Film über Psychoanalyse, aber er beschreibt nicht die Wirklichkeit einer Psychoanalyse, denn *die* Psychoanalyse existiert nicht. Es gab schon zu Hitchcocks Zeiten und gibt heute erst recht so viele Strömungen, orthodoxe und modernere; und heute fließt die Entwicklung der verschiedenen Strömungen dieser immer noch fremden Wissenschaft langsam in ein einheitliches Flussbett zusammen: Die Psychoanalyse wird zu einer Beziehungswissenschaft, einer intersubjektiven, einer relationalen Psychologie. Ich würde eher sagen, Hitchcock verwendet eine bestimmte Auffassung von Psychoanalyse der 30er Jahre für seine Zwecke, nämlich einen Kriminalfilm zu drehen. Es entsteht sozusagen ein psychoanalytisches Märchen, in dem sich das Schicksal des Helden mithilfe

18 Zusammenfassung aus: Truffaut 1966, S. 156

der unerschütterlichen Liebe einer starken Frau durch viel Ungemach zum Guten entwickelt. Durch die Verwendung der Psychoanalyse kommt es zu einem wunderbaren Wechselspiel zwischen der Detektivarbeit im unbewussten Seelenleben und der kriminalistischen Aufdeckung des Geschehenen auf der Realitäts-, also der Verbrechensebene. Die ursprüngliche Romanvorlage *The House of Dr. Edwardes* von Francis Beeding handelt von einem »Irren«, der die Herrschaft über eine Irrenanstalt an sich reißt. In dem Roman waren sogar noch die Krankenpfleger eigentlich Patienten und stellten alle möglichen Dinge an. »Meine Absicht«, sagt Hitchcock (Truffaut 1966, S. 154), »war viel vernünftiger, ich wollte nur den ersten Psychoanalysefilm drehen. Ich habe mit Ben Hecht gearbeitet, der die berühmtesten Psychoanalytiker [als Patient, M. H.] frequentierte.« Es war nicht der erste, denn der Spielfilm *Geheimnisse einer Seele* von Georg Wilhelm Pabst entstand schon 1926, und wie dieser arbeitet Hitchcock mit einfachen Elementen einer psychoanalytischen Traumatheorie, aber im Gegensatz zu diesem auch mit Augenzwinkern und Ironie. Hitchcock sagt selbst: »Es ist wieder einmal die Geschichte einer Jagd auf einen Mann, hier aber eingewickelt in die Psychoanalyse« (ebd., S. 156). »Eingewickelt« bezeichnet sehr schön die Verwobenheit von unbewusster Phantasie und Realität; die Verwicklungen werden von beiden Seiten entwirrt, mit Mitteln sowohl der psychoanalytischen wie der kriminalistischen Aufdeckung. Die Psychiaterin und Psychoanalytikerin Dr. Petersen arbeitet brillant auf beiden Ebenen zugleich. Der Titel *Spellbound* hat auch mit »eingewickelt« zu tun, er bedeutet so viel wie gebannt, verzaubert, und natürlich ist der Held beherrscht von dem eigenen Unheimlich-Unbewussten, das sein Erleben und Verhalten bestimmt.

Truffaut war von dem Film enttäuscht und fragte Hitchcock, ob ihn das schockiere: »Nein, nein, ich bin ganz Ihrer Meinung. Ich glaube, alles ist einfach zu kompliziert, und die Erklärungen am Schluss sind zu konfus« (ebd., S. 158). Truffaut wirft dem Film sogar einen Mangel an Phantasie vor, und Hitchcock stimmt zu: »Wahrscheinlich weil es um Psychoanalyse ging. Wir hatten Angst vor der Irrealität und wollten das, was diesem Mann widerfährt, besonders logisch erzählen« (ebd., S. 157). Sich Hitchcock mit einer Angst vor der Psychoanalyse vorzustellen, macht ihn in gewisser Weise sympathisch. Er möchte offenbar gegen das Aufdecken und Erkennen-Müssen von Irrationalität und alltäglicher Verrücktheit besonders sorgfältig Logik und Rationalität setzen. Wäre das alles, wäre für mich der Film wirklich etwas konstruiert und hölzern; und dass er mir so ausnehmend gut gefällt, liegt neben der wunderbaren Ingrid Bergman als zunächst im Konflikt zwischen erotischer Ausstrahlung und Beziehungsunfähigkeit stecken gebliebener Psychiaterin vor allem an der sanften Ironie, mit der Hitchcock die Psychoanalyse abbildet, die er augenzwinkernd auf eine einfache Abfolge von realem Trauma, Verdrängung (bis hin zur vollständigen Amnesie) und einer Symptomatik reduziert, die das Trauma wie in Traumbildern verschlüsselt reproduziert. Das ist besonders deutlich in dem von Dalí inszenierten Traum, wenn dieser ihn auch längst nicht so üppig ausgestatteten konnte, wie er es vorgehabt hatte (vgl. Truffaut 1966, S. 156): »Natürlich hat Dalí ziemlich seltsame Dinge erfunden, die nicht zu realisieren waren: Eine Statue, die Risse bekommt, aus denen Ameisen über sie kriechen, und dann sieht man Ingrid Bergman ganz bedeckt mit Ameisen.« Der manifeste Traum wird mit kriminalistischen Methoden und keineswegs unter Zuhilfenahme der Assoziationen des Träumers gedeutet, als müsse man nur die manifesten Traumbilder als Symbol für etwas Verborgenes verstehen. Man sollte aber nicht vergessen, dass die Symboldeutung des Traums bei Freud eine größere Rolle gespielt hat: Die Deutung anhand der Einfälle des Patienten versagen für die »symbolischen Elemente« des Traums; »somit nötigen uns die [...] symbolisch aufzufassenden Elemente zu einer kombinierten Technik, welche sich einerseits auf die Assoziationen des Träumers stützt, andererseits das Fehlende aus dem Symbolverständnis des Deuters einsetzt« (Freud 1900a, S. 358). Der maskierte Besitzer des Spielkasinos im Traum *beschuldigt* den Träumer des Betrugs (die Maske übrigens wie in der Traumdarstellung in *Wilde Erdbeeren* von Ingmar Bergman), das Wagenrad, das Dalí erfunden hat, wird als Pistole gedeutet, als Revolver, dessen Trommel sich dreht wie ein Rad, der bärtige Mann, der dem Abgrund entgegenstürzt, als der ermordete Dr. Edwardes. Und der Analytiker, der sein Handwerk versteht, kann selbstverständlich, wie es der Film erzählt, beim Frühstück jeden Traum perfekt analysieren. Alles Unwägbare, Phantasmatische, nie zu Ergründende, Archaische, in einer vorsprachlichen Mutterwelt Gründende, Angst Machende, auch keine verwirrende Sexualität, vor allem keine Familien- oder auch nur Beziehungsdynamik kompliziert die Sache. Nun ist aber die Psychoanalyse implizit, wenn auch nicht ausgesprochen, immer eine Beziehungswissenschaft gewesen. Freud hatte schließlich Übertragung und Gegenübertragung als Qualitäten der therapeutischen Beziehung entdeckt, und ich komme etwas später darauf zurück, wie Hitchcock hier mit dem Beziehungsanteil der sich analysierenden Protagonisten umgeht. Jedenfalls wird *ein* Thema, das einem Hitchcock, wie man weiß, Angst machen könnte, nicht berührt: Eine Mutterproblematik kommt nicht vor (anders in *Die Vögel*, vgl. das entsprechende Kapitel), das Phantasma einer archaischen, verschlingenden, identitätsvernichtenden Mutter-Imago wird ausgeklammert, die mütterliche Fürsorge durch die jugendliche Heldin, die selbst erst einmal keine größere Nähe zulassen kann, würde sich jeder gern gefallen lassen.

Ich kenne keinen Film, der wie eine Oper mit einer buchstäblichen *Ouvertüre* beginnt, einem Musikstück, das vier Minuten dauert, während der

Zuschauer auf das unbewegte Profil des leidenden Helden blickt. Schon das ist für mich reine Ironie, denn der Zuschauer erwartet doch ein Drama bewegter Bilder, und nun wird er in Spannung versetzt, ohne irgendetwas zu wissen. Auch die karikaturhafte Darstellung der ersten verführerisch-gefährlichen Patientin, für die die Diagnose heute lauten würde: ein schwerer Fall von Borderline-Hysterie, führt in eine schaurig-bedrohliche Welt der Geisteskrankheit ein. Der Patientin wird aber auch gleich zu Anfang wie einer advocata diaboli ein Satz in den Mund gelegt, den man auch heute gelegentlich noch hört: »Was soll das langweilige Gequatsche, wen interessieren die Kindheitsgeschichten …« Aber Dr. Petersen setzt dem ihre Professionalität dagegen: »Das Unbewusste wehrt sich gegen die Heilung, es freut sich sozusagen an Ihrer Krankheit«, und mit derselben analytischen Haltung kann Dr. Petersen auch die heftige Aggression in der Übertragung aushalten, denn wenn das Unbewusste sich aggressiv gegen ihre Bemühung wehrt, das Verborgene aufzudecken, kann man das Auftauchen von Aggression in der analytischen Kur geradezu als Therapieerfolg sehen. Und diese Vorstellungen sind auch noch heute gültig; zudem ist es oft nützlich, dem Patienten seine unbewussten und besonders destruktiven Anteile, besonders Teile des Über-Ichs, personifiziert benennen, z. B.: »Es ist, als ob ein Teil in Ihnen einen Fortschritt verhindert, wie ein innerer Saboteur [Fairbairn 1952], ein innerer Richter [Wurmser 1993, S. 151f.] oder gar innerer Henker [Wurmser 1989, S. 158, 170], die es nicht gut mit Ihnen meinen und eine positive Entwicklung verhindern.« Und Freud (1923b) hatte ja bereits ein unbewusstes Schuldgefühl entdeckt, das die Heilung verhindern möchte und gerade dann eine Symptomverschlechterung bewirkt, wenn die Analyse gute Arbeit leistet (das ist die negative therapeutische Reaktion; vgl. Hirsch 2001b). Ohne negative Übertragung, also Aggression in der therapeutischen Beziehung, gehe es nicht: »Du wirst mich noch oft hassen, bis du gesund bist!«, sagt später Dr. Petersen zu ihrem Analysanden und Geliebten. Als sie wieder in die Rolle der Kriminalistin wechselt und drängend nach seinen Erinnerungen forscht, ahnt man, dass die Schienen, die Gleise im Zusammenhang mit dem kriegstraumatischen Ereignis eine Parallele zu den Spuren im Schnee darstellen, die wir zuerst als Spuren der Gabel auf der weißen Tischdecke erlebten. Die Angst, das Trauma wieder zu erleben, wird aber zu groß: »Hör auf mit dem Geschwätz, ich kann diese dummen Redensarten nicht mehr hören …«, reagiert John, das psychoanalytische Vorgehen – wie die Patientin anfangs – abwehrend, auf ihr Drängen, und je mehr die Abwehr geschwächt wird, entsteht zunehmend Aggression in der Übertragung (wie angekündigt): »Ich hasse blasierte Frauen!« Sie unterläuft aber den aggressiven Clinch; ironisch lässt Hitchcock sie sagen: »Wir beginnen doch eben erst, bitte schlag nicht zu sehr!«

Wie die hysterische Patientin am Anfang scheint auch der hochneurotische bzw. schon psychotische Patient Mr. Garms zu einer Art Vorspiel des Dramas zu gehören, zur Einstimmung des Zuschauers: Drastisch vertritt er das Schuldthema des Films; unbeirrbar bezichtigt er sich der realen Schuld, seinen Vater getötet zu haben. Dr. Petersen und die anderen Psychiater sind aber überzeugt, es handele sich um eine Wahnvorstellung, die sich auf ein unbewusstes Schuldgefühl, das aus der Kindheit stamme, zurückführen ließe. Wieder wird der Patient umso aggressiver, je mehr man ihn drängt, dieser Deutung zu folgen; und wie um zu beweisen, dass er real schuldig sein kann, führt die Aggression in real destruktive Handlungen dem Personal und sich selbst gegenüber. Das Schuldthema wird auch durch das wichtige Werk des neuen Klinikleiters, des vermeintlichen Dr. Edwardes, bezeichnet: Das Buch hat den Titel *Das Labyrinth des Schuldkomplexes*. Reale Schuld und (unbewusstes) Schuldgefühl stehen sich im Film also ständig gegenüber bzw. verstärken sich; die eine ist Gegenstand der Kriminalistik, das andere der der Psychoanalyse.

In einer Szene sind die Psychiater unter sich. Zur wohlwollenden Ironie Hitchcocks gehört auch, dass er getreu der Romanvorlage, in der die Irren die Leitung der Klinik übernahmen, nicht so scharf zwischen Patienten und Ärzten, die auch ihre psychischen Probleme haben, unterscheidet. Die relative Liebes- und Beziehungsunfähigkeit der Heldin Dr. Petersen steht im Kontrast zum penetranten Don Juanismus Dr. Fleureaus, der aber umso eher bei Dr. Petersen abblitzen muss. Es überrascht uns der vermeintliche Dr. Edwardes, der Nachfolger des scheidenden Chefarztes Dr. Murchinson: Als Dr. Petersen mit der Gabel Linien aufs Tischtuch zeichnet, gerät er in einen Angst- und Erregungszustand: »Ich kann sie nicht mehr sehen«, schreit er, die weißen Tischtücher nämlich. Hier wird ein Motiv wiederholt: Angst- und Aggressionszustände werden flashback-artig zur Dissoziation führend ausgelöst, wenn das an sich harmlose auslösende Ereignis inhaltlich oder symbolisch mit dem eigentlichen Trauma zusammenhängt. Heute würden wir diesen zweifellos im Film realistisch gesehenen Mechanismus eher im Sinne einer Posttraumatischen Belastungsstörung verstehen, als dass sie zum psychoanalytischen Verständnis der Neurose im engeren Sinne gehörte. Wie die Gabel bei Dr. Edwardes hat ja auch jeder einigermaßen attraktive Mann bei der ersten Patientin zu verführerischem Verhalten und Aggressivität geführt, ebenso faszinierte der Brieföffner den psychotischen Mr. Garms, und sogar Dr. Brulow, der verehrte Lehrer und Analytiker Dr. Petersens, hatte seinen kleinen Tick: Er konnte Salzfässer auf dem Tisch nicht vertragen. Wie um den Mechanismus der Verdrängung (von traumatischen Ereignissen) zu visualisieren, lässt Hitchcock den vermeintlichen Dr. Edwardes die Spuren auf dem Tischtuch wieder auslöschen.

Auch der Patient Mr. Garms hält nichts von der Psychoanalyse, er sei *wirklich* schuldig. Er will seine Strafe abbüßen, er habe den Vater tatsächlich getötet! Dr. Petersen lässt sich nicht erschüttern: Das sei ein typisches Beispiel für einen Schuldkomplex. Mr. Garms: »Ich weiß doch, was ich weiß!« – Dr. Petersen: »No, that's a misconception!« (leider in der Synchronisation als »Einbildung« übersetzt), und erklärt: Kinder hätten häufig Todeswünsche; wenn dann etwas passiere, gäben sie sich die Schuld, das Schuldgefühl würde dann dem verdrängten bösen Gedanken des Kindes entsprechen. Ein schönes Beispiel dafür erzählt Winnicott (1958, S. 25):

> »Ein kleines Mädchen von fünf Jahren reagierte mit einer tiefen Depression auf den Tod seines Vaters, der unter ungewöhnlichen Umständen eintrat. Der Vater hatte zu einer Zeit ein Auto gekauft, als das kleine Mädchen eine Phase durchmachte, in der es seinen Vater sowohl haßte als auch liebte. Es hatte tatsächlich von seinem Tod geträumt, und als der Vater einen Autoausflug vorschlug, flehte es ihn an, nicht zu fahren. Er bestand darauf, was nur natürlich war, da Kinder ja zu dieser Art von Alpträumen neigen. Die Familie machte also einen Autoausflug, und sie hatten tatsächlich einen Unfall; das Auto überschlug sich, und nur das kleine Mädchen blieb unverletzt. Es ging zu seinem Vater, der auf der Straße lag, und stieß ihn mit dem Fuß an, um ihn zu wecken. Aber er war tot. Ich konnte dieses Kind während seiner schweren Depression beobachten [...]. Es stand stundenlang in meinem Zimmer [...]. Eines Tages stieß es ganz leicht mit dem gleichen Fuß an die Wand, mit dem es den toten Vater angestoßen hatte, um ihn aufzuwecken. Ich konnte den Wunsch [...] in Worte fassen, ihren Vater aufzuwecken, den sie liebte, wenn sie auch dadurch, daß sie ihn mit dem Fuß stieß, zugleich Wut ausdrückte.«

Mr. Garms ist halb überzeugt, aber nachdem er das Zimmer verlassen hat, schaltet Dr. Petersen von der Analytikerin zur psychiatrischen Ärztin um: Er brauche ein paar Injektionen, ordnet sie an, er sei sehr erregt. Und spätestens an dieser Stelle wird deutlich, dass in dem Film nicht nur zwei Berufsfelder ineinander verwoben sind, nämlich das der Psychoanalyse und das der Kriminalistik, sondern noch ein drittes, das medizinisch-somatische, hinzukommt: Im Gegensatz zu den männlichen Kollegen behält Dr. Petersen ihren Kittel an, als Zeichen der ärztlichen Identität und auch ihrer Unnahbarkeit, später sehen wir überraschenderweise einen kompletten Operationssaal in dieser doch anscheinend exklusiven psychiatrisch-psychoanalytischen Privatklinik. Auf die Spaltung von und dem ständigen Wechsel zwischen der medizinischen und der psychoanalytischen Haltung der Protagonisten in diesem Film hat besonders Zwiebel (2007) hingewiesen.

Umso mehr fällt auf, dass Dr. Petersen nun auf dem romantischen Spaziergang mit dem vermeintlichen Dr. Edwardes nicht mit einem Kittel bekleidet ist, und wenn sie auch die Liebe auf den ersten Blick »wie ein Blitz« schon längst getroffen hat, diskutieren sie erst einmal »wissenschaftlich« über die Liebe – wenn man die Leidenschaft der Dichter nicht in der Realität wiederfinde, brauche man eine Analyse, spottet Dr. Edwardes. Während sich die kühle Constance Petersen noch wie eine Wissenschaftlerin erstaunt zeigt, dass die Menschen sich irrationalerweise verlieben (»people fall in love«), fällt sie auch schon beim Überqueren eines Zaunes, beim Überschreiten einer Grenze also. Schon die Liebesbeziehung zwischen einem Chef und seiner Mitarbeiterin wäre eine Grenzüberschreitung und würde ihre Arbeit kompliziert machen, aber die realisierte Liebesbeziehung von Analytikerin und Analysand muss die therapeutische Arbeit vollständig zerstören. Es gibt also eine mehrfache Rollenkonfusion der Protagonisten: Ein dienstliches Abhängigkeitsverhältnis kollidiert mit einem analytisch-therapeutischen (dabei ist einmal der Chef »oben«, dann umgekehrt die »Analytikerin«) und obendrein entsteht noch ein Liebesverhältnis zwischen beiden. Diese Konfusion also stellt Hitchcock unzulässig an der Realität vorbei dar, wenn auch mit ziemlicher Ironie, wie auch in Patrice Lecontes Film *Intime Fremde* (vgl. das folgende Kapitel in diesem Buch); dort allerdings wird die Liebesbeziehung erst realisiert, nachdem die therapeutische Arbeit getan ist.

Nach dem Spaziergang sucht die schlaflose Dr. Petersen unter dem Vorwand, über Schuldkomplexe diskutieren zu wollen, den Geliebten auf, und während ihre Körper sich begegnen, öffnen sich – hier ist nun Hitchcock selbst fast surrealistisch – sieben Türen, als wollte er zeigen, dass die Türen zum Unbewussten sich erst in der Liebe, im Feuer der Übertragung nämlich, öffnen können. Hier nun ist es an der Zeit, auf die Spaltung in diesem Film zwischen investigatorisch-psychoanalytischer Erforschung des Verdrängten und der Psychoanalyse als Beziehungswissenschaft hinzuweisen. Hitchcock verwendet einen Trick, vielleicht war ihm das gar nicht bewusst: Seine Sicht der Psychoanalyse wird nämlich reduziert auf das Erforschen von Symptomen und Symptomhandlungen im Hinblick auf ihren realen traumatischen, verdrängten Hintergrund. Weniger klar war ihm wohl, dass die Psychoanalyse auf die sich entwickelnde therapeutische *Beziehung* zwischen Analytiker und Analysand angewiesen ist und die wahren Erkenntnisse gewonnen werden durch die Beobachtung und Einordnung dessen, was insbesondere gefühlsmäßig, affektiv also, in dieser Beziehung zwischen den Beteiligten geschieht, somit in der Übertragung und Gegenübertragung, oder, intersubjektiv gesprochen, wie beide Beteiligten die intersubjektive Matrix gemeinsam herstellen und jeweils verschieden erleben. Einmal allerdings spielt der Film auf die Übertragung an: Dr. Brulow, der alte Lehrer Dr. Petersens, wirbt bei dem vermeintlichen Dr. Edwardes, inzwischen schon John Ballentine, um Vertrauen in die psychoanalytische Methode: »Seien Sie nicht so widerspenstig, ich will Ihnen helfen … Ich will Vaterstelle bei Ihnen annehmen, vertrauen Sie mir …« – Ein kurzer Widerstand vonseiten des »Patienten« muss noch sein: »Ich glaube nicht an Träume … dieses Freud'sche Zeug ist Unsinn …« Aber dann gibt er auf, mit leisem Spott entgegnet er dem Analytiker: »You don't like me, Papa!« Wenig später sagt aber derselbe Dr. Brulow zu Dr. Petersen: »Sie sind nicht seine Mama, er wird schon allein zu sich selbst finden!« Vaterfigur möchte er sein, als solche schützt er vielleicht den armen »Jungen« vor einer allzu intrusiven »Mama«, gleichzeitig schwingt deutlich auch seine Eifersucht auf den jüngeren Geliebten seiner attraktiven Schülerin mit, sozusagen eine Inzestdimension der Vorgeneration andeutend.

Hitchcock spaltet die Beziehungsdimension der psychoanalytischen Behandlung aber bis auf diese Ausnahme ab und stellt sie im Film als Liebesbeziehung dar. Dr. Petersen ist ja schließlich – wieder ironischerweise – die Analytikerin ihres zukünftigen Chefarztes; einerseits drängt sie ihn mehrfach sehr heftig (und unanalytisch), er solle sich endlich erinnern, die Amnesie aufgeben, und versucht, ihm durch logisch-kriminalistische Schlussfolgerungen dabei zu helfen. Die Beziehung dagegen wird als reine Liebesbeziehung abgebildet, deren glücklicher Verlauf am ehesten noch durch die neurotische Angst des vermeintlichen Dr. Edwardes und sein Verhalten behindert wird. Die Szene mit den sich siebenfach öffnenden Türen kann in diesem Zusammenhang, wie schon erwähnt, so verstanden werden, dass erst durch die Übertragung in der therapeutischen Beziehung, auch die korrigierende positive Erfahrung in ihr, sich die Türen zum Unbewussten öffnen lassen.

Später will Mr. Garms endgültig sein Schuldgefühl in reale Schuld verwandeln und attackiert Dr. Fleureau und sich selbst mit dem Messer. Es war Freuds (1916d) Entdeckung, dass ein neurotisches Schuldgefühl schwerer zu ertragen sei als eine reale Schuld, woraus ein »Verbrechen aus Schuldgefühl« resultieren könne; der große Vorteil wäre, durch die konkrete Bestrafung dafür nun endlich eine Erleichterung (vom Schuldgefühl) zu erlangen (vgl. Hirsch 1997, S. 87f.). Der vermeintliche Dr. Edwardes erleidet offenbar einen Zusammenbruch der Selbst-Objekt-Grenzen, er kann sich vom Täter und seinem Schuldproblem nun gar nicht mehr unterscheiden, will aus dem Dunkeln ans Licht, dem Dunkeln des Unbewussten metaphorisch gesprochen, die Türen sollen aufgemacht werden, wie oben, die Türen zum Unbewussten. »Man kann doch nicht im Käfig leben!«, im Käfig der unbewussten Schuldkonflikte. Der vermeintliche Dr. Edwardes identifiziert sich völlig mit dem psychotischen Patienten: »Er tat es, er hat seinen Vater getötet … Es ist dunkel …« Ebenso stellt sich heraus, dass er sich noch gründlicher mit dem ermordeten wahren Dr. Edwardes identifiziert, dessen Identität er völlig übernommen hat.

Dr. Petersen entdeckt, ganz Kriminalistin, dass die Schrift des vermeintlichen Dr. Edwardes nicht mit der Buchsignatur des Autors von *Das Labyrinth des Schuldkomplexes* übereinstimmt. Der nun kranke vermeintliche Dr. Edwardes wacht auf, sieht sie auf der Bettkante sitzen, und sie fragt ihn auch gleich folgerichtig: »Wer bist du?« Er weiß es nicht, die Amnesie ist aber immerhin so weit gemildert, dass er weiß, dass er die Stelle des ermordeten Dr. Edwardes eingenommen hat; er nimmt aber wie Patient Mr. Garms die Schuld auf sich: »Ich hab' ihn getötet!« Einerseits ist Dr. Petersen überzeugt, dass die Türen (zum Unbewussten) geöffnet werden müssen, andererseits vertritt sie ein medizinisches Krankheitsmodell: »Du bist krank ...«, während er auf der ihn vom Schuldgefühl entlastenden realen Schuld besteht: Er habe gemordet! Sie wiederum beharrt darauf, dass es ein Wahn sei, »durch deine Krankheit verursacht«. Die Verwirrung der Ebenen – Psychoanalyse, Liebesbeziehung, medizinisches Modell und Kriminalistik – zeigt sich nun deutlich im Fortgang der Handlung: »J. B.«, in der Zwischenzeit John Brown, später John Ballentine, der wahre Name des vermeintlichen Dr. Edwardes, flieht sowohl vor der Verfolgung durch die Polizei als auch vor Dr. Murchinson, dem Ex-Chefarzt, der ihn zum Geisteskranken machen will, die »Jagd auf einen Mann, hier aber eingewickelt in die Psychoanalyse«, ist in vollem Gange. Dr. Petersen folgt ihm als Liebende, hilft ihm als Detektivin, und obendrein als Analytikerin wolle sie für ihn sorgen, bis er »gesund« sei. Und wenn sie sagt: »Ich bin hier nur als dein Arzt, das hat nichts mit Liebe zu tun ...«, lässt Hitchcock durch einen Kuss der Liebenden diese Schutzbehauptung wirkungslos werden. Dann liegt der geliebte Patient gleich wieder auf ihrer Couch, sie drängt ihn suggestiv, sich zu erinnern; er ist verwirrt über die Rollenkonfusion: »Das verwirrt mich nur, ich liebe dich ...« Sie drängt ihn weiter mit dem Mittel, das man heute Traumaexposition nennen würde; und alle diese suggestiven, drängenden Aufforderungen, sich endlich an das Trauma bzw. die Zusammenhänge in der Kindheit zu erinnern, entsprechen einem naiven, geradezu kindlichen, unrealistischen Bild von der Psychoanalyse. Aber wir verzeihen das Hitchcock und seiner Vorstellung von der psychoanalytischen Praxis der 40er Jahre.

Langsam erkennen wir eine dreifache Folge von traumatischen Ereignissen: Zuletzt die Zeugenschaft des Mordes an dem wirklichen Dr. Edwardes, dann erfahren wir auch von einer kriegstraumatischen Einwirkung, und mit Dr. Petersen vermuten wir dahinter noch ein frühkindliches Trauma. Aus der flashback-artigen Erinnerung holt ihn die Ärztin und Geliebte mit einer Umarmung heraus – wer möchte nicht so von einer solchen Frau vom dissoziativen Zustand befreit werden.

Dr. Petersen hat die wunderbare Idee, ihren alten Lehrer und Analytiker,

Dr. Brulow, aufzusuchen, dessen Assistentin sie war und zu dem sie inzwischen ein sehr freundschaftliches Verhältnis pflegt, sozusagen als eine Art Supervisor der einerseits therapeutischen, andererseits Liebesbeziehung. Die beiden spielen inzwischen entspannt mit ihren Rollen, jeder Psychoanalytiker müsse eine Analyse machen, »um zu sehen, ob er selbst verrückt ist …«, und er fragt sie scherzhaft besorgt: »Wirst du mich noch lieben, wenn ich gesund bin?«, und sie antwortet neckisch: »Dann werde ich wahnsinnig, Liebster.«

Der köstliche Dr. Brulow, der zwar nicht Freuds Zigarre, aber ständig Pfeife raucht und mit einem nicht ganz Freud'schen Bärtchen, dafür mit einer umso mehr Freud'schen Brille ausgestattet ist, mahnt an die analytische Abstinenz: Wenn der ermordete Dr. Edwardes einen geistesgestörten Patienten in den Urlaub mitgenommen habe, sei er ein größerer Narr gewesen, als er es von ihm gedacht habe, es sei genau so, als wenn man mit einem geladenen Gewehr spiele! Er spricht also die Grenzüberschreitung zwischen professionell-analytischer und privater Beziehung an, wodurch der Übergang von der Übertragungs- in eine Realbeziehung begünstigt und auch das reale Ausagieren der Aggressionen ermöglicht würde. Solche Grenzüberschreitungen können letztlich eine mörderische Enttäuschungswut entfachen, die tatsächlich einen *Tod des Psychiaters* (Spazier 1982) hervorrufen kann. Spöttisch sagt Dr. Brulow, Frauen seien die besten Psychoanalytikerinnen, doch wenn sie sich verlieben, seien sie die besten Patienten! Das ist, ungeachtet der Vermischung von Real- und therapeutischer Beziehung bei den Hauptpersonen, die zweite Warnung, die professionelle Abstinenz einzuhalten. Nun wünscht er den Liebenden eine gute Nacht und angenehme Träume, »die wir beim Frühstück analysieren werden«. Aber so wechselt leider der weise Psychoanalytiker, der doch auch eine Art personifiziertes psychoanalytisches Über-Ich darstellt, in eine vulgäre Vorstellung der Psychoanalyse als Handwerk, die man nur genügend gut betreiben könne, um Symptome, Verhalten, und eben Träume kunstgerecht zu analysieren, etwa wie der Internist durch komplizierte Laboruntersuchungen der Ursache des Übels auf die Schliche kommt. Man sieht auch, dass Dr. Petersen nicht nur die therapeutische Aufgabe mit ihrer Liebe vermischt, sondern dass sie umgekehrt auch eine allerdings längst aufgegebene Abstinenz verwendet, um sexuelle Nähe zu vermeiden: »Das geht nicht, ich bin doch hier als dein Analytiker, nicht wahr?« Und er antwortet spöttisch: »Haben Sie keine Angst, Doktor, ich schlafe auf der Couch« – ausgerechnet auf der Couch …

Nun wird wieder das Klischee bedient, alle Geisteskranken bzw. schwerer Gestörten seien mörderisch aggressiv: In dem durch den Rasierschaum (»Schnee«!) ausgelösten dissoziativen Zustand geht John Ballentine mit dem Rasiermesser durch das Haus des Gastgebers, sehr spannungssteigernd und unheimlich, und Dr. Brulow wechselt aus der Rolle des Analytikers in die des Arztes, der den erregten Patienten mit einer Dosis Brom schachmatt setzt.

Dr. Brulow schüttelt den Kopf, wie sich die Wissenschaftlerin in ihren Patienten wie ein Backfisch verlieben könne, er wird ganz offensichtlich zum Sprachrohr Hitchcocks gemacht: »Der Verstand einer verliebten Frau arbeitet auf der niedrigsten Stufe des Intellekts.« Er vertritt die Ebene der Wissenschaft, sie verteidigt ihre Liebe, die man aber verstehen kann als Verteidigung der Beziehung, der (allerdings in diesem Fall entgleisten) therapeutischen Beziehung in der analytischen Arbeit jenseits einer scheinobjektiven medizinischen Wissenschaft.

Nun wechselt auch Dr. Brulow in die Rolle des Kriminalisten: Wie zwei Kriminalbeamte beim Verhör dringen er und Dr. Petersen in den armen Patienten, er möge sich endlich erinnern, dieser hält das nicht aus, er will lieber zur Polizei und endlich das unbewusste Schuldgefühl durch reale Schuld ersetzt haben, wodurch er sich Befreiung vom Unbekannten erhofft. Dr. Petersen besteht auf einer teils kriminologischen, teils traumatherapeutischen, eher verhaltenstherapeutischen Exposition: Sie will mit ihrem Schützling die Skiabfahrt wiederholen; diese Skiabfahrt, so unrealistisch und unfreiwillig komisch sie im Film auch als endlose Schussfahrt dargestellt wird, schafft sozusagen als Traumaexposition die Aufdeckung der Abfolge der »sequentiellen Traumatisierung« (Keilson 1979): Das Rutschen auf einem Treppengeländer beförderte damals den Bruder durch Aufspießen auf einen Zaun in den Tod; dieses traumatische, mit extremen Schuldgefühlen verbundene Ereignis der Kindheit war gründlich der Amnesie verfallen. Das Kriegstrauma als zweite Sequenz führte zu einer posttraumatischen Belastungsstörung, dabei spielen Eisenbahngleise eine Rolle, und die Zeugenschaft des Mordes an Dr. Edwardes (die Spuren im Schnee korrespondieren mit den Eisenbahngleisen) schließlich bewirkte die vollständige Amnesie mit – unwahrscheinlich genug – anschließender Identifikation mit dem und vollständiger Identitätsübernahme des Ermordeten, begründet durch das Schuldgefühl, dessen Ursache im Unfall in der Kindheit liegt. Das Happy End scheint erreicht: »Da du den Verstand wiedergefunden hast, darfst du ihn nicht wieder verlieren …«, sagt die Analytikerin-Geliebte zu ihrem Patienten-Geliebten, spottet Hitchcock sozusagen, und der Befreite antwortet: »Und wie fühlt man sich als erfolgreiche Analytikerin und als Detektiv?« Hitchcock hat offenbar doch um seine ironische Vermischung von Psychoanalyse und Kriminalistik gewusst. Doch die Ebene der Realität interveniert noch einmal, John Ballentine wird von der Polizei des Mordes verdächtigt, nachdem man die Leiche gefunden hat. Dr. Murchinson kann mit der Wiedereinsetzung in seine Chefarztstelle rechnen und rät der gebrochenen Kollegin Dr. Petersen, sie solle alles gründlich vergessen – das ist gegen die Psychoanalyse, die aufdecken möchte, was dem Übeltäter natürlich nicht recht sein kann. Dr. Petersen spielt wieder Kriminalistin, ihr fällt auf, dass Dr. Murchinson den wahren Dr. Edwardes kannte, sodass er den falschen hätte erkennen müssen; noch einmal wird die Traumdeutung bemüht, das Spielkasino in dem von Dalí gestalteten Traum als die psychiatrische Privatklinik identifiziert, sein Besitzer, Dr. Murchinson, wies im Traum den bärtigen Dr. Edwards hinaus, musste also real der Mörder sein.

Ganz Hitchcock und für meine Begriffe genial: Der Mörder (Dr. Murchinson) »analysiert« den Traum des Beschuldigten »korrekt«, deckt dadurch jedoch auf, selbst der Mörder zu sein! Auch das Dalí'sche Rad wird als Revolver treffend gedeutet. Nun wehrt sich Dr. Murchinson noch einmal gegen seine Überführung, die die psychoanalytische Traumdeutung ermöglichte: »Genug! Sie machen sich zum Gespött! Eine verliebte Ärztin spielt Traumdetektivin!« Hitchcock verdichtet hier noch einmal den Widerstand gegen die Psychoanalyse (Gespött), die Liebe als extreme Sonderform der therapeutischen Beziehung, die hier allerdings ohne Weiteres unzulässig ausagiert wird, sodass basale Abstinenzforderungen missachtet werden, und die Kriminalistik: »Traumdetektivin.« Aber der Zuschauer ist nun überzeugt: »Das, was diesem Mann widerfährt, [ist] besonders logisch« (Truffaut 1966, S. 15f.) zu verstehen. Die Psychoanalyse ist rehabilitiert, wenn auch das Ende – Dr. Petersen schafft es, den Raum trotz vorgehaltener Pistole zu verlassen, indem sie ihrem ehemaligen Chef suggeriert, es mache keinen Sinn, sie zu erschießen – wiederum keineswegs analytischem Vorgehen entspricht.

Intime Fremde

von Patrice Leconte

Dieser Film handelt von einer psychoanalytisch konzipierten Therapeut-Patientin-Beziehung, und ich kenne keinen Film, in dem das Besondere dieser merkwürdig künstlichen, dabei aber so effektiven und kreativen Beziehungsform derart treffend dargestellt wird. Der Witz hingegen liegt darin, dass es kein Analytiker ist, an den sich die Heldin wendet, sondern ein Steuerberater, allerdings auch ein Angehöriger eines irgendwie helfenden Berufs. Diese Verwechslung beruht auf einer – wie man sagt: Freud'schen – Fehlleistung, die man leicht auf die Ambivalenz gegenüber einer beginnenden Analyse oder Therapie zurückführen kann: Man will sie und hat doch Angst vor ihr. Irgendwann erfährt man, Anna kann links und rechts nicht gut auseinanderhalten, wie schon als Kind, und so wendet sie sich nach rechts und nicht nach links, wie es die Concierge ihr gesagt hatte. So gerät sie an die Tür des Steuerberaters Faber und nicht an die des Analytikers, mit dem sie zu ihrer ersten Sitzung verabredet war. Im Film wird sie auch in ihrer Annahme bestärkt, dass sie da ist, wo sie hinwollte: Da ist eine Couch (für den Mittagsschlaf des Steuerberaters), eine Zeitschrift *Analyse* – sie weiß ja nicht, dass es da um Finanzanalysen geht –, ins Telefon sagt Faber zu einem Anrufer: »Dafür bin ich ja da …«, also für die Probleme der Menschen, und auch eine Kleenexpackung ist zur Stelle, als Anna weint.

Die Komik entstammt noch einer anderen Quelle: der Vertauschung von Wissendem und Nichtwissendem. Anna weiß, dass sie Patientin ist (oder halbherzig sein wird), er weiß nichts. Jeder Patient denkt natürlich anfangs: Ich weiß nichts, aber der Analytiker, der Fachmann, weiß es. In gewisser Weise ist es aber immer umgekehrt: Der Analytiker weiß nichts (das sagt auch im Film der tatsächliche Analytiker, Dr. Monnier, in der zweiten »Supervisionssitzung« im Restaurant), der Patient dagegen alles; allerdings ist sein Wissen dem Bewusstsein nicht zugänglich. Der Analytiker weiß nur, dass es um eine einzige Frage geht: »Wer bist du?!«, während der Patient noch denkt, es gehe um die Eliminierung von Symptomen. Im Film wirkt es dann komisch, wenn Anna schon am Ende der ersten Sitzung die Sache in die Hand nimmt: »Nächste Woche, um die gleiche Zeit?« Sie ergreift die Initiative, macht die Termine, fragt nach dem Geld – er guckt fragend mit wunderbar verständnislosem Blick; aber das ist der allerdings in die Karikatur gehobene eigentliche analytische, naiv-fragende Blick des Analytikers. Und Faber schlüpft auch intuitiv in die Rolle, er fragt nur, hält sich mit seiner Meinung oder gar mit Deutungen zurück. Er spürt, dass er der Patientin den Vortritt lassen, sie den ersten Schritt tun lassen muss. Die analytische Beziehung ist von sowohl intimer Nähe als auch taktvoller Distanz (»Abstinenz«) bestimmt; Pontalis (1986) sprach, den deutschen Filmtitel fast vorwegnehmend, von den Beteiligten als »nahen Fremden«. Die entstehende notwendige Asymmetrie kann aber auch wie eine Verletzung, ein Verrat empfunden werden: Als Anna realisiert, dass er kein Analytiker ist, ist sie wütend und empört: »Er weiß alles von mir, und ich nichts von ihm!«

Von Anfang an ist klar, dass es um Sexualität geht – die Symptomatik wird als sexuelles Problem in der Ehe geschildert. Dabei bleibt unklar, wer die größeren Schwierigkeiten hat – Anna oder ihr Ehemann; einmal sagt Faber fast erschrocken und doch schon fachmännisch: »Ich finde, er braucht eine Behandlung ...« Seit den Anfängen der Psychoanalyse ist bekannt, dass bereits die Aufforderung, über Sexualität zu reden, noch dazu in der Intimität des Zwei-Personen-Arrangements, eine Verführung darstellt, erotische Spannung erzeugt, im Patienten, aber auch im Analytiker, und in diesem auch besonders voyeuristische Tendenzen weckt. »Macht dich das wenigstens an?«, fragt die Ex-Frau Fabers unverblümt. Er wehrt ab: »Du verstehst nichts!«, d. h., sie versteht sehr wohl, dass es so ist, aber nicht seine Not, wie er sich aus der Affäre ziehen kann, aus der Verstrickung von Begehren, der eigenen Schüchternheit, also der Angst, dem Begehren nachzugeben, und dem intuitiven, vorbewussten Wissen um seine Pflicht, in dieser trotz allem professionellen Beziehung abstinent zu bleiben. Dabei hilft ihm sicher auch seine Schüchternheit. Dass auch er Feuer gefangen hat, zeigt der Film durch die altmodische, hollywood-mäßige musikalische Untermalung der entsprechenden Szenen, die erotische Spannung anzeigt. Und oft übernimmt die Kamera seinen sehnsüchtigen Blick auf ihren Körper, ihr Dekolleté ... Es war Freuds (1915a) Mahnung, die an seine Schüler zu richten mehr als notwendig geworden war: Wer mit dem Feuer der Analyse, d. h. den entfachten sexuellen Bedürfnissen spielt, hat peinlich genau darauf zu achten, dass die Glut nicht etwa zu einem unkontrollierten offenen Brand ausartet. Der Regisseur weiß davon, denn tatsächlich entfacht Anna einen Brand, im Papierkorb, durch ihre Unachtsamkeit mit der Zigarette – übrigens auch diese ein Symbol für Lust, Trieb. Ständig raucht Anna, was ihr Mann ihr verboten hat. Faber ist in dieser Hinsicht abstinent, aber ganz zum Schluss raucht auch er wie zum Zeichen, dass die Analyse in eine gegenseitige reale Beziehung verwandelt worden ist.

Natürlich ist auch die Konstruktion, dass nicht etwa Anna, die Patientin, über sexuelle Probleme klagt, sondern über das Problem, dass ihr Mann verlangt, sie solle mit einem anderen schlafen, eine witzige Überspitzung des in der Analyse enthaltenen Potenzials der Verführung des Analytikers durch die Patientin: Was läge näher, als dass *er* der andere Mann sein soll? Für Annas Mann ist es klar, als er Faber zur Rede stellt: »Wir drei können so nicht weitermachen!« – »Wovon sprechen Sie?« – »Von Ihrem Verhältnis ...« – »Es ist kein Verhältnis, ich liebe sie«, sagt Faber. – »Das war nicht vorgesehen – weiß sie das?« – Nein, das war allerdings nicht vorgesehen, und sie darf es auch nicht wissen. Sie kann es zwar ahnen, aber sagen darf der Analytiker das nicht, sollte es auch geschehen sein, denn erst durch das Aussprechen wird das, was da ist, real und zum Übergriff (Hirsch 2000). Vielleicht kann man die Szene einer ziemlich verführerischen Situation, in der Anna sich auf die Couch legt, er hinter dem Schreibtisch verbarrikadiert bleibt und sie, als es immer dunkler wird, ihn bittet, kein Licht zu machen, so verstehen: »Nichtbenennen«, kein Licht darauf werfen, denn als sie später von ihrem »Therapieerfolg« berichtet, dass nämlich ihr Mann sie im Hotelzimmer so erfolgreich verführen konnte, betont sie geradezu, dass er das Licht nicht gelöscht habe. Alles scheint darauf angelegt, dass sie, die Patientin, als wäre sie ein Kind, das (allerdings mit dem Feuer) spielen will und soll, stets verführerisch sein darf, während es seine Aufgabe ist, zu begrenzen und zu verzichten. Das ist das Wesen von Asymmetrie und Abstinenz (Hirsch 2000), das sich ebenfalls (wie auch seine Verletzung) in dem Bericht einer von ihrem Analytiker sexuell missbrauchten Analysandin findet (Anonyma 1988, S. 63f.; 2003, S. 53f.): Die Patientin, Anonyma, agiert, aber warum sollte sie es nicht tun?

> »Dann wuchs ein Plan in mir: Ich müsste den Raum zwischen Couch und Sessel überwinden, zu ihm gehen, zu meinem Analytiker, ihm ins Gesicht sehen [...]. Ich lasse mich auf den Fußboden gleiten. Auf die Knie. Ohne meinen Analytiker anzusehen, krieche ich auf seinen Sessel zu, sehr langsam [...]. Ich bin sehr glücklich, in seiner Nähe zu sein [...]. Leicht und vorsichtig berühren meine Finger seine Schläfen und seine kalten Hände. Endlich, nach diesem langen Weg, das Glück. Er sieht mich nicht an. Sein Gesichtsausdruck ist streng [...], und ich gehe zu meinem Platz auf der Couch zurück. Ich habe kein schlechtes Gewissen. Warum auch. In der nächsten Sitzung fragt der Analytiker: ›Glauben Sie nicht, dass ich dahin kommen kann, wo Sie sind?‹ ›Nein.‹ ›Sie glauben das nicht?‹

›Nein.‹ ›Aber natürlich!‹ Ich höre, wie er aufsteht. Mit zwei schnellen Schritten ist er neben mir auf der Couch und nimmt mich in die Arme.«

Die Patientin darf spielen, aber der Analytiker darf daraus nicht Ernst werden lassen. Im Film weiß Anna aber: »Solche Dinge kommen doch vor!«, sagt sie einmal, als es genau um diese Grenze geht: Der Ehemann denkt, sie habe einen Liebhaber, Faber fragt, was sie ihm gesagt habe. – Sie habe einen … – Wen? – Einen Therapeuten.

Ursprünglich definierte Freud Abstinenz als die Versagung der Triebbedürfnisse des Patienten durch den Analytiker. Keineswegs nur sexuelle Bedürfnisse sollen nicht direkt befriedigt werden, auch etwa Bedürfnisse, Informationen, Ratschläge, Trost und Mitleid zu bekommen. Vielmehr steht stets die Frage im Vordergrund: Warum fragt der Patient, wo kommen seine Bedürfnisse wirklich her oder vielmehr: Was *bedeuten* sie? Triebverzicht also stellt für Freud erst den nötigen Druck her, der wie ein Motor die Analyse vorantreibt. Abstinenz kann man aber auch anders verstehen, nämlich als Verzicht *des Analytikers*; *er* muss auf die Erfüllung *seiner* Bedürfnisse, die an den Patienten oder die Patientin gerichtet sind, verzichten. Und wieder geht das weit über die sexuellen Bedürfnisse hinaus – er darf keinen Small Talk zulassen, nicht über ihn interessierende Themen plaudern, seine Leistungen, Fähigkeiten und Verdienste nicht herausstreichen, er soll also sein narzisstisches Bedürfnis nach Anerkennung und Bewunderung zurückstellen, ganz sicher aber muss er auf die Realisierung seiner sexuellen und körperlichen Bedürfnisse verzichten. Die Abstinenz wird markiert durch die Grenzen des Rahmens, durch die Regeln, nicht zuletzt auch durch die Entrichtung des Honorars, welches deutlich bezeichnet, wer der Gebende und wer der Empfangende sein soll. Abstinenz also bedeutet den Verzicht auf alles, was dem Analytiker nützt oder nützen soll, nicht aber dem Patienten. Also spricht der Analytiker nicht über seine Probleme, seine Ehe, seine Mutter. Anna weiß das: »Wir dürfen nicht über Sie sprechen«, sagt sie. Das hindert sie aber keineswegs, wissen zu wollen, wer er wirklich ist; das wollen alle Patienten wissen. Sie schaut sich seine persönlichen Dinge an, das Hochzeitsbild seiner Eltern, fragt nach seiner Familie, als sie ihn unangemeldet in seiner Wohnung überfällt. Sie fragt auch nach einer verschlossenen Tür, und hier allerdings antwortet er doch: »Das war das Schlafzimmer meiner Eltern«, und sie kontert überlegen, sie habe von *ihm* gesprochen, von seiner Verschlossenheit also, nicht von seiner Wohnung.

Sexuelle Übergriffe in Therapien werden begünstigt durch belastende Lebenssituationen des Therapeuten – auch das weiß der Film. Faber ist einsam, seine Frau hat sich von ihm getrennt. Faber legt sich abends eine Schallplatte auf mit einem sentimentalen Cellokonzert, er kocht für sich, beschäftigt sich fast autistisch mit seiner Sammlung von automatenartigem Blechspielzeug. (Eine ähnliche symbolische Verwendung des Blechspielzeugs findet sich auch in *Ein Herz im Winter* von Claude Sautet, vgl. das entsprechende Kapitel.) Sehnsüchtig blickt er aus dem Fenster und sieht benachbarte Hotelgäste sich streiten und sich lieben, während er niemanden hat, sieht auch einen alten Mann im Sessel sitzen und muss denken: Soll das schon mein Leben gewesen sein? Sollte er nicht leben, etwas riskieren, die überdeutlich sich bietende Gelegenheit ergreifen, ausbrechen, Anarchie wagen – inzestuöse Liebe ist immer gegen jede Menschenordnung gerichtet! In seiner Not hält er die Grenzen doch nicht ganz ein, er versucht, Annas Telefonnummer zu bekommen. Dr. Monnier, der Analytiker, sagt spöttisch dazu: »Jeder von uns hätte gern eine Nummer ...« Faber verfolgt sie bis zu ihrem Wohnhaus wie ein schüchterner, verliebter Jüngling. Und auch verbal überschreitet er – natürlich unsicher und ohne Kenntnis der Regeln, aber auch ein Analytiker ist manchmal verunsichert – gewisse Grenzen: »Wie darf ich Sie nennen?« – »Anna.« – »Wie erreiche ich Sie?« – »Rufen Sie mich nicht an ...« – bittet sie wie eine verheiratete Frau ihren neuen Geliebten. Wie erwähnt, benennt er das elterliche Schlafzimmer hinter der verschlossenen Tür, sagt einmal auch zu Annas Bericht, ihre Mutter habe nach dem Tod des Vaters immer Männer mit nach Hause gebracht: »Meine Mutter hat nie jemanden mitgebracht ...«, was man auch so verstehen kann: In Annas Kindheit gab es Sex, wurde gelebt, in Fabers Kindheit herrschte Öde in dieser Hinsicht.

Zumindest jeder therapeutische Anfänger braucht eine Supervision seiner Arbeit, in die er sich verstrickt sieht; allein und ohne feste begleitende Hand eines erfahrenen Mentors findet er nicht heraus aus einem solchen Gestrüpp. Faber holt sich Rat beim benachbarten Analytiker. »Sie wissen schon zu viel«, sagt Dr. Monnier, zu viel nämlich, um umzukehren. Er macht auch ganz klar, dass es sich um eine professionelle Situation handelt, die »Supervision« 120 Euro kostet, also nicht einfach ein nachbarschaftlicher Rat ist. Wenn sie zusammen essen gehen, ist das so ein Zwischending, dann soll der Schüler wenigstens das Essen bezahlen. Dr. Monnier ermutigt ihn, er sei der ideale Zuhörer (nämlich nicht-wissend), der Analytiker und der Steuerberater würden ähnlich zuhören: »Was man darlegt und was man verbirgt ...« Er fragt, warum Faber weitermache: Faber möchte helfen, Probleme zu lösen. Und Monnier legt den Finger auf die Schwierigkeit und die Not des Unerfahrenen: »Madames Probleme oder die eigenen?«, fragt er sofort, und das musikalische Motiv der erotischen Spannung wird unterlegt. Dr. Monnier begleitet den Anfänger wie ein wohlwollend begrenzendes Über-Ich und klärt ihn auf: »Der Analytiker weiß nichts«, und behutsam entlastet er ihn von seiner Angst: »Ja, ja, wenn eine Frau über ihren Orgasmus redet, entstehen archaische Ängste, der Analytiker wird zum kleinen Jungen ...« Faber könne aber nicht einfach aufhören, es sei zu Ende, wenn es zu Ende sei (was ja nachher auch eintreffen wird), die halbgeöffnete Tür zum weiblichen Geheimnis sei schwer wieder zu verschließen – dabei dreht Dr. Monnier genüsslich den Bleistift im Anspitzer, als bohre er ihn in eine schreckliche Vagina dentata hinein.

Der Patientin geht es nach und nach besser, und man fragt sich, was ihre Entwicklung ermöglicht haben mag. Ein Gedanke wäre, dass sie in der Lage war, Wut in der Übertragung zu äußern, als sie dem erschrockenen Faber ihre Enttäuschung über seinen Betrug, vorzugeben, ein Analytiker zu sein, mitteilt. Endlich kann sie sich gegen männliche Gewalt wehren, mit der ihr verboten worden war, zu rauchen, auch Auto zu fahren (mit dem Auto hat sie allerdings ihren Mann zum Krüppel gemacht, weil sie Vorwärts- und Rückwärtsgang verwechselte). Ebenso autoritär gebietet ihr ihr Mann, mit einem anderen zu schlafen. Die sexuelle Störung des Paares begründet sich mir so, dass der von Anna verschuldete Unfall einer Kastration gleichkommt und die Angst ihres Mannes vor der Frau sich in seiner Impotenz äußert. Die Angst vor der vernichtenden Frau, einer archaischen Mutter-Imago, soll durch einen Dritten gemildert werden. Der Dritte wird zuerst eifersüchtig als Rivale gefürchtet, dann aber wird er geradezu als Sexualpartner der Frau installiert, um ihr phantasmatisch die Macht über den Mann zu nehmen. Joyce McDougall (1986) hat in einer schönen Fallbeschreibung von einem Mann, Jason, berichtet, der ausschließlich Sexualität mit einer Frau haben konnte, wenn er sicher war, dass ein anderer Mann, ein Dritter also, mit ihr eine sexuelle Beziehung hatte. (Dieselbe Dynamik, allerdings gänzlich unbewusst, existiert auch in Molls Film *Lemming*, vgl. das entsprechende Kapitel.) Im Film genügt es schließlich, dass Faber dem sexuellen Kontakt des Paares (im Hotelzimmer) zuschaut, also ein Zeuge ist, um die Potenz wiederherzustellen.

Aber auch Faber macht einen beträchtlichen Entwicklungsprozess durch, auch eine »Heilung durch Liebe«, wie es Freud genannt hat. Faber legt die Krawatte ab – Anna war seine förmliche Kleidung aufgefallen –, er tanzt zu Hause, allerdings allein. Er erzählt ihr, dass er Beruf und Büro vom Vater geerbt, sogar die Sekretärin übernommen habe, das bedeutet, dass er aus der Verbundenheit mit dem Elternhaus nicht herausgekommen ist. Anna schenkt ihm zum Abschied eine Reisetasche als Aufforderung, sich einmal aus dieser Gruft von Büro und Wohnung fortzubewegen. Für mich ist aber der wichtigste Reifungsschritt Fabers der Verzicht auf eine Beziehung zu Anna. Wie in jeder Therapie ist die fortschreitende Entwicklung der Patientin eine Trennung auch vom Therapeuten. Anna hat einen so durchschlagenden

Erfolg, ihren Mann wiedergewonnen zu haben, sie mag ihm gar nicht alle Details erzählen – doch, er will alles wissen, will sich dieser Realität stellen. Sie ist so froh, ihren Mann wiedergefunden zu haben, hat so manches verstanden, sich mit ihm ausgesprochen, fühlt sich viel besser und beschließt: »Ich verlasse ihn.« Das kann man nun erst recht einen Therapieerfolg nennen. Sie setzt sich mit dem Partner auseinander, und das Ergebnis ist die Befreiung. »Ich will wieder ganz frei sein, das war doch Ihr Rat, oder nicht?« – »Und unsere Unterhaltungen?«, fragt er doch etwas traurig. – »Na ja, ich glaube, es ist alles gesagt, oder nicht?« Sie ist eigentlich doch die Stärkere, aber er verliert seine »Professionalität« nicht: »Es freut mich, dass es Ihnen besser geht, versuchen Sie glücklich zu sein, nur glücklich, mit wem auch immer.« Der Verzicht ist akzeptiert, sie geben sich die Hand, im Filmbild aber vor ihrem immer noch allzu deutlich auffordernden Dekolleté. Wenn Dr. Monnier sagt, der Erfolg liege im Durchtrennen der Nabelschnur, dann gilt das sowohl für sie als auch für ihn.

Auf den Anrufbeantworter spricht Anna zum Abschied: »Wir konnten uns alles sagen, ohne zu schwindeln, zu lügen ... Ich habe nie gedacht, dass das möglich ist ...« Eine ähnliche Botschaft erhielt ich einmal von einer Patientin:

> »Irgendwann einmal habe ich gesagt, dass ich eigentlich bei dem schönen Wetter keine Lust auf die Sitzung hätte. Vielleicht erinnern Sie sich daran, was Sie damals darauf gesagt haben: ›Wir könnten ja spazieren gehen‹, und ich war erschrocken und habe spontan NEIN geantwortet. Vielleicht hätte ich ja damals JA sagen sollen, dann wären all die Sachen über diese unglaubliche, schmerzhafte, faszinierende und einmalige Patient-Therapeut-Beziehung möglicherweise schon früher zur Sprache gekommen, denn Sie wären doch nicht *ernsthaft* mit mir spazieren gegangen!? Die Faszination dieser Beziehung besteht für mich darin, dass ich sie tatsächlich tausendmal intimer erlebe als jede andere Beziehung, tausendmal intimer als jede noch so leidenschaftliche sexuelle Beziehung es jemals gewesen ist. Es gibt nichts Vergleichbares, zumindest habe ich nichts Vergleichbares kennengelernt« (Hirsch 2000, S. 69).

Eine Verbindung zwischen den beiden Helden bleibt noch: Das Feuerzeug des Vaters, das Anna zurückgelassen hat. Man könnte denken, sie hat dieses verbindende Objekt (»linking object«, Volkan 1972) bei ihm – durch eine Fehlleistung – zurückgelassen im Sinne von: den Vater-Komplex durcharbeiten und aufgeben können. Aber er verwendet es seinerseits, um wieder Kontakt aufzunehmen. Hier allerdings hört die Realität der analytischen Arbeit auf, und das Filmmärchen geht über das Wesen der Analyse hinaus. Anna hat zwar alles aufgegeben und ein neues Leben in einer neuen Umgebung begonnen, indem sie im sonnigen Süden eine Tanzschule eröffnete – ganz zu Anfang hatte er sie ermutigt, unorthodoxerweise, in einer »Sitzung« zu tanzen –, aber er findet sie, nachdem er seinerseits seine alte Umgebung und alles, was damit zusammenhing, verlassen konnte. »Sie erinnern sich an alles?«, fragt Anna erstaunt, und er erwidert: »Die eigentliche Frage lautet: Warum?« Die Antwort ist: seine Liebe, die ihn sie hat finden lassen, ihn, der während der »Analyse« doch unbeweglich war wie ein Holzklotz, während sie die Verführende war.

Wir erleben nun eine rührende Verwandlung der »analytischen« Beziehung in eine reale – ihnen beiden haben die Verabredungen gefehlt, sie legt sich – rauchend – auf die Couch. »Wo waren wir stehen geblieben?« Er bewegt sich von seinem Schreibtisch auf sie zu, setzt sich auf den Rand der Couch und raucht nun auch. Dieser Filmschluss sollte allerdings, mahnt das Über-Ich, nicht darüber hinwegtäuschen, dass die Übertragung noch lange, eigentlich immer andauert, und auch ein Ende der Analyse oder Therapie keineswegs grünes Licht für eine Realbeziehung bedeutet.

Zum Schluss möchte ich nicht versäumen, auf die verwendete Musik und auch auf die Filme, die beiläufig im Fernsehen zu sehen sind, hinzuweisen, weil die Auswahl keineswegs ohne Bedeutung ist und alle Titel ziemlich witzig zu der so schön dargestellten Dialektik von Verführung und Abstinenz passen: Ein Song heißt: *In the Midnight Hour*, ein anderer: *In the Moonlight.* Rossini wird zitiert mit: *Sins of my Old Age.* Und ein letzter Song gibt den Rat: *Never Say Never.* Die Concierge sieht im Fernsehen ein Melodram einer *verbotenen Liebe* zwischen einem Priester und einer vor Leidenschaft vergehenden Frau. Und der Film (von Gérard Krawczyk), den der einsame Faber im Fernsehen sieht, heißt, und das kann man im Zusammenhang mit der Übertragungsliebe auch der psychoanalytisch-therapeutischen Beziehung überschreiben: *Subtle Concept.*

Eheliche Liebe

Lemming

von Dominik Moll

Ein junges Ehepaar ist kürzlich in das südfranzösische Städtchen Bel Air gezogen. Alain ist Ingenieur und hat eine attraktive Stelle bekommen, Bénédicte war einmal Pharmareferentin und fühlt sich wohl bei der Einrichtung des neuen Hauses und im Haushalt. In seiner Firma präsentiert Alain eine Neuproduktion: ein hubschrauberartiges Gebilde, eine »fliegende Webcam«. Mit der Maschine, das führt Alain mit seinen Kollegen vor, könne man bei Abwesenheit einen Wasserschaden im Haus aus der Ferne diagnostizieren. Der Ingenieur kommt von der Arbeit nach Hause (das zeigt der Film noch mehrmals, meistens kommt er spät nachts), Bénédicte versteckt sich, erschreckt ihn, er sinkt zu Boden – ein Spiel von Verliebten. Sie sagt: »Der wäre erledigt!«, er bekomme auch keine Mund-zu-Mund-Beatmung. Alains Chef, Richard Pollock, hat sich selbst zum Abendessen mit seiner Frau Alice eingeladen. Bénédicte bereitet das Essen vor, das Wasser des Spülbeckens läuft nicht ab. Alain kommt aus der Dusche: »Und schon bin ich sauber.« Er soll den Siphon abschrauben, schafft es nicht, die Zange (das Werkzeug) ist defekt.

Hier werden schon symbolträchtige Bilder geliefert: Das Wasser kann man als Naturmetapher sehen, die Kanalisation steht für Zivilisation, es gibt bereits einen Wasserschaden, die Kanalisation funktioniert nicht. Noch ahnt man nicht, dass der Scherz »Der wäre erledigt!« prophetische Qualität besitzt. Noch denkt man, die Ehe-Idylle ist wirklich »sauber«. Und ganz tüchtig ist der Ingenieur auch nicht, wird angedeutet, vielleicht hat er noch viel größere Probleme zu meistern.

Alains Chef, Richard, und seine Frau Alice kommen zum Abendessen viel zu spät. Dieses ältere Ehepaar wirkt, als hätte es Streit gegeben, sie verbreiten eine gespannte, düstere Stimmung. Die jungen Eheleute dagegen lieben sich gegenseitig, sind erotisch, zärtlich; sie küssen sich in der Küche, Alice kommt lautlos heran …

Ein junges und ein älteres Ehepaar treffen also aufeinander, das junge Glück scheint ungetrübt, bei den Älteren fragt man sich aber, was außer gegenseitigem Hass das Paar nach all den Ehejahren noch zusammenhält. Und so bricht es unvermittelt heraus:

Alice verbirgt ihr unbewegtes Gesicht hinter einer Sonnenbrille, Richards Handy klingelt, Alice plötzlich: »War das eine deiner Nutten?« – »Fang nicht damit an ...« – »Wir sind zu spät gekommen, weil er mit einer Nutte verabredet war!« Bénédicte versucht zu vermitteln: »Möchten Sie Salat?« Alice fragt nun Bénédicte unverblümt, ob sie Kinder habe, als Bénédicte verneint, ob sie keine möchte. »Doch, vielleicht ...« – »Wie viele? – Ein Junge und ein Mädchen, ja?« Das ist ein eisiges Verhör. Als Richard interveniert, schüttet ihm Alice den Rotwein ins Gesicht. Der Besuch wird abgebrochen, beim Hinausgehen giftet Alice Bénédicte an: »Was haben Sie mich so anzustarren, halten Sie sich für was Besseres, so ein Bilderbuch-Pärchen, Sie tun mir leid!« – »Sie mir auch«, entgegnet Bénédicte. Als die Gäste gegangen sind, sagt Bénédicte zu Alain: »Wenn ich eines Tages so werde wie sie, dann erschieß mich.«

Es ist klar: Die Fassade durchschnittlicher bürgerlicher Normalität wird – eines Chabrol würdig – von Alice brutal konterkariert, die keine Hemmungen hat, unverblümt die Ehewirklichkeit aufzudecken, die sich nach Jahr und Tag entwickelt hat. Auf der metaphorischen Ebene hat das Unheil sich ja schon durch den verstopften Abfluss angekündigt.

Alain kann nicht schlafen, er muss – *als Mann* – wohl immer aktiv, immer tätig sein. Er repariert die Zange und holt aus dem Abflussrohr ein lebloses Nagetier heraus. – Schnitt: Testläufe mit der »fliegenden Webcam«, die dabei zerstört wird. »Scheiße.« – Schnitt: Bénédicte ist, *ganz Hausfrau*, fröhlich im Haushalt beschäftigt, in der Waschküche entdeckt sie das Nagetier. Der Tierarzt erklärt, dass es sich um einen Lemming handelt, der nur in Skandinavien heimisch sei. Sein Neffe arbeite am Institut für Naturforschung, der Lemming würde ihn sicher interessieren. – Richard entschuldigt sich für den Abend bei Alain, er lädt das junge Paar ein, einmal ein paar Tage in seinem Landhaus in den Bergen zu verbringen. Die Normalität scheint wiederhergestellt, eine Pseudonormalität allerdings.

Alain repariert spätabends in der Firma die zerstörte Webcam, Alice nähert sich, düster wie ein Geist: Ob sich Richard entschuldigt habe, ob er erzählt habe, dass er vor 20 Jahren versucht habe, sie umzubringen? – Warum sie ihn nicht verlasse – »Ich will ihn verrecken sehen!« Dann unvermittelt: »Hätten Sie Lust, mit mir zu schlafen?« Sie nähert sich ihm, versucht, ihn zu verführen. »Machen Sie mit mir, was Sie wollen ... Na los!« Alain ist wie hypnotisiert, entzieht sich dann aber abrupt Alice. Wieder kommt er nach Hause, ist in Gedanken, verschlingt das Abendessen: »Du isst wie ein Schwein«, sagt Bénédicte. Schnitt: Heller Tag, Arbeiter der Wasserwerke senden einen Roboter mit einer Kamera in das Abflusssystem. Zivilisation und Natur sind wieder gegenübergestellt: Man sollte gesittet essen; die Kanalisation, deren Erfindung ein Meilenstein der Kulturentwicklung war, muss verlässlich funktionieren. Die Technik imitiert witzigerweise die Produkte der Natur: Insektenartig aus der Luft (mit der Webcam) und maulwurfsähnlich in der Tiefe werden voyeuristische Bedürfnisse bedient.

Plötzlich steht Alice vor dem Haus des jungen Paares, sie kommt auf die Rollenverteilung der bürgerlichen Ehe zurück: »Arbeiten Sie nicht?« – Nein, Bénédicte fehle die Arbeit nicht. – »Keine Angst, dass es mal schlechter laufen könnte?« Alice fragt, und zwar kalt und unterschwellig aggressiv, was sie selbst bewegt bzw. was sie nicht hat: die Rolle der Ehefrau, Kinder. Ganz offenbar ist sie neidisch auf das junge Glück, und man ahnt Verhängnisvolles.

Unvermittelt möchte Alice sich irgendwo hinlegen, sie sei müde, aber vorher implantiert sie noch ihr Gift: Sie habe versucht, Alain zu verführen, er habe sich »ein bisschen gehen lassen ...«. Alain kommt wieder von der Arbeit nach Hause und erfährt, Alice sei hier. Alice schließt sich in das Gästezimmer ein, das ratlose junge Paar hört von außen, wie sie die Einrichtung demoliert, dann ein Schuss – sie hat sich erschossen. Wie ein Vampir saugt Alice das Glück des jungen Paares auf, sie dringt in das Haus ein wie der Lemming, Unheil verkündend.

Der Neffe des Tierarztes interessiert sich für den Fundort des Lemmings, er doziert: Bei den Lemmingen käme es von Zeit zu Zeit zu einer Explosion der Population und zu Massenmigrationen, bei denen Tausende den Tod finden könnten; früher dachte man an Massenselbstmord, das sei aber ein Mythos. Bénédicte: »Selbstmord? Gestern hat sich jemand in unserem Haus umgebracht, welch seltsamer Zufall.« Der Naturforscher wehrt ab: »Nein, nein, nein, nein ...«, die Lemminge stürben aus Erschöpfung, das sei alles.

Der Naturforscher sieht die Phänomene natürlich ganz sachlich, aber die Massenmigration der Lemminge deutet die Möglichkeit einer überwältigenden und unbegreifbaren Plage an, ähnlich wie das massenhafte Auftauchen der Vögel in Alfred Hitchcocks Filmgeschichte (vgl. das entsprechende Kapitel), und auch in diesem Film versuchte eine Wissenschaftlerin, eine Ornithologin, ihren Sachverstand gegen das Unbegreifliche zu setzen. Man denkt auch an die Angst von Kindern, aus dem Klobecken könnte eine unbekannte Gefahr hervorkommen, wenn sie sich daraufsetzen, oder unter dem Bett lauere ein Dämon, der sofort zuschnappt, wenn auch nur ein Körperteil unter der Bettdecke herausragt.

Wieder kommt Alain spät nach Hause, legt sich neben die schon schlafende Bénédicte. Sie aber wacht in der Nacht auf, schleicht lautlos durch die

Wohnung, endlos im Halbdunkel an all den Zimmern vorbei, geht wie schlafwandelnd nach oben zum Gästezimmer, man hört das Sirren der fliegenden Webcam, von Spannung erzeugender Musik untermalt. Wie eine Traumszene, ein lautloser Gang durch dunkle Zimmer, an geöffneten Zimmertüren vorbei – Zimmertüren wie in *Spellbound*, eine Kamerafahrt durch die Innenarchitektur wie in *La fleur du mal.*

Als sich Alain am Morgen erkundigt, ob sie im Gästezimmer geschlafen habe, reagiert sie unvermittelt so aggressiv, wie es auch aus Alice mehrfach herauskam – das junge Eheglück ist schon beeinträchtigt. Auf einer gemeinsamen Geschäftsreise erkundigt sich Richard nach der Verführungsszene; scheinbar wohlwollend neutral meint er, Alain hätte Alice den Gefallen doch tun können, dann aber doch abrupt aggressiv: »Aber zu allem Überfluss hatten Sie auch noch Lust darauf, Scheiße!« Der arme Alain ist sprachlos, ängstlich, wie ein Opfer von etwas Unbekanntem, ähnlich schon wie in der Verführungsszene.

Aus dem Hotelzimmer ruft Alain Bénédicte an: »Hallo, ich bin's.« – »Wer?« – »Ich bin's, Alain, dein Bilderbuchehemann ...« – »Verpiss dich, du Arsch!« Bénédicte hatte ja schon vorher unvermittelt aggressiv reagiert, als identifiziere sie sich mit Alice, würde sich nach und nach in ihre Richtung entwickeln, bis sie mit ihr identisch wäre, als ob sie von einem verhaltensmodifizierenden Virus befallen wäre. Und auch Alain ist immer wieder mit dem Fremden konfrontiert, als wäre es ein unausweichliches Schicksal, dass der Ehemann über kurz oder lang fremd ginge, einer Verführung erliege. Wie offenbar Alices Aggression mit Richards Promiskuität zusammenhängt, ließe sich Bénédictes Aggression als Reaktion auf die perfide Mitteilung Alices verstehen, Alain sei schwach geworden. Natürlich fragt man sich längst, ob eine solche Implantation oder Infektion nötig sei oder ob das Böse nicht vielmehr in der Institution der Ehe enthalten sei, die eine unmögliche Konstruktion sei, deren Scheitern vorprogrammiert ist, da die Liebe mit der Zeit des engen Zusammenlebens durch Hass, Langeweile und Entfremdung zum Scheitern verurteilt ist.

Alain ist durch das Telefongespräch beunruhigt, er leiht sich Richards Wagen, um die 200 bis 300 Kilometer nach Hause zu fahren. Nachts kommt er an, die Musik ist dieselbe wie bei Bénédictes Gang durch die dunklen Zimmer des Hauses zuvor, Unheil verkündend. Alain geht denselben Weg durch die dunklen Flure, sie liegt schlafend im Bett, wie so oft, aber jetzt kommt er ja nicht von der Arbeit in eine (Schein-)Idylle, das Unheil lauert deutlich, aber wir kennen es noch nicht. Er versucht, sie zu wecken, sie rührt sich nicht, ein Geräusch im Haus, knackende Geräusche aus der Küche: Massen von Lemmingen überall in der Küche, fiepsende Geräusche, Alain weicht zurück, stürzt die Stufen hinab. – Überblendung: Die wuselnden

Lemminge in Großaufnahme über dem liegenden Alain. Bénédicte steht in der Tür, ihre Blicke begegnen sich starr. – Schnitt: Alain liegt im Krankenhaus, sein Gesicht ist zerstört, man denkt, es waren die Lemminge, in gewisser Weise waren sie es ja auch. Bénédicte blickt ihn freundlich liebend, sorgend an. Er habe Glück gehabt, er habe, übermüdet, einen Autounfall gehabt, 20 Kilometer vor Bel Air – »Aber nein, ich war in Bel Air!« Er erzählt ihr vom Anruf und von den Lemmingen. Sie habe keinen Anruf bekommen, keine Lemminge gesehen. Bénédicte lenkt ab, sie habe sich einen neuen Rock gekauft, wollte sich für seine Rückkehr schön machen. Richard betritt das Krankenzimmer, bringt ihm eine Quittenpaste: »Bénédicte sagt, dass Sie sie mögen …« Er lädt sie wieder in sein Landhaus ein. »Bis bald, Bénédicte, danke, dass Sie bei der Einäscherung waren.« Bénédicte war bei der Bestattung Alices anwesend.

Der Zuschauer ist verwirrt: Das Unheimliche, Traumartige hat sich in die Normalität einer sorgend-liebenden Ehebeziehung verwandelt. Bénédicte hat keinen Anruf bekommen: Verleugnet sie ihn, hatte er sich verwählt? Hat ihn also eine fremde Frau, die sich belästigt fühlte, beschimpft? Er war so beunruhigt, als hätte er den Verdacht, dass sie einen anderen Mann getroffen habe. Er leiht sich das Auto des väterlichen Chefs, Vaters Auto, wie ein ungeübter Jugendlicher fährt er es zu Schrott. Aber andererseits: Wieso weiß Richard von Alains Vorliebe für Quittenpaste, wieso sagt er: »Bis bald, Bénédicte …« Wie vertraulich ist ihre Beziehung während seines Komas geworden?

Der Arzt beruhigt ihn, solche traumartigen Vorstellungen kämen schon einmal vor, er brauche Ruhe. Alain blickt ins Leere; der Donauwalzer erklingt. – Schnitt: Bénédicte und Alain fahren mit dem Auto in die Berge, sie ist am Steuer, der Donauwalzer kommt aus dem Autoradio, die Straßen werden immer kurviger, immer enger, Bénédicte fährt zügig – man denkt an *Lohn der Angst* von Henri-Georges Clouzot, in dem Yves Montant auf kurvenreicher Strecke nach Walzerklängen aus dem Autoradio mit dem Lastwagen in die Tiefe stürzt, nachdem er als einziger das Himmelfahrtskommando, Nitroglycerin zu einer brennenden Ölquelle zu bringen, überlebt hatte. Die Fahrt ist so gefilmt, als säße man auf dem Beifahrersitz und hätte auch die Angst des Beifahrers: ein Tunnel – es wird immer enger – es kommt jemand entgegen … Aber es passiert nichts; es ist fast dunkel, als sie zum Landhaus an dem kleinen See kommen. Am nächsten Morgen strahlender Sonnenschein, sie schwimmt durch den See, er bleibt zurück, es folgt eine lange Kamerafahrt über die Berggipfel. Er liegt am Seeufer, Bénédicte ist zurück und sieht ihn lange an: »Wieso hast du mir nichts von Alices Annäherungsversuchen erzählt?« Sie dringt in ihn. Immer wieder, ihr jedes Wort zu sagen, das damals gefallen ist, sie nähert sich ihm dann genauso wie Alice damals: »So vielleicht?« Sie siezt ihn, sagt exakt dieselben Sätze wie Alice damals. Er wehrt sich: »Bénédicte, nicht!« – »Ich bin nicht Bénédicte, nennen Sie mich Alice!« Nun sieht man den Berggipfel im Sonnenlicht, der vorher hinter einer Wolke verborgen war. Alain liegt fast nackt auf dem Felsen am Seeufer, er wacht auf, jetzt ist es dunkel, Nebel, das Haus ist verschlossen, Bénédicte verschwunden, er ist allein. Zu Fuß und per Anhalter findet er spätabends zu seinem Haus, es ist leer. Am nächsten strahlenden Sonnenmorgen weckt ihn der Naturforscher, er bringt den Lemming in einem Käfig zurück. Bénédicte kommt nach Hause, ignoriert ihn fast, geht direkt zum Bad und lässt Wasser in die Badewanne (wieder Wasser ...). Er verlangt eine Erklärung, sie weigert sich, schließlich: »Ich war bei Pollock.« Als er sie erregt am Arm fasst, sagt sie im selben aggressiven Ton wie Alice bei der unglücklichen Einladung: »Fass mich nicht an!«, sie schließt die Tür ab. Alain rast mit dem Wagen in die Firma, stellt Richard zur Rede – der könne ihn verstehen, aber die Annäherung sei von ihr ausgegangen, auch für ihn sei es kompliziert. »Auch Sie werden, Alain, wenn sie älter sind, froh sein, noch einmal anzufangen mit einer jungen schönen Frau wie Bénédicte ...« Wieder zu Hause, kommt Bénédicte die Treppe herunter, sie habe den Lemming nicht gefüttert, »kannst du das machen?« – Als wäre der Lemming ein gemeinsames Kind, als wäre sie fremdgegangen, als solle er sich um das Kind kümmern. Alain fährt nachts zu Richards Haus, und nun leistet die »fliegende Webcam« gute Dienste: Auf dem Bildschirm im Auto sieht Alain den ermatteten Richard, nur mit einem Handtuch bekleidet auf der Couch, Bénédicte nähert sich ihm glücklich lachend, sie haben Sex ... Aber die Batterie des Fluggeräts ist am Ende, Alain hatte nicht darauf geachtet, es stürzt ab in den Garten. – Schnitt: Alain allein zu Hause, will den Lemming füttern, der verbeißt sich in die Hand von Alain, das »Drecksvieh«, der linke Arm in Gips, in die rechte Hand gebissen, obendrein stößt er sich heftig den Kopf, als er den Lemming fangen will: »Scheiße, Scheiße, Scheiße!« – Schnitt: Im Labor in der Firma, Richard bringt die abgestürzte Webcam in einer Schachtel (wie der Lemming in einer Schachtel zum Tierarzt gebracht wurde): »Offensichtlich ist sie noch nicht ganz ausgereift – Sie enttäuschen mich, Alain ...«, wie ein Vater über den adoleszenten Sohn enttäuscht ist. – Wieder Schnitt: Allein zu Hause sieht Alain im Fernsehen einen Holzhacker-Wettbewerb, man denkt: Das sind richtige Männer. Alain schläft ein, wacht wieder auf: Eine Frau sitzt ihm im Dunkeln gegenüber, man denkt, es ist Alice: »Sie lassen sich gehen? Das steht Ihnen überhaupt nicht ...«, es ist aber Bénédicte. Sie solle ihn nicht siezen. Bénédicte antwortet, am See hätten sie sich gesiezt, er hätte sie Alice genannt, habe sie aber nicht gefragt: »Warum verlassen Sie ihn nicht?«, dann hätte sie geantwortet: »Darum: Ich will ihn verrecken sehen.« Bénédicte greift in die Handtasche (man denkt, sie erschießt ihn jetzt), da verwandelt sie sich in Alice: »Fehlt Ihnen Ihre kleine Bilderbuchfrau? Würden Sie sie gerne zurückhaben?« Schweigen.

Wie ein kleiner Junge, der nichts versteht, ist Alain den Frauen ausgeliefert, die dann doch beim »Vater« bleiben bzw. zu ihm gehen. Aber Alice verwandelt sich in eine jedenfalls Alain wohlgesonnene Fee: Indem sie die Zerstörung des gehassten Ehemanns Richard plant, zeigt sie doch Alain einen Ausweg aus seiner verzweifelten Lage, die Möglichkeit eigenen Handelns: »Was ist, würden Sie sie gerne zurückhaben?« – »Ja.« Alice gibt ihm den Hausschlüssel der Villa Richards, er solle ihn in seinem Haus ermorden, es solle aber nach Selbstmord aussehen. »Wir legen uns gegen Mitternacht hin ...« Als ob sie noch lebte. Alain dringt in die Villa ein, nachts – wieder ein leeres Haus –, im Schlafzimmer erstickt Alain Richard mit dem Kissen, Bénédicte sieht schweigend zu. Wie ein erlegtes Wild trägt Alain den nackten Richard die Treppe hinunter. Alain präpariert die Kaffeemaschine, dreht die Gashähne auf, sie verlassen beide stumm die Villa und fahren nach Hause. Eine mächtige Explosion zerstört die Villa. – Morgengrauen, das Haus von Alain und Bénédicte, sie schläft, er legt sich neben sie: »Wo warst du denn, komm ins Bett zu mir.« Bénédicte erzählt, sie habe von Alice geträumt, die habe mit Alain geschlafen, der gedacht habe, Bénédicte wäre es. Sie habe zugesehen, seltsam. »Wenn ich alt bin, liebst du mich dann noch?« – »Ja.« – Schnitt: Helles Tageslicht, er kümmert sich um den Garten, das Telefon läutet: Pollock habe sich umgebracht, das Gas aufgedreht. Bénédicte findet den toten Lemming in der Waschküche.

Das Böse, das in die Idylle eingedrungen ist, ist tot – wenn es aber in den jungen Eheleuten selbst steckt?

Der dicke Nachbarsjunge, der immer wieder einmal auftauchte, der anfangs vom Vater geohrfeigt worden war, spielt mit seinem Ball – einen Tag später erzählt der Nachbar, dass der Junge einen Lemming aus dem Urlaub in Finnland mitgebracht habe, der Vater habe ihn wütend die Toilette hinuntergespült. Wenig später wird Alain der Gips abgenommen, es stellt sich heraus, dass Bénédicte schwanger ist. Die Firma wurde aufgekauft, er arbeitet noch da, die »fliegende Webcam« kommt bald auf den Markt.

Was ist es denn, was eine tiefe Erschütterung zumindest im männlichen Zuschauer des Films hervorruft? Der Film zeigt zunächst eine idyllische Ehebeziehung zweier auch nach drei Jahren immer noch verliebter junger Leute, die abgesichert ohne Sorgen mit sich und der Welt zufrieden sind. Die Begegnung mit dem älteren Ehepaar, die Konfrontation mit Aggression und Hass, deren Ausdruck keine konventionellen Grenzen mehr achtet, führt den jungen Leuten nicht nur ein mögliches Eheschicksal vor, sondern scheint sie zu kontaminieren mit einem Gift, das zur Identifikation zwingt. Das Zeichen für das Unheil, das das ältere Paar ins Haus der erst einmal Glücklichen bringt, wird durch den Lemming, einen Boten aus der Fremde, angezeigt. Man kann ihn als Vertreter einer triebhaften Naturwelt verstehen, der die Ordnung der Kultur (oder Zivilisation: »Kanalisation«) stört. Der Lemming, besonders auch in der wahnhaften Vervielfältigung in Alains Albtraum, stellt aber auch eine Plage wie im antiken Drama (und auch in *Die Vögel* von Hitchcock) dar, und auch Dominik Moll deutet auf ein ödipales Geschehen hin: Nicht so drastisch wie bei Hitchcock (der die Vögel beide Augen des Farmers aushacken lässt) ist wenigstens ein Auge Alains nach dem Unfall lädiert – allerdings kann man auch umgekehrt sagen, besonders wenn man den weiteren Verlauf des Films betrachtet, dass er »mit einem blauen Auge davongekommen« ist.

Die ödipale Schuld liegt in dem sexuellen Begehren der Mutter, der älteren Frau Alice. Die ödipale Ambivalenz und das Doppelte von der omnipotenten Phantasie, die Mutter gewonnnen zu haben, und der Ohnmacht des Knaben, der auf die Hilfe des Vaters angewiesen bleibt, zeigt sich in der Unruhe Alains in Biarritz, als er annehmen muss, dass seine Frau einen anderen Mann hat, und er den Wagen des »Vaters« leihen muss, seinen Phallus. Durch den Unfall zerstört er diesen, entmachtet sozusagen den Vater dadurch, andererseits schlägt es auf ihn zurück, denn mit dem Unfall bestraft er sich, indem er sich selbst zerstört. Richard wird dann endgültig zur Vaterfigur, nachdem er dem jugendlichen Helden die Frau genommen hat, ihm nicht einmal zynisch erklärt, wie das Leben geht, der junge Mann werde eines Tages froh sein, im höheren Alter noch einmal neu beginnen zu können. Oder wenn Richard ihn beschämt, er sei enttäuscht von seinem kindischen Verhalten.

Aber was heißt ödipal? Im jungen Mann regte sich ja primär gar kein Begehren der älteren Frau gegenüber. Diese ergriff die Initiative, versuchte ihn zu verführen, indem sie nicht nur sein körperliches Begehren weckte, sondern auch perfide an seine Männlichkeit appellierte. Als er ihr nicht zu Willen ist, rächt sie sich fürchterlich, indem sie Zweifel an Alains Treue in Bénédicte sät. Und wie Iokaste, Ödipus' Mutter und Gattin, sich erhängte, setzte auch Alice ihrem Leben ein Ende.

Der Regisseur zeigt immer wieder, wie die junge Frau Züge (und zwar die unangenehmen, aggressiven) der Älteren identifikatorisch übernimmt, als deutliches Zeichen, dass eine Art Vermischung von junger und älterer Ehebeziehung vorliegt, die Paare austauschbar sind (was sich ja auch in dem doppelten, angedeuteten bzw. vollzogenen Partnertausch zeigt), sodass besonders der junge Held wie ein Knabe, der sich erst noch zum Mann entwickeln muss, Opfer beider Frauen, also »der Frau« wird, keineswegs ein ödipaler Sieger, erst einmal ein ödipaler Verlierer. Verführt die Mutter den Sohn, spricht man von Pseudo-Ödipalität (vgl. Hirsch 1988), und durch sie gerät der Junge in ein furchtbares Dilemma: Einerseits wähnt er sich grandios als der ödipale Sieger, der die Mutter gewonnen und den Vater übertrumpft hat, andererseits liefert er sich sowohl der Macht der Mutter aus als er auch die furchtbare Bestrafung, die Kastration, durch den Vater befürchten muss. Und stellt man sich eine einzige mächtige Mutterfigur vor, im Film auf zwei Frauen verteilt, ist er zweifach Opfer: das Opfer der Verführung (durch Alice) und dann aber das Opfer des Fallen-gelassen-Werdens (durch Bénédicte), welche sich entgegen ihrem impliziten Versprechen doch wieder dem »Vater« zuwendet: Bénédicte verlässt Alain zugunsten Richards.

Man (am ehesten der männliche Zuschauer) identifiziert sich zuerst einmal mit Alain als dem Jungen als Opfer der Frau, dessen eigene ödipale Schuld noch am geringsten wiegt. Im Verlauf des Films wird dann aber immer deutlicher, dass die Grenze zwischen der Realität und den Phantasien des Helden unscharf ist, dass er Opfer nicht der anderen, sondern seiner eigenen Wünsche und Befürchtungen ist, die er als Phantasie, Albtraum oder Wahn außerhalb seiner Selbst in den anderen erlebt. So ist zu verstehen, dass Alain dem »Vater« Richard seine junge Frau *überlässt*, geradezu ein Bedürfnis hat, dass dieser sie besitzt, als ob er ein Vorbild benötigte. Dieselbe Dynamik finden wir in Lecontes Film *Intime Fremde* (vgl. dort), in dem der unglückliche, auch durch einen Unfall (den die Frau bewirkte) sozusagen kastrierte, impotente Ehemann sich eine Wiederherstellung seiner Männlichkeit dadurch vorstellt, dass seine Frau mit einem anderen (potenten, älteren) Mann schläft, er sie dabei beobachtet und dadurch eine männliche Kraft von ihm übernimmt. Der tiefen Erschütterung (jedenfalls des männlichen Zuschauers) in der Identifikation mit dem Jungen als Opfer (beider Frauen), auch als Opfer der Beschämung durch »Mutter« und »Vater«, folgt eine Erleichterung in dem Maße, wie der jugendliche Held seine Sache nach und nach in die Hand nimmt, nachdem er allerdings durch das tiefe Tal seiner eigenen ödipalen Wünsche, aber auch Vater-Sehnsüchte, durch Schuld und Selbstbestrafung hindurchgegangen ist. Die Erleichterung mischt sich mit einer gewissen Scham, wenn der Zuschauer erkennt, dass die erlebten entsetzlichen Kränkungen eigentlich Wünsche und Befürchtungen des Helden selbst sind, und natürlich verborgenen Dimensionen auch des Zuschauers entsprechen. Das »Töten des Vaters« bedeutet dann das Symbol für die Befreiung von der Notwendigkeit väterlicher Unterstützung und männlichen Vorbilds. Dass das Haus explodiert, bedeutet so gesehen die Emanzipation vom »Elternhaus«; der Held entwickelt sich zu reifer Beziehungsfähigkeit, nachdem er die eigene ödipale Dynamik, aber auch pseudo-ödipale Verführung, Beschämung, Kastration (Arm im Gips, der

Lemmingbiss, das brutale Verlassen durch Bénédicte, die Beschämung durch den »enttäuschten« Vater) durchlitten hat. Beide »Eltern« sterben und mit ihnen ihre destruktive Beziehungsdynamik, und auch der Bote des Unheils, der Lemming, stirbt schließlich.

Bibliografie

Dancer in the Dark
Als Kurzvortrag vorgestellt in der Reihe *Psychoanalyse und Film* der Akademie für Psychoanalyse und Psychosomatik, Düsseldorf, am 13. Juni 2003
Eine frühere Fassung 2004 veröffentlicht in: Psychoanalyse im Widerspruch 16, 97–105 (Heft 32)

Herbstsonate
Als Kurzvortrag vorgestellt in der Reihe *Psychoanalyse und Film* der Akademie für Psychoanalyse und Psychosomatik, Düsseldorf, am 8. Dezember 2006
Bisher unveröffentlicht

Die Rückkehr
Als Kurzvortrag vorgestellt in der Reihe *Psychoanalyse und Film* der Akademie für Psychoanalyse und Psychosomatik, Düsseldorf, am 28. Januar 2005
Eine etwas gekürzte Fassung 2006 veröffentlicht in: Psyche – Z. Psychoanal. 60, 1156–1162

Die Vögel
Als Kurzvortrag vorgestellt in der Reihe *Psychoanalyse und Film* der Akademie für Psychoanalyse und Psychosomatik, Düsseldorf, am 9. Juli 2004
Eine frühere Fassung 2004 veröffentlicht in: Freie Assoziation 9, 89–95

Farinelli –Il Castrato
Als Kurzvortrag vorgestellt in der Reihe *Psychoanalyse und Film* der Akademie für Psychoanalyse und Psychosomatik, Düsseldorf, am 24. Januar 2003
Eine frühere Fassung 2003 veröffentlicht in: Freie Assoziation 6, 67–71

Ein Herz im Winter
Als Kurzvortrag vorgestellt in der Reihe *Psychoanalyse und Film* der Akademie für Psychoanalyse und Psychosomatik, Düsseldorf, am 13. Dezember 2002 und bei den Lindauer Psychotherapiewochen am 26. April 2006
Eine erweiterte, auf die Diagnose schizoide Persönlichkeitsstörung hin veränderte Fassung 2008 veröffentlicht in: Doering, S.; Möller, H. (Hg.): Psychische Störungen im Spielfilm. Berlin, Heidelberg (Springer)

Er (El)
Als Kurzvortrag vorgestellt in der Reihe *Psychoanalyse und Film* der Akademie für Psychoanalyse und Psychosomatik, Düsseldorf, am 20. März 2009
Bisher unveröffentlicht

Belle de Jour
Als Kurzvortrag vorgestellt in der Reihe *Psychoanalyse und Film* der Akademie für Psychoanalyse und Psychosomatik, Düsseldorf, am 30. März 2001

Eine frühere Fassung 2002 veröffentlicht in: Freie Assoziation 5, 213–219

Der Nachtportier
Als Kurzvortrag vorgestellt in der Reihe *Psychoanalyse und Film* der Akademie für Psychoanalyse und Psychosomatik, Düsseldorf, am 12. Dezember 2008
Bisher unveröffentlicht

Aguirre, der Zorn Gottes
Als Kurzvortrag vorgestellt im Deutsch-Lateinamerikanischen Freundeskreis, Düsseldorf, am 12. September 2007
Bisher unveröffentlicht

Das Fest
Als Kurzvortrag vorgestellt in der Reihe *Psychoanalyse und Film* der Akademie für Psychoanalyse und Psychosomatik, Düsseldorf, am 26. Oktober 2001
Eine erweiterte, auf die Diskussion der Geschwisterdynamik fokussierende Fassung 2003 veröffentlicht unter dem Titel: Das Aufdecken des Inzests als emanzipatorischer Akt – Noch einmal: »Das Fest« von Thomas Vinterberg. In: Praxis Kinderpsychol. Kinderpsychiat. 52, 49–60

La Fleur du Mal – Die Blume des Bösen
Als Kurzvortrag vorgestellt in der Reihe *Psychoanalyse und Film* der Akademie für Psychoanalyse und Psychosomatik, Düsseldorf, am 9. Dezember 2005
Veröffentlicht 2007 in: Agorá 14, 46–49

Spellbound – Ich kämpfe um dich
Als Kurzvortrag vorgestellt in der Reihe *Psychoanalyse und Film* der Akademie für Psychoanalyse und Psychosomatik, Düsseldorf, am 15. Juni 2007
Bisher unveröffentlicht

Intime Fremde
Als Kurzvortrag vorgestellt in der Reihe *Psychoanalyse und Film* der Akademie für Psychoanalyse und Psychosomatik, Düsseldorf, am 9. Juni 2006
Eine etwas gekürzte Fassung 2007 veröffentlicht in: Psyche – Z. Psychoanal. 61, 1264–1269

Lemming
Bisher unveröffentlicht

Filmografie

1. *Dancer in the Dark.* Dänemark/Schweden/Frankreich 2000, 140 Minuten
Regie: Lars von Trier
Drehbuch: Lars von Trier
Kamera: Robby Müller, Lars von Trier
Produzenten: Vibeke Windeløv
Ausführende Produzenten: Peter Aalbæk Jensen, Lars Jönsson, Marianne Slot
Musik: Björk, Mark Bell
Darsteller: Björk, Catherine Deneuve, Jean-Marc Barr, Peter Stormare, David Morse, Stellan Skarsgård, Udo Kier
DVD: Constantin Video/MAWA Medien

2. *Herbstsonate (Höstsonaten).* Schweden/Deutschland/Großbritannien 1978, 89 Minuten
Regie: Ingmar Bergman
Drehbuch: Ingmar Bergman
Kamera: Sven Nykvist
Produktion: Svensk Filmindustri
Darsteller: Ingrid Bergman, Liv Ullman, Lena Nyman, Halvar Björk, Erland Josephson, Gunnar Björnstrand
DVD: Arthaus

3. *Die Rückkehr.* Russland 2003, 106 Minuten
Regie: Andrej Swjaginzew
Drehbuch: Wladimir Moisejenko, Alexander Nowotozkij
Kamera: Mikhail Kritschman
Produzent: Dmitrij Lesnjewskij
Darsteller: Wladimir Garin, Iwan Dobronrawow, Konstantin Lawronenko, Natalija Wdowina
DVD: Twentieth Century Fox/UGC Films Uk

4. *Die Vögel (The Birds).* USA 1963, 115 Minuten
Regie: Alfred Hitchcock
Drehbuch: Evan Hunter
Kamera: Robert Burks
Produzent: Alfred Hitchcock
Darsteller: Rod Taylor, Tippi Hedren, Jessica Tandy, Suzanne Pleshette, Veronica Cartwright, Ethel Griffies, Charles McGraw, Ruth McDevitt, Joe Mantell, Doodles Weaver
DVD: Universal

5. *Farinelli – Il Castrato.* Frankreich/Belgien/Italien 1994, 111 Minuten
Regie: Gérard Corbiau
Drehbuch: Marcel Beaulieu, Andrée Corbiau, Gérard Corbiau
Kamera: Walther van den Ende
Produzentin: Véra Belmont
Darsteller: Stefano Dionisi, Enrico Lo Verso, Elsa Zylberstein, Caroline Cellier, Jeroen Krabbé, Jacques Boudet, Omero Antonutti, Marianne Basler, Renaud du Peloux de Saint Romain, Graham Valentine, Pier Paolo Capponi, Delphine Zentout
DVD: Splendid

6. *Ein Herz im Winter (Un coeur en hiver).* Frankreich 1992, 104 Minuten
Regie: Claude Sautet
Drehbuch: Claude Sautet, Jacques Fieschi
Kamera: Yves Angelo
Produzenten: Jean-Louis Livi, Philippe Carcassonn
Darsteller: Daniel Auteuil, Emmanuelle Béart, André Dussollier, Elizabeth Bourgine, Myriam Boyer, Brigitte Catillon
DVD: Second Sight

7. *Er (El).* Mexiko 1953, 92 Minuten
Regie: Luis Buñuel
Drehbuch: Luis Buñuel, Luis Alcoriza
Kamera: Gabriel Figueroa
Produktion: Oscar Dancigers/Ultramar
Darsteller: Arturo de Cordova, Delia Garcés, Luis Beristáin, Aurora Walker, Carlos Martinez Baena
DVD: Pierrot le Fou

8. *Belle de jour – Schöne des Tages (Belle de Jour).* Frankreich/Italien 1967, 101 Minuten
Regie: Luis Buñuel
Drehbuch: Jean-Claude Carrière, Luis Buñuel
Kamera: Sacha Vierney
Produzenten: Robert Hakim, Raymond Hakim
Produktion: Paris/Five
Darsteller: Catherine Deneuve, Michel Piccoli, Jean Sorel, Pierre Clémenti, Geneviève Page, Francisco Rabal, Georges Marchal, Françoise Fabian
DVD: Studio Canal

9. *Der Nachtportier.* Italien/Großbritannien 1973, 119 Minuten
Regie: Liliana Cavani
Drehbuch: Liliana Cavani, Italo Moscati
Kamera: Alfio Contini
Produktion: Lotar Filmproduktion
Darsteller: Charlotte Rampling, Dirk Bogarde, Philippe Leroy, Gabriele Ferzetti, Isa Miranda
DVD: ZYX Music

10. *Aguirre, der Zorn Gottes.* BRD 1972, 93 Minuten
Regie: Werner Herzog
Drehbuch: Werner Herzog
Kamera: Thomas Mauch
Produzent: Werner Herzog
Darsteller: Klaus Kinski, Ruy Guerra, Helena Rojo, Peter Berling, Daniel Ardes, Cecilia Rivera, Edward Roland
DVD: Arthaus

11. *Das Fest (Festen).* Dänemark 1998, 105 Minuten
Regie: Thomas Vinterberg
Drehbuch: Thomas Vinterberg, Mogens Rukov
Kamera: Anthony Dodd Mantle
Produzentin: Birgitte Hald; Nimbus Film/DR TV/SVT Drama/Nordic Film & TV Fund/The Danish Film Institute
Darsteller: Ulrich Thomsen, Henning Moritzen, Thomas Bo Larsen, Paprika Stehen, Birthe Neumann, Trine Dyrholm, Helle Charlotte Dolleris, Therese Glahn, Klaus Bondam, Bjarne Henriksen, Gbatokai Dakinah
DVD: Arthaus

12. *Die Blume des Bösen (La fleur du mal).* Frankreich 2003, 104 Minuten
Regie: Claude Chabrol
Drehbuch: Caroline Eliacheff, Louise L. Lambrichs; Drehbuchadaptation: Claude Chabrol
Kamera: Eduardo Serra
Produzent: Yvon Crenn, Marin Karmitz; MK2, France 3 Cinema
Darsteller: Thomas Chabrol, Caroline Baehr, Didier Bénureau, Michel Herbaut, François Maistre, Yves Pgnot, Dominique Pivain
DVD: Concorde

13. *Spellbound – Ich kämpfe um dich.* USA 1945, 111 Minuten
Regie: Alfred Hitchcock
Drehbuch: Ben Hecht, Angus Mac Phail
Kamera: George Barnes
Produzent: David O. Selznick

Darsteller: Ingrid Bergman, Gregory Peck, John Emery, Leo G. Caroll, Ronda Fleming, Michael Chekhov, Donald Curtis, Jean Acker
DVD: Eurovideo

14. *Intime Fremde (Confidences trop intimes).* Frankreich 2004, 104 Minuten
Regie: Patrice Leconte
Drehbuch: Jérôme Tonnerre, Patrice Leconte
Kamera: Eduardo Serra
Produzenten: Alain Sarde
Ausführende Produzentin: Christine Gozlan
Darsteller: Sandrine Bonnaire, Fabrice Luchini, Michel Duchaussoy, Anne Brochet, Gilbert Melki, Laurent Gamelon, Hélène Surgère
DVD: UFA

15. *Lemming.* Frankreich 2005, 124 Minuten
Regie: Dominik Moll
Drehbuch: Dominik Moll und Gilles Marchand
Kamera: Jean-Marc Fabre
Produzent: Michel Saint Jean
Darsteller: Laurent Lucas, Charlotte Gainsbourg, Charlotte Rampling, André Dussolier
DVD: Alamode-Film

Im Text erwähnte Filme

Chelsom, P. (1994): *Funny Bones.* USA
Bergman, I. (1957): *Wilde Erdbeeren.* Schweden
Buñuel, L. (1929): *Ein andalusischer Hund (Un chien andalou).* Frankreich
Buñuel, L. (1962): *Der Würgeengel (El angel exterminador).* Mexiko/Spanien
Clouzot, H. (1952): *Lohn der Angst.* Frankreich
Forman, M. (1984): *Amadeus.* USA
Herzog, W. (1978): *Nosferatu.* BRD/Frankreich
Herzog, W. (1981): *Fitzcarraldo.* BRD
Hitchcock, A. (1954): *Das Fenster zum Hof (Rear window).* USA
Hitchcock, A. (1958): *Vertigo.* USA
Hitchcock, A. (1960): *Psycho.* USA
Krawczyk, G. (1980): *The Subtle Concept.* Frankreich

Pabst, G. W. (1926): *Geheimnisse einer Seele.* Deutschland
Pasolini, P. P. (1962): *Mamma Roma.* Italien

Literatur

Adorno, T. W. (1928): Schubert. In: Moments Musicaux, 18–36. Frankfurt a.M.

Amati, S. (1990): Die Rückgewinnung des Schamgefühls. Psyche – Z. Psychoanal. 44, 724–740.

Améry, J. (1966): Jenseits von Schuld und Sühne. München (dtv), 1988.

Amigorena, H. & Vignar, M. (1977): Zwischen Außen und Innen: Die tyrannische Instanz. Psyche – Z. Psychoanal. 33, 610–619 (1979).

Anonyma (1988): Verführung auf der Couch. Freiburg (Kore). Neuaufl.: Petersdorff, C. v. (2003): Anonyma: Verführung auf der Couch. Gießen (Psychosozial-Verlag).

Balint, M. (1937): Frühe Entwicklungsstadien des Ichs. Primäre Objektliebe. In: Die Urformen der Liebe und die Technik der Psychoanalyse. Bern (Huber), Stuttgart (Klett), 1966, 93–115.

Bettelheim, B. (1954): Die symbolischen Wunden. Pubertätsriten und der Neid des Mannes. München (Kindler), 1975.

Bettelheim, B. (1979): Surviving and other essays. New York (Knopf). Deutsch: Erziehung zum Überleben. Stuttgart (Deutsche Verlagsanstalt), 1980.

Blothner, D. (1999): Erlebniswelt Kino. Über die unbewusste Wirkung des Films. Bergisch-Gladbach (Bastei-Lübbe).

Bronfen, E. (2001): Kryptotopien. Geheime Stätten/Übertragbare Spuren. In: Kittelmann, U. (Hg.): Gregor Schneider – Totes Haus Ur. Ausstellungskatalog Biennale Venedig. Ostfildern-Ruit (Hatje Cantz), S. 33–60.

Eissler, K. R. (1968): Weitere Bemerkungen zum Problem der KZ-Psychologie. Psyche – Z. Psychoanal. 22, 452–463.

Eliacheff, C. (1993): Das Kind, das eine Katze sein wollte. Psychoanalytische Arbeit mit Säuglingen und Kleinkindern. München (Kunstmann), 1994.

Erdheim, M. (2005): Das Traumatisierende an der Macht. In: Springer, A.; Gerlach, A. & Schlösser, A.-M. (Hg.): Macht und Ohnmacht. Gießen (Psychosozial-Verlag), S. 11–25.

Fairbairn, W. R. D. (1940): Schizoide Persönlichkeitsfaktoren. In: Das Selbst und die inneren Objektbeziehungen. Gießen (Psychosozial-Verlag), 2000, S. 31–55.

Fairbairn, W. R. D. (1952): Psychoanalytic studies of the personality. London (Routledge & Kegan Paul).

FAZ (2007): »Sind Sie ein Feminist, Monsieur Chabrol?«, 21.07.2007.

Ferenczi, S. (1929): Das unwillkommene Kind und sein Todestrieb. In: Bausteine zur Psychoanalyse III. Bern, Stuttgart, Wien (Huber), 2. Aufl. 1964, S. 446–452.

Ferenczi, S. (1933): Sprachverwirrung zwischen den Erwachsenen und dem Kind. Bausteine zur Psychoanalyse III. Bern, Stuttgart, Wien (Huber), 2. Aufl. 1964, S. 511–525.

Freud, A. (1936): Das Ich und die Abwehrmechanismen. In: Die Schriften der Anna Freud. Bd. I. München (Kindler), 1980, S. 195–355.
Freud, S. (1900a): Die Traumdeutung. G.W. II/III.
Freud, S. (1909b): Analyse der Phobie eines fünfjährigen Knaben. G.W. VII.
Freud, S. (1915a): Bemerkungen über die Übertragungsliebe. G.W. X.
Freud, S. (1916d): Einige Charaktertypen aus der psychoanalytischen Arbeit. G.W. X.
Freud, S. (1916–17): Vorlesungen zur Einführung in die Psychoanalyse. G.W. XI.
Freud, S. (1919h): Das Unheimliche. G.W. XII.
Freud, S. (1921c): Massenpsychologie und Ich-Analyse. G.W. XIII.
Freud, S. (1923b): Das Ich und das Es. G.W. XIII.
Freud, S. (1925h): Die Verneinung. G.W. XIV.
Freud, S. (1926d): Hemmung, Symptom und Angst. G.W. XIV.
Freud, S. (1940e): Die Ichspaltung im Abwehrvorgang. G.W. XVII.
Girard, R. (1972): Das Heilige und die Gewalt. Frankfurt a.M. (Fischer), 1992.
Guntrip, H. (1968): Schizoid phenomena, object relations and the self. London (Hogarth Press).
Haesler, L. (1982): Sprachvertonung in Robert Schumanns Liederzyklus »Dichterliebe« (1840). Ein Beitrag zur Psychoanalyse der musikalischen Kreativität. Psyche 36, 908–950.
Haesler, L. (1993): *Franz Schuberts Winterreise:* Zur Dynamik der psychologischen Entwicklung und ihrer musikalischen Realisierung. In: Gutwinski-Jeggle, J. & Rotmann, J. M. (Hg.): »Die klugen Sinne pflegend« – Psychoanalytische und kulturkritische Beiträge. Hermann Beland zu Ehren. Tübingen (edition diskord), S. 379–397.
Hermann, I. (1970): Perversion und Hörwelt. Zur Dynamik der Perversion. Psyche 24, 827–840.
Hirsch, M. (1987): Realer Inzest. Psychodynamik des sexuellen Missbrauchs in der Familie. 3., überarbeitete Aufl. 1994. Unveränd. Neuaufl. Gießen (Psychosozial-Verlag), 1999.
Hirsch, M. (1988): Pseudo-ödipale Dreiecksbeziehungen – Frühe Triangulierung der Borderline-Persönlichkeit. Forum Psychoanal. 4, 139–152.
Hirsch, M. (1989): Die Unfähigkeit, gemeinsam zu frühstücken. Über eine Beziehungsstörung der Frau an der Grenze zur sexuellen Perversion. Forum Psychoanal. 5, 52–60.
Hirsch, M. (1995): Fremdkörper im Selbst – Introjektion von Verlust und traumatischer Gewalt. Jahrb. Psychoanal. 35, 123–151.
Hirsch, M. (1996): Zwei Arten der Identifikation mit dem Aggressor – nach Ferenczi und nach Anna Freud. Praxis Kinderpsychol. Kinderpsychiat. 45, 198–205.
Hirsch, M. (1997): Schuld und Schuldgefühl – Zur Psychoanalyse von Trauma und Introjekt. Göttingen (Vandenhoeck & Ruprecht).
Hirsch, M. (2000): Das Spektrum der Gegenübertragungsliebe. Werkblatt 17 (Nr. 44), 53–71.
Hirsch, M. (2001a): Kreativität und Trauma. In: Schlösser, A.-M. & Gerlach, A. (Hg.): Kreativität und Scheitern. Gießen (Psychosozial-Verlag), S. 123–133.
Hirsch, M. (2001b): Negative therapeutische Reaktion als Objektbeziehungsgeschehen. In: Mayr, U. (Hg.): Wenn Therapien nicht helfen – Zur Psychodynamik der »negativen therapeutischen Reaktion«. Stuttgart (Pfeiffer bei Klett-Cotta), S. 25–51.
Hirsch, M. (2003a): Das hypochondrische Prinzip – zur Psychodynamik der Hypochondrie und verwandter Erscheinungen. In: Nissen, B. (Hg.): Hypochondrie. Eine psychoanalytische Bestandsaufnahme. Gießen (Psychosozial-Verlag), S. 71–103.
Hirsch, M. (2003b): Das Aufdecken des Inzests als emanzipatorischer Akt – Noch einmal: »Das Fest« von Thomas Vinterberg. Praxis Kinderpsychol. Kinderpsychiat. 52, 49–60.
Hirsch, M. (2003c): Täter und Opfer sexueller Gewalt in einer therapeutischen Gruppe – über umwandelnde Gegen- und Kreuzidentifikationen. Gruppenpsychother. Gruppendyn. 39, 169–186.

Hirsch, M. (2004a): Psychoanalytische Traumatologie – das Trauma in der Familie – Psychoanalytische Theorie und Therapie schwerer Persönlichkeitsstörungen. Stuttgart (Schattauer).

Hirsch, M. (2004b): Körperinszenierungen – über Parallelen des Körperagierens bei den »Naturvölkern«, zeitgenössischen Jugendlichen und pathologischen Formen. Forum Psychoanal. 20, 367–378.

Hirsch, M. (2006a): Das Haus. Symbol für Geburt und Tod, Freiheit und Abhängigkeit. Gießen (Psychosozial-Verlag).

Hirsch, M. (2006b): Die Opferung des eigenen Kindes. In: Hirsch, M. (Hg.): Das Kindesopfer. Eine Grundlage unserer Kultur. Gießen (Psychosozial-Verlag), S. 13–42.

Hirsch, M. (Hg.) (2008): Die Gruppe als Container – Symbolisierung und Mentalisierung in der analytischen Gruppenpsychotherapie. Göttingen (Vandenhoeck & Ruprecht).

Hofmannsthal, H. v. (1975): Kritische Ausgabe Sämtlicher Werke. Bd. XXVIII: Erzählungen 1. Frankfurt a. M. (Fischer).

Keilson, H. (1959): Der Tod des Widersachers. Frankfurt a. M. (Fischer), 1989.

Keilson, H. (1979): Sequentielle Traumatisierung bei Kindern. Untersuchung zum Schicksal jüdischer Kriegswaisen. Gießen (Psychosozial-Verlag), 2005.

Kernberg, O. F. (1975): Borderline-Störungen und pathologischer Narzissmus. Frankfurt a. M. (Suhrkamp), 1978.

Kernberg, O. F. (1985): Innere Welt und äußere Realität. Anwendungen der Objektbeziehungstheorie. München, Wien (Verlag Internat. Psychoanalyse), 1988.

Kessel, J. (1929): Belladonna. Deutsch: La Belle de Jour – die Schöne des Tages. München (Kurt Desch), 1968.

Khan, M. M. R. (1968): Die Wiedergutmachung am Selbst als idealisiertem inneren Objekt. In: Khan, M. M. R. (1979): Entfremdung bei Perversionen. Frankfurt a. M. (Suhrkamp), 1983, S. 9–18.

Koch, G. (2002): »Everything feels so wrong« – Bemerkungen zu Lars von Triers Film *Dancer in the Dark*. Psyche – Z. Psychoanal. 56, 463–468.

Kohut, H. (1977): Die Heilung des Selbst. Frankfurt a. M. (Suhrkamp), 1979.

Kohut, H. (1984): Wie heilt die Psychoanalyse? Frankfurt a. M. (Suhrkamp), 1987.

Laub, D. & Podell, D. (1995): Art and trauma. Int. J. Psychoanal. 76, 991–1005.

Lewin, B. (1946): Sleep, the mouth, and the dream screen. Psychoanal. Quart. 15, 419–434.

Loewald, H. W. (1979): Das Dahinschwinden des Ödipuskomplexes. In: Loewald, H. W. (1980): Psychoanalyse – Aufsätze aus den Jahren 1951–1979. Stuttgart (Klett-Cotta), 1986, S. 377–400.

Mann, T. (1921): Wälsungenblut. Frankfurt. a. M. (Fischer), 1981.

Mann, T. (1947): Doktor Faustus. Das Leben des deutschen Tonsetzers Adrian Leverkühn erzählt von einem Freunde. Frankfurt a. M. (Fischer), 1980 (Frankfurter Ausgabe).

McDougall, J. (1986): Identifizierungen, neuartige Bedürfnisse und neuartige Formen der Sexualität. Psyche – Z. Psychoanal. 40, 1007–1029.

Miller, A. (1979): Das Drama des begabten Kindes und die Suche nach dem wahren Selbst. Frankfurt a. M. (Suhrkamp).

Mulvey, L. (2003): Foreword. In: Sabbadini, A. (Hg.): The couch and the silver screen. Psychoanalytic reflections on European cinema. Hove, New York (Brunner-Routledge), S. XV–XVIII.

Paglia, C. (1998): Die Vögel. Der Filmklassiker von Alfred Hitchcock. Hamburg, Wien (Europa-Verlag), 2000.

Pontalis, J.-B. (1986): Ins Beginnen verliebt. Tübingen (edition diskord), 1989.

Racker, H. (1959): Übertragung und Gegenübertragung. Studien zur psychoanalytischen Technik. 2. Aufl. München, Basel (Reinhardt), 1982.

Rank, O. (1914): Der Doppelgänger. Imago 3. Auch: Wien (Internat. psychoanalyt. Verlag), 1925.
Schauspielhaus Düsseldorf (2001/2002): Dancer in the Dark. Programmheft und Textbuch.
Schmidt, J. N. (1998): »Die Vögel«. In: Kobner, T. (Hg.): Filmklassiker. Bd. 2: 1947–1964. Stuttgart (Reclam), S. 525–528.
Schneider, G. (2007): Alfred Hitchcocks *Die Vögel* – Der Einbruch in ein narzisstisches Universum als Apokalypse. Psyche Z. – Psychoanal. 61, 1226–1240.
Schoepp, S. (2007): Die Siege der Schweinehirten. Errungenschaft oder Verbrechen: Die Eroberung der Neuen Welt durch Conquistadores wie Francisco Pizzarro lässt sich schwer bewerten. SZ Nr. 219, S. VI, 22/23.09.07.
Seel, O. (Hg.) (1960): Der Physiologus. Tiere und ihre Symbolik. Zürich, München (Artemis), 6. Aufl. 1992.
Sohni, H. (2001): Geschwisterbeziehungen in der Verarbeitung sexueller Traumatisierung: Der Film »Das Fest«. Praxis Kinderpsychol. Kinderpsychiat. 50, 454–468.
Spazier, D. (1982): Der Tod des Psychiaters. Frankfurt a.M. (Syndikat).
Steele, V. (1996): Fetish: fashion, sex, and power. Oxford, New York (Oxford University Press).
Stiglegger, M. (1999): Sadiconazista. Faschismus und Sexualität im Film. Remscheid (Gardez).
Truffaut, F. (1966): Mr. Hitchcock, wie haben Sie das gemacht? München (Wilhelm Heine), 1999.
Van Quekelberghe, E. & Haas, E. T. (2000): Romeo und Julia von William Shakespeare. Jahrb. Psychoanal. 42, 233–251.
Volkan, V. D. (1972): The linking objects of pathological mourners. Arch. Gen. Psychiat. 27, 215–221.
Watzlawick, P. (1983): Anleitung zum Unglücklichsein. München (Piper).
Weiss, E. (1933): Körperschmerz und Seelenschmerz. Int. Z. Psychoanal. 19, 117–129.
Winnicott, D. W. (1958): Psychoanalyse und Schuldgefühle. In: Reifungsprozesse und fördernde Umwelt (1965). München (Kindler), 1974, S. 17–35.
Winnicott, D. W. (1971): Vom Spiel zur Kreativität. Stuttgart (Klett-Cotta), 2. Aufl. 1979.
Wirth, H.-J. (2002): Narzissmus und Macht. Zur Psychoanalyse seelischer Störungen in der Politik. Gießen (Psychosozial-Verlag).
Wurmser, L. (1989): Die zerbrochene Wirklichkeit. Berlin, Heidelberg (Springer).
Wurmser, L. (1993): Das Rätsel des Masochismus. Berlin, Heidelberg (Springer). Unveränd. Neuaufl. Gießen (Psychosozial-Verlag), 2008.
Zwiebel, R. (2007): Ist psychoanalytisches Denken interkontextuell? Film-psychoanalytische Überlegungen zu Hitchcocks »Spellbound«. In: Zwiebel, R. & Mahler-Bungers, A. (Hg.) (2007): Projektion und Wirklichkeit. Die unbewusste Botschaft des Films. Göttingen (Vandenhoeck & Ruprecht), S. 149–175.
Zwiebel, R. & Mahler-Bungers, A. (Hg.) (2007): Projektion und Wirklichkeit. Die unbewusste Botschaft des Films. Göttingen (Vandenhoeck & Ruprecht).

2008 · 681 Seiten · Gebunden
ISBN 978-3-89806-870-3

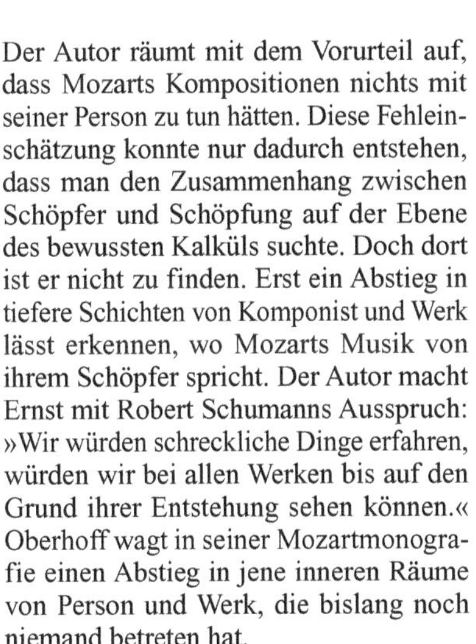

Der Autor räumt mit dem Vorurteil auf, dass Mozarts Kompositionen nichts mit seiner Person zu tun hätten. Diese Fehleinschätzung konnte nur dadurch entstehen, dass man den Zusammenhang zwischen Schöpfer und Schöpfung auf der Ebene des bewussten Kalküls suchte. Doch dort ist er nicht zu finden. Erst ein Abstieg in tiefere Schichten von Komponist und Werk lässt erkennen, wo Mozarts Musik von ihrem Schöpfer spricht. Der Autor macht Ernst mit Robert Schumanns Ausspruch: »Wir würden schreckliche Dinge erfahren, würden wir bei allen Werken bis auf den Grund ihrer Entstehung sehen können.« Oberhoff wagt in seiner Mozartmonografie einen Abstieg in jene inneren Räume von Person und Werk, die bislang noch niemand betreten hat.

2008 · 156 Seiten · Broschur
ISBN 978-3-89806-755-3

Bachs Musik verbindet in unnachahmlicher Weise den Text mit Affekten des Dramas, die im Hörer hervorgerufen werden. Die Passionsgeschichte nach Matthäus zeigt das Leiden Jesu Christi. Aus psychoanalytischer Sicht ist sie ein Beziehungsdrama, in dem Liebe, Verrat und Verlassenwerden Schuld erzeugen und dank der (nicht zuletzt musikalischen) Verarbeitung durch Reue schließlich Versöhnung entsteht. Die Matthäus-Passion ist musikalische Trauerarbeit, konfrontiert mit dem eigenen Tod und erreicht mit musikalischen Mitteln die Versöhnung mit der Begrenztheit der Conditio Humana.

»Wer sich mit Bach beschäftigt, wird um Hirschs Buch nicht herumkommen.«
Rheinische Post

2008 · 268 Seiten · broschiert
ISBN 978-3-89806-742-3

Filme eignen sich wie vielleicht keine andere Kunstform zur psychoanalytischen Interpretation. Dies mag nicht zuletzt daran liegen, dass zwischen Filmen und den Äußerungen des menschlichen Seelenlebens Ähnlichkeiten bestehen. Die Autoren, Psychoanalytiker in freier Praxis, eint eine Liebe zum Kino. Sie haben sich in einer Gruppe zusammengeschlossen und diskutieren ihre Filminterpretationen mit einem größeren Publikum in zwei Kinos. Aus dieser Arbeit entstand das Buch, dessen Ziel es ist, mit Hilfe einer psychoanalytischen Interpretation einen erweiterten Blick auf den jeweiligen Film zu ermöglichen. Die einzelnen Autoren verfolgen unterschiedliche theoretische Konzepte und geben dadurch etwas von der Bandbreite der heutigen modernen Psychoanalyse wieder.

2006 · 196 Seiten · broschiert
ISBN 978-3-89806-450-7

14 Autoren, vor allem Psychoanalytikerinnen und Psychoanalytiker, interpretieren Filme unterschiedlichster Genres: Dramen, Krimis, Komödien, frühe Experimentalfilme, Semidokumentationen, Science-Fiction, Horror und Animation. Die Analysen lassen sich ohne fachliche Vorbildung lesen und zeigen verschiedene Ansätze modernen psychoanalytischen Denkens.

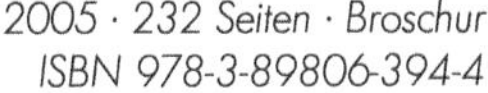
2005 · 232 Seiten · Broschur
ISBN 978-3-89806-394-4

Was ist Liebe? Was hat eine Affäre mit der eigenen Beziehung zu tun? Lohnt es sich zu kämpfen? Kann eine Therapie helfen? War die Beziehung nicht von Anfang an zum Scheitern verurteilt? Ist die Ehe gar der Friedhof jeder Liebe?

Wolfgang Hantel-Quitmann widmet sich diesen Fragen und kreiert daraus eine »Psychologie der Liebesaffären«, entwickelt an Beispielen aus der paartherapeutischen Praxis, großen Werken der Weltliteratur und den Liebesaffären berühmter Paare.

Für alle, die sich aus psychologischem, literarischem oder rein menschlichem Interesse mit dem Thema beschäftigen – bevor die nächste Liebesaffäre als Ende aller Liebe, moralisch verwerflich oder schicksalhaft missgedeutet werden könnte. Eine vergnügliche und erhellende Lektüre.

2005 · 200 Seiten · Broschur
ISBN 978-3-89806-398-2

Marylin Monroe war die letzten acht Jahre ihres Lebens fast kontinuierlich in psychoanalytischer Behandlung. Andreas Jacke unternimmt ausgehend von den zu Lebzeiten vorgenommenen Diagnosen und mit Hilfe der Theorie des französischen Psychoanalytikers Jacques Lacan eine eingehende psychoanalytische Re-Konstruktion ihrer Persönlichkeit. Er untersucht und interpretiert dazu wichtige Stationen ihrer Kindheit und Jugend, die oft und gut dokumentiert worden sind, ebenso wie ihre langwierige psychische Problematik, die ihrem Selbstmord vorausging.

2007 · 374 Seiten · broschiert
ISBN 978-3-89806-594-8

Der Band versammelt einige aktuelle Positionen zur Erkundung der besonderen psychischen Prozesse, die bei der Produktion und Rezeption von Kunst ablaufen. In den Beiträgen wird die spannende Tendenz der zunehmenden Hinwendung der Kunstpsychoanalyse auf den Beziehungscharakter im ästhetischen Erfahrungsprozess sichtbar.

2007 · 255 Seiten · broschiert
ISBN 978-3-89806-595-5

Die Musikpsychoanalyse ist ein noch junger Forschungsbereich, der sich mit Fragen der Wechselwirkung von Musik und menschlicher Psyche, insbesondere der unbewussten Psyche befasst. Im vorliegenden Reader sind die neuesten Beiträge zusammengetragen, die den Fortgang des Nachdenkens und Forschens über die bislang noch wenig beachteten unbewussten Sinnebenen der Musik dokumentieren.

www.ingramcontent.com/pod-product-compliance
Ingram Content Group UK Ltd.
Pitfield, Milton Keynes, MK11 3LW, UK
UKHW040025200726
13854UKWH00001B/359

9 783898 068420